Die 111 schönsten RADTOUREN in Deutschlands Norden

Erlebnisreiche Tagestouren in
Schleswig-Holstein, Hamburg, Niedersachsen,
Nordrhein-Westfalen, Sachsen-Anhalt,
Berlin und Brandenburg

BikeMedia

Impressum

1. Auflage 2024

Touren/Texte: Oliver Kockskämper, Köln
Buch- und Umschlaggestaltung: Horst Krückemeier, www.hokrue.de, Bielefeld
Kartografie: BVA BikeMedia GmbH
Titelbild: © AdobeStock / spuno; iStock / Mystockimages

Bildmaterial wurde geliefert von:
© Oliver Kockskämper (S. 49, 89, 135 unten, 218, 219) sowie
© TourismusMarketing Niedersachsen GmbH / Markus Tiemann (S. 10, 13, 14), © Tourismusverband Mecklenburg-Vorpommern e. V. / Timo Roth (S. 17), © Teutoburger-Wald-Tourismus / M. Schoberer (S. 18), © Michael Gäbler / wikimedia (S. 23 oben), © Hans / Pixabay (S. 23 unten), © Ptra / Pixabay (S. 25), © Georg Denda / wikimedia (S. 27), © Ralf St. / flickr (S. 29), © André Beer / Pixabay (S. 31), © Matthias Süßen / wikimedia (S. 33, 41 oben), © Frank Vincentz / wikimedia (S. 35, 123, 171), © Neumünster.content / wikimedia (S. 37), © Sören Jalas / wikimedia (S. 39), © Hans-Jürgen Fuß (S. 41 unten, 59, 67 unten, 69 oben, 133 unten), © Segelmacherei Z-LINE / wikimedia (S. 43), © Fehmarn Tourismus Service (S. 45), © Uwe Rohwedder / wikimedia (S. 47), © Hans-Peter Balfanz / wikimedia (S. 51 oben), © Sönke Jacobsen (S. 51 unten, 55 unten), © Ajepbah / wikimedia (S. 53), © Alison Harrison / flickr (S. 55 oben), © Jan-Herm Janßen / wikimedia (S. 57, 117), © Thomas / Pixabay (S. 58, 229 oben), © W Bulach / wikimedia (S. 61), © UrLunkwill / wikimedia (S. 63), © Axel Kuhlmann / flickr (S. 65), © Alexander Gernhardt / Pixabay (S. 67 oben), © Nicole Pankalla / Pixabay (S. 69 unten), © Ch. Pagenkopf / wikimedia (S. 71), © onnola / flickr (S. 73), © Losch / wikimedia (S. 75, 137, 183), © Matthias Bethke (S. 77 oben), © Dreizung / wikimedia (S. 77 unten), © J.-H. Janßen / wikimedia (S. 79), © Eandré / wikimedia (S. 81), © Erika / Pixabay (S. 83 oben), © Botaurus / wikimedia (S. 83 unten), © Niteshift / wikimedia (S. 85), © TMV/Felix Gänsicke (S. 87), © Cornell Frühauf / Pixabay (S. 91), © FVV Ammerland (S. 92), © Ferdinand Dupuis-Panther (S. 95), © Markus Trienke / wikimedia (S. 96), © Jonas Ginter / BTZ Bremer Touristik-Zentrale (S. 99), © JoachimKohlerBremen / wikimedia (S. 101), © Niclas Röse / wikimedia (S. 103), © Torsten Bätge / wikimedia (S. 105 oben), © Doris Antony / wikimedia (S. 105 unten), © Oberlausitzerin64 / wikimedia (S. 107), © piotr iłowiecki / wikimedia (S. 109), © Matthias Eickhoff (S. 111), © Krzysztof Golik / wikimedia (S. 113, 207), © Corradox / wikimedia (S. 115), © Sail over / wikimedia (S. 116), © Stadt Osnabrück / Janin Arntzen (S. 119), © HMTG / flickr (S. 121), © falco / Pixabay (S. 125, 129), © Kora27 / wikimedia (S. 127, 197 unten), © Valeri Koshelev / wikimedia (S. 131), © PtrQs / wikimedia (S. 133 oben), © Michael Radtke / flickr (S. 135 oben), © CEphoto / Uwe Aranas (S. 139 oben), © Tsungam / wikimedia (S. 139 unten), © Jens Rasch / Pixabay (S. 141), © Münsterland e.V. / Philipp Fölting (S. 143, 145 oben, 145 unten), © Dietmar Rabich / wikimedia (S. 147), © King Otto / wikimedia (S. 149), © Tourismus NRW e.V. / Sebastian Haas (S. 151), © AnnikaManthey / wikimedia (S. 153), © Dominik Wesche / wikimedia (S. 155 links, 157), © Ruhr Tourismus GmbH (S. 155 rechts), © Jochen Schlutius / Ruhr Tourismus (S. 159), © Marc Ryckaert / wikimedia (S. 161), © Hauke Musicaloris / flickr (S. 163), © Nicolai Schäfer / wikimedia (S. 165), © Gimo61 / wikimedia (S. 167), © McZusatz / wikimedia (S. 169), © Tourismus NRW eV (S. 173), © Harke / wikimedia (S. 174), © Raimond Spekking / wikimedia (S. 175), © Dieter Jacobi / KölnTourismus Gmbh (S. 177), © Bonn Region Tourismus & Congress GmbH / marcjohn (S. 179), © Heribert Pohl / wikimedia (S. 181), © Haide / Pixabay (S. 185), © nickss / Pixabay (S. 187 oben), © Vanellus Foto / wikimedia (S. 187 unten), © Otto Reinhold / wikimedia (S. 189), © Till Voigt / Pixabay (S. 191), © Esther Merbt / Pixabay (S. 193), © Michael Dernbach / flickr (S. 195), © Raik Schröter Berga / wikimedia (S. 197), © Viktoria Kühne / wikimedia (S. 198), © Tilman2007 / wikimedia (S. 199), © Wolf-Henry Dreblow / flickr (S. 200), © Jörg Blobelt / wikimedia (S. 201), © lapping / Pixabay (S. 203, 206), © Basti1978200 / wikimedia (S. 205), © Kuller Keks / Pixabay (S. 209), © Jorge Franganillo / wikimedia (S. 211), © Nacho / flickr (S. 213), © Taxiarchos228 / wikimedia (S. 215), © Yoursmile / wikimedia (S. 216), © T Voekler / wikimedia (S. 217), © Peter Seifert / wikimedia (S. 220), © Ralf Roletschek / wikimedia (S. 223), © Dk tsl / wikimedia (S. 225), © Queryzo / wikimedia (S. 227 oben), © Axel von Blomberg (S. 227 unten, 229 unten), © A. Savin / wikimedia (S. 230, 235 oben, 235 unten), © loewe_chr / flickr (S. 231), © Yorck-Maecke / TMB-Tourismus-Marketing-Brandenburg-GmbH (S. 233, 241), © Steffen-Lehmann / TMB-Tourismus-Marketing-Brandenburg-GmbH (S. 236, 237, 238), © Peggychoucair / Pixabay (S. 239), © Michael F. Mehnert / wikimedia (S. 243).

ISBN: 978-3-96990-201-1

Inhalt

Impressum 2
Inhaltsverzeichnis 3
Radeln in Deutschlands Norden: Einleitung 10
Tourenübersichtskarte 11
Legende zu den Tourenkarten 21

Die 111 schönsten Radtouren in Deutschlands Norden

SCHLESWIG-HOLSTEIN

Tour 1: DIE Insel
von Westerland nach List/ 62 km 22
Tour 2: War Dr. Faust wirklich der Namensgeber von Holnis?
von Flensburg über Glücksburg / 44 km 24
Tour 3: Im Herzen des Wattenmeers
von Husum nach Nordstrand / 53 km 26
Tour 4: So lebten einst die Wikinger
von Schleswig über Brodersby / 39 km 28
Tour 5: Durchs Schwedeneck nach Kiel
von Eckernförde nach Kiel / 49 km 30
Tour 6: Dänisches Feeling
Ostseeküste – von Gettorf nach Strande / 51 km 32
Tour 7: Auf den Spuren der Ochsen
von Neumünster nach Rendsburg / 48 km 34
Tour 8: Textil und Technik
von Bad Bramstedt über Neumünster / 55 km 36
Tour 9: Wasser wohin wir sehen
von Plön nach Stocksee / 45 km 38
Tour 10: Ruhe und Abgeschiedenheit
von Eutin nach Pönitz / 44 km 40
Tour 11: Strandschönheiten an der Ostsee
von Oldenburg in Holstein nach Neustadt in Holstein / 41 km 42
Tour 12: Mit etwas Kondition oder mit E-Bike einmal rund um Fehmarn
von Puttgarden über Burg / 61 km 44
Tour 13: Das El Dorado der Metal-Heads
von Wilster über Wacken / 50 km 46

Tour 14: Wettradeln mit den dicken Pötten
von Glückstadt nach Brunsbüttel / 27 km 48

HAMBURG/SCHLESWIG-HOLSTEIN
Tour 15: An der Oberalster
von Ohlstedt nach Norderstedt / 40 km 50

HAMBURG
Tour 16: Ruhe und Abgeschiedenheit mitten in der Millionenstadt
Rundtour durch den Hamburger Stadtpark / 6 km 52

HAMBURG/NIEDERSACHSEN
Tour 17: Das »Alte Land«
von Finkenwerder nach Neugraben / 68 km 54

SCHLESWIG-HOLSTEIN /NIEDERSACHSEN
Tour 18: Die Route des weißen Goldes
von Lüneburg nach Lübeck / 91 km 56

MECKLENBURG-VORPOMMERN
Tour 19: Deutschlands ältestes Seebad
von Wismar nach Warnemünde / 71 km 58
Tour 20: Durch´s Rostocker Tor in die Rostocker Heide
von Ribnitz-Damgarten über Graal-Müritz / 46 km 60
Tour 21: Zu Gast bei Familie Kranich
von Stralsund nach Barth / 45 km 62
Tour 22: Der Jasmund
Rügen - von Sassnitz nach Sagard / 47 km 64
Tour 23: Berge an der See
Rügen – von Binz nach Sellin / 34 km 66
Tour 24: Endlose Strände
von Wolgast nach Ahlbeck / 41 km 68
Tour 25: Relikte aus der Eiszeit
von Malchin über Verchen / 44 km 70
Tour 26: Tolle Parks im Tollensetal
von Demmin über Alt Tellin / 41 km 72
Tour 27: Mitten durch die Karpfenteiche
von Ludwigslust über Neustadt-Glewe / 50 km 74

Tour 28: Hühnerleiter am See
von Plau am See nach Alt Schwerin / 51 km **76**
Tour 29: Radeltour mit Kreuzfahrt
von Waren nach Röbel / 27 km **78**
Tour 30: Barocke Pracht in der alten Residenzstadt
von Wesenberg über Neustrelitz / 58 km **80**
Tour 31: Stille Seen, pulsierende Stadt
von Neubrandenburg rund um den See / 55 km **82**
Tour 32: Nicht ganz so bekannt wie das „französische Original"
von Strasburg über Galenbeck / 47 km **84**
Tour 33: Naturschutz am Stettiner Haff
von Torgelow über Ueckermünde / 43 km **86**

NIEDERSACHSEN

Tour 34: Ostfriesen-Runde
von Greetsiel nach Hinte / 35 km **88**
Tour 35: Eine Tour so glänzend wie Jade
von Wilhelmshaven über Varel / 52 km **90**
Tour 36: Parklandschaft Ammerland – Symphonie in Grün
von Bad Zwischenahn nach Garnholt / 47 km **92**
Tour 37: Zur Huntestadt
von Bremen nach Oldenburg / 65 km **94**
Tour 38: Zum Deutschen Schifffahrtsmuseum
von Bremen nach Bremerhaven / 60 km **96**
Tour 39: Auf zur Hansestadt
von Verden nach Bremen / 53 km **98**
Tour 40: Pferde, Störche und allerhand andere Tiere an der Aller
von Verden über Achim / 50 km **100**
Tour 41: Otterndorf – Fachwerkschönheit am Meer
von Cuxhaven über Otterndorf / 43 km **102**
Tour 42: Natur pur an der Elbe
von Lauenburg nach Hitzacker / 117 km **104**
Tour 43: Eine Dorfrepublik an der Elbe
von Hitzacker über Dörmitz / 45 km **106**
Tour 44: Tour durchs Moor
Emsland: von Aschendorf nach Bourtange / 37 km **108**
Tour 45: Barocker Ems-Glanz
von Papenburg nach Meppen / 64 km **110**

Tour 46: Gelegenheit zum Boxenstopp
von Cloppenburg über Thülsfeld / 40 km **112**
Tour 47: Im großen Moor
von Vechta über Barnstorf / 44 km **114**
Tour 48: Feuchtes Vergnügen – trockene Tücher
Osnabrücker Land – von Bramsche nach Alfhausen / 48 km **116**
Tour 49: Großstadtflair im Grünen
von Osnabrück nach Sutthausen / 47 km **118**
Tour 50: Ein Meer mitten im Land
von Wunstorf um das Steinhuder Meer / 43 km **120**
Tour 51: Ein Fest der Farben - mal mit Federn, mal mit Blüten
von Soltau über Walsrode / 66 km **122**
Tour 52: Auf der Route des Heide-Express
von Celle über Winsen (Aller) / 55 km **124**
Tour 53: Hier geht´s rund
von Gifhorn nach Wolfsburg / 46 km **126**
Tour 54: Wo sich schon der Herzog bildete
von Braunschweig über Wolfenbüttel / 34 km **128**
Tour 55: Am Nordrand des Harz´ entlang
von Bad Gandersheim nach Goslar / 42 km **130**
Tour 56: Lügenbaron, Rattenfänger und andere Gestalten
von Holzminden nach Hameln / 52 km **132**
Tour 57: Gesunde Runde um den Doktorsee
von Rinteln zum Kloster Möllenbeck / 13 km **134**

NORDRHEIN-WESTFALEN

Tour 58: Ein Heringsfängermuseum – so weit weg von der See?
Von Minden über Petershagen / 71 km **136**
Tour 59: Im Lipperland
von Höxter nach Schieder-Schwalenberg / 56 km **138**
Tour 60: Höhepunkte im Land der lippischen Rose
von Paderborn nach Detmold / 41 km **140**
Tour 61: Drahtesel und Pferde
von Everswinkel nach Warendorf / 33 km **142**
Tour 62: Im Radfahrer-Paradies
von Havixbeck nach Münster / 43 km **144**

Tour 63: Münsterland oder Ruhrgebiet?
von Haltern am See über Olfen / 43 km **146**
Tour 64: Ackerbau, Viehzucht und… Flamingos?
von Bocholt über Rhede / 34 km **148**
Tour 65: Kunst und Kultur am Niederrhein
von Kleve nach Kalkar / 52 km **150**
Tour 66: Radpilgerfahrt
von Geldern nach Kevelaer / 50 km **152**
Tour 67: Grüne Industriekultur
von Essen-Katernberg zur Zeche Zollverein / 22 km **154**
Tour 68: Schlösser und Ruhrauen
von Mülheim nach Essen / 30 km **156**
Tour 69: Die Ratte vom Pott
von Hattingen nach Herbede / 29 km **158**
Tour 70: Die donnernden Hämmer
von Gevelsberg nach Hagen / 37 km **160**
Tour 71: Sauerländer Tälerfahrt
von Hohenlimburg nach Altena / 33 km **162**
Tour 72: Der Sauerlandring – besser als der Ring des Nibelungen
von Meschede über Eslohe / 40 km **164**
Tour 73: Tolle Aussichten im Hochsauerland
von Winterberg über Olsberg / 54 km **166**
Tour 74: Die großen Drei vom Wasserquintett
Von Lennep über Wipperfürth / 45 km **168**
Tour 75: Sehr nett hier, im Naturpark Maas-Schwalm-Nette
von Heinsberg über Rödgen / 38 km **170**
Tour 76: Wo einst Karl der Große gekrönt wurde
Von Aachen nach Jülich / 29 km **172**
Tour 77: Meist eine schöne Ruhe, hier an der Ruhr
von Heimbach über Rurberg / 36 km **174**
Tour 78: Von der Domstadt zur Bundesstadt
von Köln nach Bonn / 39 km **176**
Tour 79: Durch die Heide zur Burg
von Rösrath nach Troisdorf / 48 km **178**
Tour 80: Fachwerk in Perfektion
von Olpe nach Kirchen / 36 km **180**

SACHSEN-ANHALT/NIEDERSACHSEN

Tour 81: So viele Arten von Ottern - und alle sind soo niedlich!
von Diesdorf über Hankensbüttel / 63 km ... 182
Tour 82: Unterwegs im Hochharz
von Wernigerode nach Bad Harzburg / 23 km ... 184

SACHSEN-ANHALT

Tour 83: Garantiert ausreichende Kalorienzufuhr nach der Tour
von Salzwedel über Arendsee / 60 km ... 186
Tour 84: Ab durch die Mitte
von Oebisfelde nach Haldensleben / 46 km ... 188
Tour 85: Von Bischöfen und Ingenieuren
von Magdeburg zum Wasserstraßenkreuz / 18 km ... 190
Tour 86: Schachmatt? Bestimmt nicht bei dieser Tour!
Von Halberstadt über Schwanebeck / 46 km ... 192
Tour 87: An der »Harz-Grenze«
von Blankenburg nach Ballenstedt / 38 km ... 194
Tour 88: Rund um den Kyffhäuser mit Blick auf Kaiser Wilhelm
von Berga über Bad Frankenhausen / 41 km ... 196
Tour 89: Die wichtigsten Lebensabschnitte des weltberühmten Reformators
von Eisleben über Seeburg / 28 km ... 198
Tour 90: Wie sich unsere Vorfahren vor rund 4.000 Jahren den Himmel erklärten
von Karsdorf nach Artern / 38 km ... 200
Tour 91: Chemie: einmal im Museum, einmal „in echt"
von Halle (Saale) über Merseburg / 36 km ... 202
Tour 92: Auf geht´s zum roten Elefanten
von Braunsbedra über Mücheln / 40 km ... 204
Tour 93: Bahntrassenradeln auf der alten Zuckerbahn
von Zeitz nach Camburg / 38 km ... 206
Tour 94: Rund um die Wiege der Reformation
von der Lutherstadt Wittenberg nach Coswig / 44 km ... 208

BERLIN

Tour 95: Entlang der Spree
vom Museumshafen zum Olympiastadion / 19 km ... 210
Tour 96: Berliner Mauer – was ist geblieben?
mit dem Rad durch die City / 17 km ... 212

Tour 97: Mit dem Fahrrad unter der Spree
von Friedrichshagen nach Erkner / 35 km ... **214**

BRANDENBURG

Tour 98: Wein aus Perleberg? Einen Weinberg gibt's schon mal!
von Perleberg über Berge / 53 km ... **216**
Tour 99: Radeln mit Adebar
rund um Bad Wilsnack / 27 km ... **218**
Tour 100: Wie Perlen an der Schnur
von Ruppin nach Rheinsberg / 30 km ... **220**
Tour 101: Beeindruckende Technik am Finowkanal
von Eberswalde über Groß Schönebeck / 57 km ... **222**
Tour 102: Ursprüngliche Natur im Nationalpark
von Schwedt über Gatow / 34 km ... **224**
Tour 103: Seen und Sehenswertes
von Seddin nach Brandenburg / 51 km ... **226**
Tour 104: Potsdamer Seentour
von Potsdam nach Ferch / 34 km ... **228**
Tour 105: Eine Friedensstadt? Da müssen wir hin!
von Trebbin über Blankensee / 32 km ... **230**
Tour 106: Flaeming Skate: Auch ideal zum Radfahren!
von Jüterbog über Hohengörsdorf / 106 km ... **232**
Tour 107: Den Gurken hinterher
Spreewald – von Lübben nach Raddusch / 28 km ... **234**
Tour 108: Auf den Spuren der Sorben
von Cottbus über Peitz / 43 km ... **236**
Tour 109: Unvergessen: Der Alltag in der DDR
von Eisenhüttenstadt über Brieskow-Finkenheerd / 42 km ... **238**
Tour 110: Rosengarten statt Grenze
von Forst (Lausitz) über Bahren / 44 km ... **240**
Tour 111: Urlaubsfeeling aus Menschenhand
von Großräschen über Senftenberg / 57 km ... **242**

Die Elbe lädt nicht nur im Wendland zum Verweilen ein

Radeln in Deutschlands Norden

Radfahrer-Paradies Deutschland! Legt man den europäischen Vergleich zugrunde, so kann dieser Begriff mit Fug und Recht verwendet werden. Das deutsche Radwegenetz wurde in den vergangenen Jahren ständig erweitert und optimiert, so dass einem ungetrübten Radel-Genuss nichts im Wege steht. Besonders an den deutschen Küsten finden wir erstklassige Radwege ohne größere Steigungen. Und so starten wir in unsere Touren im hohen Norden, fast an der dänischen Grenze. Schleswig-Holstein locken Rundtouren um die Urlaubs-Hochburgen wie Grömitz, Schleswig oder Fehmarn. Aber auch das Landesinnere hält Überraschungen bereit – und wer hätte noch nicht von Wacken gehört?

Auch Niedersachsen ist ein klassisches „Radel-Land". Hier entdecken wir altbekanntes rund um Cuxhaven oder Wilhelmshaven, aber auch eher unbekanntes am Nordrand vom Harz. Natürlich wird auch das Herz der Lüneburger Heide nicht ausgelassen!

Ferientechnisch liegt Mecklenburg-Vorpommern seit vielen Jahren nicht nur im Trend, sondern ganz vorne! Traumrouten an den Bodden, auf Rügen oder auf Usedom gehören hier genauso zum Programm wie das Pedalieren an den Mecklenburgischen Seen. Aber waren Sie schon mal in Strasburg, Demmin oder Ferdinandshof? Auch an diesen eher unbekannten Ecken können wir viel entdecken.

Welche Seen sind schöner? Sind es nun die natürlichen Brandenburger Seen oder die

1 - 111 = Die 111 schönsten Radtouren in Deutschlands Norden
SCHWEDEN
DÄNEMARK
Rügen
Binz
Kiel
Stralsund
Zinnowitz
Lübeck
Waren (M.)
Glückstadt
Hamburg
Norden
Lüneburg
Bremen
Soltau
NIEDER-
LANDE
POLEN
Berlin
Potsdam
Hannover
Münster
Cottbus
Göttingen
Dortmund
Hattingen
Leipzig
Weimar
Dresden
Köln
Bad
Hers-
feld
Wetzlar
B
Frankfurt/M.
TSCHECHIEN
Bern-
kastel
L
Würz-
burg
Merzig
Nürnberg
Regens-
burg
Saarbrücken
Heilbronn
FRANK-
REICH
Eichstätt
Stuttgart
Ulm
Passau
München
Freiburg
Murnau
Friedrichs-
hafen
Füssen
ÖSTERREICH
SCHWEIZ

„neuen" Seen, die aus Menschenhand nach dem Ende des Braunkohle-Tagesbaus entstanden sind und eine perfekte Infrastruktur bieten? Eigentlich ganz egal, denn mit den Touren in diesem Buch werden wir beide Varianten entdecken. Ergänzt übrigens durch etwas ganz „exotisches": Eine Runde auf der Fläming-Skate – die auch beste Bedingungen zum Fahrradfahren bietet.

Nachdem wir erfahren und verkostet haben, wo es den vielleicht besten Baumkuchen der Welt gibt, erkunden wir das abwechslungsreiche Bundesland Sachsen-Anhalt. Dort gibt es anstrengende Touren im Harz, Touren für Wissenshungrige entlang der Elbe und einen Abstecher zur Fundstelle der „Himmelsscheibe" – echte Menschheitsgeschichte!

Die Klassiker an Rhein und Ruhr fallen uns natürlich als erstes ein, wenn wir über Radtouren in Nordrhein-Westfalen nachdenken. In diesem Buch machen wir uns aber auch auf ins Weserbergland und erkunden die Regionen in Ostwestfalen. Nach einem Abstecher in die Eifel schlagen wir den Bogen über das Bergische Land mit seinen perfekten ehemaligen Bahntrassen bis hin zum gebirgigen Sauerland. Dabei stellen wir erstaunt fest: Auch hier können wir die Räder ohne allzu große Anstrengungen auf besten Wegen rollen lassen!

Bei der Auswahl der Touren wurde auf Familienfreundlichkeit besonderer Wert gelegt. Daher sind alle Vorschläge als Tagesetappen ausgelegt, die in fast allen Fällen auch problemlos für Kinder und ungeübte Radler zu schaffen sind. Bei Zweifeln ist ein Blick in die »111Touren Info« angebracht, denn hier geben wir nützliche Hinweise über Streckenlänge und Wegbeschaffenheit. Soweit möglich, wird auf die Benutzung öffentlicher bzw. stark befahrener Straßen ebenso verzichtet, wie auf kraftraubende »Bergwertungen«.

Die Touren beginnen, sofern vorhanden, an einem Bahnhof. Dies hat den Vorteil einer ökologischen Anreise mit öffentlichen Verkehrsmitteln. Bei Streckentouren ist es ohnehin meist erforderlich, am Ende des Tages zum Ausgangspunkt zurück zu kehren (wenn keine Übernachtung eingeplant wird). Des Weiteren bietet sich in vielen Fällen die Möglichkeit, die Tour »mittendrin« zu unterbrechen und mit dem Zug zurück zum Start zu fahren - vor allem, wenn Sie Kinder dabei haben, oder sich das Wetter verschlechtert, werden Sie den Charme dieser Möglichkeit zu schätzen wissen!

Selbstverständlich besteht bei allen Touren auch die Möglichkeit, mit dem PKW anzureisen. Damit Ihr Auto abends noch dort steht, wo sie es morgens abgestellt haben, und gleichzeitig keine Parkgebühren in astronomischer Höhe angefallen sind, sollten Sie bei der regionalen Touristeninformation nach entsprechenden Parkplätzen fragen. Zu jeder Tour liefern wir Ihnen die entsprechenden Internetadressen.

In diesem Zusammenhang noch ein Tipp aus eigener Erfahrung: Nichts ist schlimmer, als am Ende eines Radel-Tages – bei »Super-Gau« regnet es auch noch aus »Kübeln« –, Probleme mit der Rückfahrt zu haben. Als Beispiel: Sie planen eine Streckentour am Fluss entlang. Am Ziel stellen Sie fest, dass Sie die Eindrücke entlang der Strecke völlig aus dem Zeitplan gebracht haben – der letzte Zug ist weg, ein Schiff verkehrt auch nicht mehr... was tun? Da kann ein eigentlich schöner Ausflug schnell zur »Spaßbremse« werden, denn die Alternativen schwanken dann zwischen (teurem) Taxi und (kraftraubender) Rückfahrt mit dem Rad. Der gut gemeinte Rat also: Parken Sie Ihren PKW am Etappenziel und fahren Sie morgens mit der Bahn zum Start – ihr Auto wird bestimmt auf Sie warten! Ihnen hat der Tagestrip Appetit auf Mehr gemacht? Kein Problem – die BVA BikeMedia hält zu allen in diesem Buch beschriebenen Touren umfangreiches Material bereit. Mit ADFC-Regional- und Radtourenkarten und Radwanderkarten, in denen ausführliche touristische Informationen enthalten sind, dürfte die Streckenfindung kein Problem sein.

Warum Freizeit mit dem Rad?

Mit dem Auto erlebt man Land und Leute

Ist es warm genug zum Baden?

Ein Selfi vom Brandenburger Tor? Aber ganz bestimmt!

wie im Kino, auf dem Rad ist man mitten drin und erfährt unzählige schöne Augenblicke und kleine Abenteuer – diese Schwärmerei eines erfahrenen Reiseradlers trifft es auf den Punkt: Radfahren ist DIE Möglichkeit, unabhängig und frei von Ort zu Ort zu fahren und an den herrlichsten Stellen zu rasten. Wir lassen den hektischen Alltag, das Verkehrschaos der Städte hinter uns und genießen die Individualität der Freizeit.

Selbst die vermeintlichen Nachteile des Radfahrens bzw. eines Radurlaubes erweisen sich, wenn wir ehrlich darüber nachdenken, als Vorteile: Die Ungewissheit, bei einem Regenschauer pudelnass zu werden oder bei Hitze den Schweiß über den Körper rinnen zu haben, lässt uns das Wetter viel intensiver wahrnehmen als beim Blick aus dem Fenster. Eines ist immer garantiert: ist gewiss: Eine überschäumende Flut von Impressionen, die wir hautnah wahrnehmen, viele Gleichgesinnte und abends der Stolz, etwas geleistet zu haben.

Dieses Buch

Das Buch gibt eine Auswahl der schönsten Radtouren in der Nordhälfte Deutschlands wieder. Wir haben dieses Buch nach Bun-

desländern gestaffelt, die wiederum in etwa in Nord-Süd-Richtung sortiert sind. Zusätzlich informieren wir Sie über die »beradelte« Region am Kopf jeder Beschreibung. In der »111Touren Info« sind die wesentlichen Eckpunkte der Tour zusammengefasst: Distanz, Wegbeschaffenheit, Hinweise auf Steigungen, Abkürzungen, Beschilderungen, Start- und Zielpunkt sowie Internetadressen der Touristen-Informationen.

Betrachten Sie die Touren bitte lediglich als Empfehlungen – einer individuellen Gestaltung der Tagesetappen steht selbstverständlich nichts im Wege. Die Kilometerangaben sind für die beschriebene Strecke ohne Abstecher definiert. Sie dienen zur Orientierung. Schon zwei oder drei »Schlenker« zu Sehenswürdigkeiten oder ein verpasstes Abbiegen können Abweichungen von den Angaben ergeben.

Zu Gunsten einer guten Übersicht ist jede Tour auf zwei Seiten reduziert. Viel Wert wurde auf die Abbildung einer »zielsicheren« Karte gelegt, die Ihnen im Zusammenspiel mit der in blau gedruckten Streckenbeschreibung hilft, den rechten Weg zu finden. Die Streckenbeschreibungen wurden zu Gunsten der Übersichtlichkeit bewusst knapp gehalten.

Viele der beschriebenen Routen sind perfekt ausgeschildert, so dass ein »Verfransen« kaum möglich ist. Ausführlicher werden die Sehenswürdigkeiten beschrieben – denn wir radeln ja nicht (nur) des Radelns wegen, sondern um die Gegend kennen zu lernen.

Die Tipps weisen den Weg zu ausgefallenen Attraktionen, die wir eventuell verpassen würden, weil sie etwas abseits liegen, nicht beschildert oder einfach wenig bekannt sind.

Kinder, Kinder

Wer mit Kindern reist, plant seinen Urlaub anders. Zwar sind viele Touren mühelos auch mit kleineren Kindern zu bewältigen, doch verlangt der Nachwuchs auch nach anderen Beschäftigungsmöglichkeiten. Dies gilt vor allem dann, wenn Kleinkinder in entsprechenden Sitzen oder in einem Anhänger transportiert werden. Vergessen Sie niemals, die Kinder auf diesen Mitfahrgelegenheiten entsprechend zu sichern – der Helm dürfte ebenso selbstverständlich sein wie die Gurte. Vor allem in den Mitfahrgelegenheiten können sich die Kleinen nicht ausreichend bewegen, was bei niedrigen Temperaturen auch zu Unterkühlung führen kann – häufigere Pausen sind also angesagt!

In vielen Orten liegen immer wieder gut ausgestattete Spielplätze direkt am Wegesrand. Pausen werden ohnehin eingelegt, warum also nicht gleich hier? Die Burgen auf den Bergrücken locken die Kinder natür-

auf den Bergrücken locken die Kinder natürlich ganz besonders. Vergessen Sie aber nicht, dass die Burg eben meist auf einem Berg liegt – und dorthin zu gelangen, ist mit Fahrrädern nun mal mühselig. Aber es gibt noch viel mehr zu entdecken: Interessante alte Orte, die Spuren unserer Vorfahren, alte Technik und Lebensarten in Museen, Tiere in Parks und Zoos und natürlich Badespaß in den Seen, an der Küste und in den Frei- und Hallenbädern der Region. Auf viele dieser Aktivitäten wird im Buch hingewiesen.

Wenn der Nachwuchs selbst radelt, ist zu beachten, dass kleinere Kinder nicht auf Straßen, sondern auf dem Bürgersteig fahren müssen und dass die Räder deutlich kleiner, oftmals auch einfacher ausgestattet sind. Weshalb diese Binsenweisheit? Nun, nicht selten werden Familien gesichtet, bei denen die Eltern auf High-Tech-Bikes vorweg brausen und die Kinder auf ihren einfachen Rädern hinterher hecheln. Hier ist der Ärger vorprogrammiert, und genau den wollen wir ja mit diesem Familienausflug vermeiden!

Sie werden sehen: Wenn wir auf die Kinder eingehen, werden diese schnell Spaß an der sportlichen Betätigung mit Mama und Papa an der frischen Luft finden.

Reisezeit und Klima

Unsere Radwege können ganzjährig gefahren werden, wobei der Winter die von Radfahrern eher nicht bevorzugte Reisezeit sein dürfte. Ab Beginn des Frühlings kommt man vielfach bereits in den Genuss unseres milden Klimas – in den höher gelegenen Regionen kann es allerdings noch »frisch« werden. Dennoch ist der Frühling eine der optimalen Reisezeiten, vor allem wegen der nachstehenden Umstände: Im Sommer ist die Wettergarantie am Besten. Es kann mitunter recht heiß werden, vor allem, wenn wir durch enge Täler radeln. Ein Nachteil der Sommer-Radeltour ist sicherlich, dass wir nun wahrlich nicht alleine unterwegs sind. In der Hauptferienzeit, hier verstärkt noch an Wochenenden, wimmelt es auf manchen Wegen nur so von Radfahrern. Zu nennen sind hier vor allem wieder die »Klassiker« an den Flüssen und Seen. Es macht nur noch wenig Vergnügen, wenn wir ständig Acht geben müssen, uns nicht aus den Augen zu verlieren und mit keinem zu kollidieren. Der entspannte Plausch entfällt dann auch, denn nebeneinander radeln können Sie zur »Rush-Hour« getrost vergessen. Daher der Tipp: Im Sommer auf die Wochentage ausweichen und an den Wochenenden auf die touristisch weniger überlaufenen Wege auswei-

Radeln: Der perfekte Ausflug mit der Familie

chen – in diesem Buch werden Sie dafür reichlich »Stoff« finden. Der Herbst ist als Radelzeit beliebt und empfehlenswert zugleich. Die Wege sind lange nicht mehr so überladen mit Menschenmassen, die Temperaturen sind im »goldenen Herbst« zumeist ideal. In vielen Orten finden nach Ausklang der Sommerferien Feste statt, was unsere Touren noch kurzweiliger ausfallen lässt. Besonders beliebt sind Stadtfeste, Märkte, Schützenfeste, Kirchweihfeste und in den Weinregionen natürlich die unzähligen Weinfeste. Doch Vorsicht: Auch auf dem Rad wird die Fahrtüchtigkeit durch den Genuss von Alkohol erheblich eingeschränkt. Nicht verschweigen werden darf, dass im Herbst auch die Zeit der organisierten Reisen kommt. So ist es z.B. nicht gerade einem entspannten Stadtbesuch zuträglich, wenn mehrere Reisebusse ihre Ladung über den Ort ergossen haben.

Wer es zeitlich einrichten kann, sollte sich bei den Touristen-Informationen nach Radel-

Da drehen sich nicht nur die Pneus unserer Fahrräder

Aktionstagen erkundigen, die sich in immer mehr Regionen großer Beliebtheit erfreuen. Dabei werden Straßenzüge, Bundesstraßen, teils sogar ganze Täler, für den Autoverkehr gesperrt und nur für Radler und Skater freigeben. An diesen Tagen locken die Orte an der Strecke mit Attraktionen wie Straßenfesten o.ä., so dass der ungetrübte Radel-Genuss garantiert ist.

Reiseveranstalter

Der Trend zum Radurlaub ist den Reiseprofis nicht verborgen geblieben. So drängen immer mehr Veranstalter auf den Markt, die Ihnen auf Wunsch alles (bis auf das Fahren) abnehmen. Der Vorteil der organisierten Reise ist, dass Sie sich weder um den Rad- noch um den Gepäcktransport kümmern müssen. Auch die Übernachtungen sind hier ebenso vorgebucht wie die Verpflegungen unterwegs. Unterscheiden kann man bei organisierten Reisen die individuelle und die Gruppen-Radreise. Die Kosten einer solchen Reise variieren natürlich je nach gebuchtem Standard deutlich. Das »Rundum-Sorglos-Paket« geht freilich zu Lasten der Spontanität – SIE entscheiden nicht, wo sie übernachten, sondern die Reiseplanung.

Der Rat zum Rad

Die meisten der beschriebenen Touren stellen keine besonderen Ansprüche an Mensch und Material. Da die meisten Radwege bestens ausgebaut und nur wenige Steigungen zu verzeichnen sind, reicht ein City- oder Tourenfahrrad mit sieben Gängen aus. Für längere Strecken, mit Gepäck oder bei gelegentlichen Steigungen ist es allerdings angenehm, ein paar mehr Gänge zur Verfügung zu haben. Wer einmal mit 20 kg Gepäck eine längere Steigung absolviert hat, weiß dies zu schätzen. Wichtiger noch als die Anzahl der Gänge ist die Robustheit des Rades – was nützen die Gänge, wenn alle paar Kilometer Reparaturen vorgenommen werden müssen? In den meisten größeren Städten, die wir tangieren, gibt es zwar Rad-Werkstätten, doch eine Panne tritt »bestimmt« während deren Mittagspause, nach Geschäftsschluss oder am Wochenende auf.

Dass sich das Fahrrad in verkehrssicherem Zustand befindet, sollte Voraussetzung für jede Radeltour sein. Dazu gehören z.B. intakte Bremsen und Reifen, geschmierte Kette, Beleuchtung, Reflektoren, Schutzbleche, etc.

Vor dem Fahrtantritt sollten Sie Ihr Fahrrad kurz durchchecken – es kostet sie vor der Fahrt gerade einmal 5 Minuten, eine Panne kann den ganzen Tag kaputt machen. Hier die einfachen Handgriffe:

- Vorder- und Hinterrad abwechselnd vom Boden heben und daran rütteln bzw. seitlich wackeln, um festen Sitz und Lagerspiel zu testen.
- Am Sattel drehen und ziehen – er muss absolut fest sitzen.
- Kontrollieren, ob die Schnellverschlüsse der Bremsen geschlossen sind, ferner, ob die Bremshebel sich nicht bis zum Lenker ziehen lassen und selbständig zurück gehen.

- Die Bremsbeläge auf Verschleiß prüfen.
- Vorderbremse ziehen und das Rad nach vorne schieben, um das Steuerlager auf Spiel zu testen.
- Durchtesten aller Gänge im Reparaturständer.
- Luftdruck in den Reifen prüfen.

Wenn es bei aller Vorbereitung doch zur Panne kommt, muss folgendes Bordwerkzeug mitgeführt werden:

Faltdecke („Mantel")	☐
Schläuche	☐
Pumpe	☐
Inbusschlüsselsatz	☐
Nippeldreher	☐
Ventilverlängerung	☐
Öl	☐
Deckenheber	☐
Flicken	☐
Gummilösung	☐
Flickzeug	☐

Noch ein Tipp zu diesem Thema: lassen Sie sich doch einfach von der Werkstatt Ihres Vertrauens mit den wichtigsten Handgriffen vertraut machen. Hoffen wir, dass Sie es niemals brauchen, aber ein kleines Erste-Hilfe-Täschchen gehört IMMER ins Gepäck, auch bei jedem noch so kleinen Ausflug.

Bekleidung

Ein Blick in die Textilecke des Fahrradladens reicht aus, um zu erkennen: Das Angebot an Fahrradbekleidung ist unüberschaubar!

Seit einigen Jahren bieten auch Discount-Märkte rechtzeitig zur Saison entsprechende Artikel an. Was Sie wählen, hängt auch von Geschmack und Geldbeutel ab, doch unbedingt zu empfehlen ist folgende Ausstattung:

- Helm (absolut unverzichtbar!)
- Radhosen in kurzer und langer Version
- Radtrikots in kurzer und langer Version
- Handschuhe
- Radbrille (gegen UV-Strahlung und Insekten)
- Leichte, faltbare Regenjacke / -hose

Darüber hinaus gibt es weitere sinnvolle Accessoires, wie z.B. Funktionsunterwäsche, Radschuhe (mit Klickplättchen gegen das Abrutschen von den Pedalen), Windweste, Armlinge und Beinlinge.

Gepäck / Ausrüstung

Auf einer längeren Tour werden Sie Gepäck mit sich führen wollen. Was dies umfasst, ist nicht zuletzt abhängig von der Art der Tour. Für eine kurze Sonntagsfahrt reicht es sicherlich aus, einen Flaschenhalter mit Trinkflasche und eine Sattelstützentasche für Werkzeug und Erste-Hilfe-Material mit sich zu führen. Als Alternative haben sich hier Fahrradrucksäcke bewährt, die etwas Gepäck aufnehmen können und einen Trinkvorrat beinhalten. Mehr als dies sollten Sie keinesfalls auf dem Rücken transportieren – erhebliche Rückenschmerzen wären sonst die Folge!

Eine durchaus ernst zu nehmende Alternative ist für größere Touren der Fahrradanhänger, der in vielen Versionen angeboten wird. Dieser kann deutlich mehr Gepäck aufnehmen als Packtaschen und beeinflusst das Fahrverhalten deutlich weniger. Am häufigsten werden Lenkertaschen, Packtaschen (hinten) und Lowrider (vorne) verwendet. In die Lenkertasche sollten nur leichte Gegenstände. Optimal ist eine Lenkertasche mit Schnellverschluss, denn so können Sie hier Wertgegenstände deponieren, die Sie beim Verlassen des Fahrrads mit sich führen mögen. In die Lowrider-Taschen sollten möglichst leichte Gegenstände, denn diese beeinflussen das Lenkverhalten erheblich, zudem werden höhere Anforderungen an die Arm- und Nackenmuskulatur des Fahrers gestellt.

Für den Gepäckträger werden unterschiedliche Systeme angeboten, wobei sich Einzeltaschen offenbar durchsetzen. Hier gilt: Schweres möglichst nach unten verstauen. Bei allen Gepäckstücken sollten Sie darauf achten, dass diese wasserdicht sind oder sich schnell mit Regenhauben abdecken lassen. Nichts ist schlimmer, als die verschwitzte Rad-Kleidung auszuziehen und in andere feuchte Kleidung einzusteigen.

Essen, Trinken, Schlafen

Viele der im Buch vorgestellten Regionen stellen alles andere als touristisches Entwicklungsland dar. Vielmehr lebt häufig ein Großteil der Bevölkerung von dem Geld der Besucher. Die Verpflegung ist aber auch in den eher ländlichen Gebieten kein Problem – in jedem größeren Ort gibt es Einkehr- und Einkaufsmöglichkeiten. Das Angebot reicht von Hausmannskost in rustikalem Ambiente bis zum Nobelrestaurant. In der Hochsaison kann es zu Wartezeiten kommen, vor allem, wenn gerade eine Busgesellschaft über das Restaurant hergefallen ist.

Nicht versäumen sollten Sie den Besuch der für die Region typischen Gaststätten, um die kulinarischen Genüsse der Gegend kennen zu lernen – nicht selten speist man hier sogar noch günstiger.

Bei der Übernachtung sollten Sie in der Hochsaison kein Risiko eingehen und rechtzeitig reservieren. Die Fremdenverkehrsbüros (s. Infoblock) sind bei der Suche gerne behilflich. Wie bei den Restaurants ist das Angebot breit gefächert und reicht vom einfachen Privatzimmer bis zum Luxushotel. Jugendherbergen sind in vielen Regionen ebenfalls zu finden, allerdings nicht flächendeckend vorhanden. Für diejenigen, die als »echte« Radpuristen mit dem Zelt unterwegs sind, stellt sich die Frage nicht, ob noch ein freies Bett gefunden wird. Wildes Camping ist grundsätzlich in Deutschland verboten – Campingplätze sind allerdings so verbreitet, dass es keine größeren Probleme geben dürfte. Falls doch, wird sich bestimmt in der Nähe ein Bauer finden, der Ihnen ein Fleckchen zur Verfügung stellt.

GPS

Immer mehr Freizeitradler nutzen die Vorteile durch das Internet und durch GPS-Geräte für die Planung und Durchführung von Radtouren. So können die Touren präzise am PC geplant und jeder Weg gefunden werden: metergenau, ohne sich zu verfahren und vor allem ohne jemals vorher dort gewesen zu sein.

Auch für dieses Buch möchten wir Ihnen zusätzlich diese Hilfestellung für die Nutzung auf Ihrem GPS-Gerät bieten: für jede der im Buch aufgeführten Touren finden Sie auf unserer Internet-Seite entsprechende Track-Daten für Ihr Mobil-Gerät. Mit Hilfe des **Zugangscodes 111N-01-201-629-RF** stehen Ihnen die Daten auf der Seite **www.fahrrad-buecher-karten.de/111digital** kostenlos zum Download zur Verfügung.

Helfen Sie mit!

Die Informationen zu diesem Buch wurden sorgfältig nach bestem Wissen und Gewissen zusammengetragen. Dennoch gibt es in unserer schnelllebigen Zeit ständig Veränderungen. Straßennamen und Wegeführungen werden verändert, ebenso Anschriften und Öffnungszeiten. Helfen Sie uns mit, dieses Buch ständig aktuell zu halten, in dem Sie uns etwaige Änderungen mitteilen – gerne per Post oder Mail an buecher@bva-bikemedia.de. Unser Dank ist Ihnen so gewiss wie der Dank der anderen Leser!

Zum Abschluss noch eines:

Viel Spaß beim Radeln und allzeit eine Handbreit Luft unter der Felge!

Zeichenerklärung

Radrouten

Radroute

Fähre für Radfahrer

Straßen

Autobahn

Fernstraße

Hauptstraße

Nebenstraße

Sonstige Straße

Bahnen

Bahnlinie mit Bahnhof

S-Bahn-Haltestelle

U-Bahn-Haltestelle

Grenzen

Staatsgrenze

Gewässer

See

Strom

Fluss

Flächen

Bebauung

Industriegebiet

Wald

Park

Freifläche

Weinberg

Sperrgebiet

Sonstige Objekte

Hallenbad

Freibad, Bademöglichkeit

Tourist-Information

Fahrradreparatur

Fahrradvermietung

Jugendherberge

Campingplatz

Ausflugsgaststätte

Museum

Spielplatz

Rastplatz

Schutzhütte

Aussichtspunkt

Sehenswertes Ortsbild

Sehenswürdigkeit

Fußgängersteg mit Treppe

Parkplatz

Anlegestelle für Schiffsverkehr

Kirche, Kloster/sehenswert

Schloss/sehenswert

Schlossruine/sehenswert

Mühle/sehenswert

Denkmal/sehenswert

Bergwerk in/außer Betrieb

Windmühle/sehenswert

Windrad

Turm

Leuchtturm

Friedhof, Stadion

Flughafen, Flugplatz

In den Tourenkarten stecken viele nützliche Radler-Infos, die als Signaturen dargestellt werden. Bitte benutzen Sie diese Legende, um die Signaturen zu „entschlüsseln".

1 DIE Insel

Von Westerland nach List

Die Insel – Sylt – ist nach wie vor »in«. Nicht nur während der sommerlichen Hochsaison tummeln sich „Otto Normalverbraucher" und der „Jet Set" gerne im Norden Deutschlands. Auf unserer Radel-Tour suchen wir nach Gründen – und werden sie finden!

111Touren Info:

62 km, weitgehend flache Rundtour meist über Radwege und Nebenstraßen, Kürzung möglich.
Gute Rad-Wegweisung.
Start / Ziel: Bahnhof Westerland
Info: www.westerland.de

„Westlich vom Tinnumer Land" gründeten Überlebende der Sturmflut 1436 das neue Dorf **Westerland**. Einige Hundert Jahre später kürte man es aufgrund des Inselklimas zum **Seebad**, was einen enormen Bau-Boom auslöste. Wenn wir genau hinschauen, entdecken wir aber zwischen den Betonburgen **30 denkmalgeschützte** und andere **historische Häuser**, darunter herrliche alte **Friesenhäuser**, die alte **Dorfkirche**, die **Inselapotheke** und das **Hotel „Stadt Hamburg"**.

Los geht´s vom Bahnhof über Trift, Dirk-Brodersen-Str., Süderstr. und Käpt´n Christiansen-Str. an der St.Christopherus-Kirche und dem **Friedhof der Heimatlosen** (für See-Opfer) vorbei zur Dünenstr. Der ausgeschilderte Radweg bringt uns über den **„Westerwälder Ku-Damm"** und entlang einiger **Kureinrichtungen** in die „kleine Schwester" **Wenning-stedt**.

Rund um den **Dorfteich** liegen einige typische **Friesenhäuser**. Neben der **Friesenkapelle** befindet sich der **Denhoog**, ein 4.000 Jahre altes **Megalithgrab**, das wir besichtigen können.

Weiter geht´s über Seeblick, Seedüne, Hochkamp und Dünenstr. leicht bergauf zu einem Punkt mit phantastischer **Aussicht** über das **Rote Kliff** nach **Westerland**. Unser Radweg führt uns mit mehrfachem Abbiegen um die Randbebauung Kampens herum zum **Leuchtfeuer Rotes Kliff**.

„Kampener Leuchtturm" wird der 38 m hohe Turm in **exponierter Lage** gerne genannt. Der Ort selbst kann als **„St.Tropez Deutschlands"** bezeichnet werden, lockt er doch alljährlich Reiche und Schöne (oder solche, die sich dafür halten) in Scharen an.

Weiter geht´s von Kampen auf dem Radweg „List-Westerland" in seichtem Auf und Ab durch großartige **Dünenlandschaft**.

Die ersten Sylt-Urlauber kamen 5000 Jahre v.Chr.

Via Nordseeheim, Klappholttal und Mövenberg erreichen wir List.

Tipp: Ein Wegweiser bringt uns zum »**Erholungsgebiet Ellenbogen**«. Diese schmale **Sand- und Dünennehrung** umschließt den **Königshafen**, benannt nach einer Seeschlacht, und markiert den **nördlichsten Punkt Deutschlands**.

List, das nördlichste deutsche **Seebad**, ist von **Naturschutzgebieten** umgeben. Mittels Fähre können wir einen Ausflug ins nahe dänische **Rømø** unternehmen, das Schiff benötigt etwa eine Stunde. **„List Vegas"** ist eine Ansammlung farbenprächtiger, teils luxuriöser **Imbissbuden** am **Lister Hafen**. Das Schlürfen von **Austern** und **Champagner** gehört hier zur Tagesordnung.

Weiter geht´s stets am Ostufer der Insel entlang durch Süderheidetal, Kampen, Baderup,

Am nördlichsten Punkt Deutschlands – dem Ellenbogen

Munkmarsch und Klentertal nach Keitum. Von hier radeln wir parallel zu den Schienen zurück zum Westerländer Bahnhof.

Kartentipp:
ADFC-Regionalkarte Schleswig-Holsteinische Nordseeküste
1:75.000, ISBN 978-3-96990-019-2, 9,95 €
Digital für Smartphones und Tablets: www.fahrrad-buecher-karten.de/kartenapp

2 War Dr. Faust wirklich der Namensgeber von Holnis?

Von Flensburg über Glücksburg

111 Touren Info

44 km, Rundtour meist auf befestigten Radwegen bzw. Straßen/Wegen, einige kurze, aber kräftige Steigungen, sonst weitgehend flach, teils Wegweisung als Ochsenweg bzw. Ostseeküsten-Radweg

Start / Ziel: Bahnhof Flensburg

Info: www.flensburg.de

Der wunderbare Ostseeküsten-Radweg begleitet uns auf einem Großteil dieser Tour, die uns zur „Holnis" bringt. Diese Landzunge ragt in die Ostsee hinaus, so dass die dänische Küste fast schon zum Greifen nahe ist. Mit Flensburg und Glücksburg lernen wir zudem zwei der schönsten Städte im hohen Norden der Republik kennen.

Die „**Hafenspitze**" ist das wichtigste Ziel in Flensburg, denn hier rollen die Wogen der Flensburger Förde aus, der weitläufige Platz ist immer wieder Schauplatz abwechslungsreicher Veranstaltungen und von der Hafenspitze aus sind alle weiteren Highlights der Stadt rasch erreicht. Zu denen gehören der **historische Hafen** mit dem Fischereimuseum am Westufer der Förde, der **Museumsberg** mit dem Heinrich-Sauermann-Haus, das **Werftkontor**, die markanten Silos am Industriehafen und die Kirche St. Jürgen. Ansehen müssen wir uns natürlich auch die Altstadt, die sich gleich auf vier Kernbebauungen verteilt und mit **Nordertor**, Kompagnietor und Altem Gymnasium ihre Höhepunkte findet.

Los geht´s am Bahnhof von Flensburg, den wir auf dem Ochsenweg schräg rechts versetzt über den Mühlendamm verlassen, um an der nächsten Ecke rechts und kurz darauf beim Spielplatz links in die Waitzstraße abzubiegen. Am Kreisel und auf den nächsten Kilometern radeln wir jeweils in grober Richtung geradeaus und gelangen an die Förde, an der auch der Ostseeküsten-Radweg verläuft, dem wir nach rechts folgen (Am Lautrupsbach). Die Schilder lotsen uns mit einigen kurzen, aber „knackigen" Anstiegen vorbei an Mürwik, Sandwig, Schwennau und Schausende zu den ersten Häusern von Bockholm.

Im Flensburger Hafen entdecken wir auch historische Schiffe

Der erste Teil der Tour folgt der **Flensburger Förde**, die 40 oder 50 km lang ist – je nachdem, von welchem Punkt aus man misst. Die Förde ist entgegen der landläufigen Meinung kein Fjord, weil die beidseitig hoch aufragenden Berge fehlen. Wunderbar anzusehen ist sie aber auf jeden Fall.

Auch die **Marineschule Mürwik** blickt stolz auf die Förde. In dem imposanten Gebäude werden seit 1910 die Offiziere der deutschen Marine ausgebildet.

Tipp: Bei Bockholm führt ein kurzer Abstecher nach **Holnis**, einer 6 km langen Halbinsel. Hier finden wir alles, was einen Ostseeurlaub interessant macht: Weite **Sandstrände**, wilde **Steilküsten** und eine gute Infrastruktur.

Einst soll ein **Doktor Faust**, der als Teufel galt, mit einem Hausgeist, **Nis** genannt, über die Förde gesegelt sein. Gott wollte den Doktor bestrafen und brachte das Schiff in Seenot. Der Doktor schrie in seiner Panik „hol´ Nis". Und Nis holte die Segel ein, so dass beide gerettet werden konnten. Seitdem heißt die Halbinsel „Holnis".

Weiter geht´s von Bockholm noch ein Stück über den Ostseeküsten-Radweg, dann geradeaus weiter via Rüde und Rüdeheck nach Glücksburg. Der Radweg entlang der Flensburger Straße und Glücksburger Chaussee bringt uns nach Wees. Von dort rollen wir nach rechts parallel zur B199 zurück nach Flensburg, wo wir in einem Linksbogen die B199 nach rechts unterqueren und der Nordstraße weiter zum Fjord folgen. Hier treffen wir wieder auf den Ostseeküsten-Radweg, deren Schildern wir links zum Bahnhof folgen, wo die Tour endet.

Keinesfalls entgehen lassen dürfen wir uns einen Besuch von **Schloss Glücksburg**. Die Herzöge von Glücksburg und eine Zeit lang auch die Könige Dänemarks residierten einst in diesem wunderschönen Wasserschloss, das sich strahlend weiß aus dem großen Schlossteich erhebt.

Tipp: Von Glücksburg aus können wir auch am **Schlossteich** entlang nach Sandwig fahren und ab dort wieder auf dem Ostseeküsten-Radweg retour. Das spart das Radeln entlang der Glücksburger Chaussee bzw. der B199.

Wer gegen Ende der Tour noch Entspannung sucht, findet diese ganz bestimmt in der **Fördeland-Therme** von Sandwig.

Kartentipp:

ADFC Regionalkarte Schleswig/Flensburg

1:75.000, ISBN 978-3-96990-110-6, 9,95 €

Digital für Smartphones und Tablets: www.fahrrad-buecher-karten.de/kartenapp

3 Im Herzen des Wattenmeers

Nordsee: Von Husum nach Nordstrand

Bis zu einem Meter unter dem Meeresspiegel liegt Nordstrand, das deshalb mit einem acht Meter hohen Seedeich geschützt wird. Wir radeln vom gar nicht grauen Husum hinein in dieses fruchtbare Marschland.

111Touren Info:

53 km, flache Rundtour meist über Radwege und Nebenstraßen.
Start / Ziel: Bahnhof Husum
Info: www.husum-tourismus.de
www.nordstrand.de

Theodor Storm bezeichnete seine Heimatstadt wegen der damals üblichen Zementanstriche der Häuser als „graue Stadt am Meer". Ganz anders präsentiert sich uns heute die „Hauptstadt Nordfrieslands" mit tollen **Bürgerhäusern** rund um den **Marktplatz**, von denen sich das **Herrenhaus** (1520) und das **Rathaus** (1601) noch abheben. Das **Storm-Haus** mit Erinnerungen an den Dichter ist ebenso beachtenswert wie die anderen **vier Museen** der Stadt.

Los geht´s vom Bahnhof Husum über Herzog-Adolf-Str., Mühlenau, Ludwig-Nissen-Str. vorbei am hübschen **Binnenhafen** sowie via Hafenstr. zum Außenhafen. Mit schönen Aussichten radeln wir weiter in Deich- bzw. Ufernähe nach Schobüll. Die Altendorfer Str. bringt uns durch Halebüll bis zum Abzweig vor Wobbenbüll. Ab hier fahren wir auf dem Nordstrander Damm hinüber zur „Insel" und können froh sein, wenn der Wind nicht zu stark bläst.

Vom **„Schobüller Berg"** schweifen die Blicke weit über die Region, während wir im **„Kirchlein am Meer"** Kunst (z.B. Bildhauerei) und Kultur (Konzerte) genießen.

Fangfrisches in Husum

Ein Abstecher führt nach Hattstedt mit seiner St.Marienkirche aus massivem Granit und einer Gallerie. **Nordstrand** ist durch die Anbindung ans Festland eigentlich keine Insel mehr, hat diesen Charakter aber nie abgelegt. Nach mehreren Sturmfluten wurde ein **8-m-Schutzdeich** erbaut.

Weiter geht´s durch ruhiges **Bauernland** mit saftigen Weiden. Von Pohnshalligkoog geht es an einigen Höfen vorbei nach Süderhafen im Morsum-Koog. Hier dominiert zwar das Silo, schöner ist aber die renovierte **Mühle „Engel"**. Wir verlassen den Morsum-Koog über die Süderhafenstr. am Seedeich entlang zur Siedlung Dreisprung.

Tipp: Von der **Deichkrone** schweift der Blick über das **Norderstrander Watt** bis zur Halbinsel **Eiderstedt**.

Weiter geht´s auf dem asphaltierten Deichweg, später durch eine Allee nach **Süden**.

Kaum zu glauben, aber im 18.Jhd. gab es hier einen ernsten Glaubenskrieg. Sichtbare Zeichen sind die drei **Kirchen St.Vinzenz, St.Theresia** und **St.Knut**.

Weiter geht´s auf der Hauptdurchgangsstraße von Westen zurück an die See. Wir kommen am **Fährhafen Strucklahnungshörn** vorbei, wo wir im gleichnamigen **Café** die Fähre nach Pellworm beobachten können. Von hier aus bleiben wir nun einfach stets in Wassernähe. Via Kiefhuck geht es durch das Watt zur Nachbarinsel, dann zurück ans Festland. Neben der Küstenstraße radeln wir retour nach Wobbenbüll und auf dem Hinweg zurück.

Kartentipp:
ADFC-Regionalkarte Schleswig-Holsteinische Nordseeküste
1:75.000, ISBN 978-3-96990-019-2, 9,95 €

Digital für Smartphones und Tablets: www.fahrrad-buecher-karten.de/kartenapp

4 So lebten einst die Wikinger

Von Schleswig über Brodersby

111 Touren Info

39 km, Rundtour meist auf befestigten Radwegen bzw. Straßen/Wegen, keine größeren Steigungen, teils Wegweisung als Wikinger-Friesen-Weg

Start / Ziel: Bahnhof Schleswig

Info: www.schleswig.de

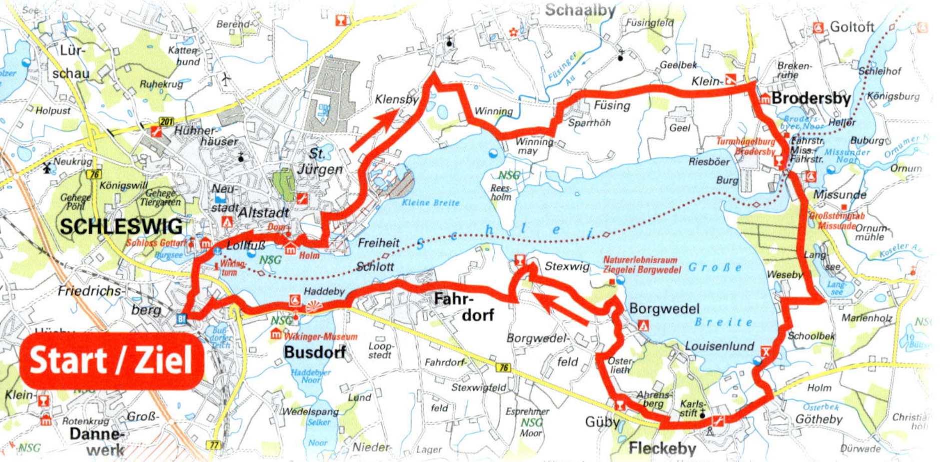

Bei dieser Tour begeben wir uns auf die Spuren der Wikinger, die hier in der Siedlung „Haithabu“ wohnten. Im Freilichtmuseum gehen wir auf eine Zeitreise und entdecken ihre Lebensweise. Zudem drehen wir eine größere Runde um einen Teil der Schlei und lassen uns von den kleinen Orten und den vielen Sehenswürdigkeiten von Schleswig verzaubern.

Gleich zu Beginn der Tour wartet mit **Schloss Gottorf** eine echte Augenweide auf uns: Strahlend weiß getüncht thront die Residenz eingebettet in weitläufige Gärten über dem Spiegelteich.

Weithin sichtbar ist der schlanke Kirchturm des **Doms St. Petri** von Schleswig, der schon 1134 erstmalig in den Geschichtsbüchern auftauchte. Er blickt auf eine kleine, aber sehr feine **Altstadt** und auf den Jachthafen, der ein ideales Segelrevier auf der Schlei erschließt.

Los geht´s am Bahnhof von Schleswig, den wir geradeaus über die Bahnhofstraße verlassen. Am Ende links in die Friedrichstraße, geradeaus (Gottorfstraße), unter der B76 hindurch und an deren Ende rechts auf den Gottorfer Damm. Ab hier folgen wir den Schildern des Wikinger-Friesen-Wegs, der uns zunächst am Wasser entlang und dann via Klensby, Winning und Füsing nach Brodersby geleitet.

Bei Brodersby gab es einst eine Burg, von der nichts mehr zu sehen ist. Auch die Dänenkönigin Margarethe ist nicht zu sehen – nur ihr Geist soll hier ab und an spuken. Daher wid-

Aus den vielen Fenstern von Schloss Gottorf schweifen unsere Blicke in den Park

men wir uns der St. Andreas-Kirche, die genau an der Stelle steht, wo einst eine Kultstätte der Heiden war.

Weiter geht´s von Brodersby, das wir nach rechts auf der Missunder Fährstraße verlassen, um wenig später mit der Fähre nach Missunde überzusetzen. Durch Weseby, Fleckeby, Borgwedel, Fahrdorf und Haddeby gelangen wir zurück in den Schleswiger Ortsteil Friedrichsberg, wo wir nach links auf den Ochsenweg wechseln, die B76 unterqueren und nach links über die Straße „Husumer Baum" den Bahnhof ansteuern, um die Tour zu beenden.

Die Fähre, mit der wir übersetzen, gibt es schon lange. Und dieser Fährplatz war in der Vergangenheit immer wieder schwer umkämpft, da es die engste Stelle an der Schlei ist, um überzusetzen. Nachdem auch wir das erledigt haben, können wir einen kleinen Abstecher unternehmen. Nur wenige Pedalumdrehungen Richtung Ornum liegt das Großsteingrab Missunde.

Unsere Rückfahrt liefert uns immer wieder tolle Blicke über die **Schlei**. Sie ist mit der Ostsee verbunden, besteht aber überwiegend aus Brackwasser. Dies erklärt auch den Namen, denn er bedeutet so viel wie „schlammiges Gewässer". Der rund 42 km lange Meeresarm hat sich zu einem beliebten Ziel für Wassersportler entwickelt.

Fast am Wegesrand liegt der **Naturerlebnisraum Ziegelei Borgwedel**. Bis 1956 wurden hier Ziegel gebrannt, inzwischen erobert die Natur dieses Gelände wieder zurück.

Tipp: Gegen Ende unserer Radrunde kommen wir am **Wikinger Museum Haithabu** vorbei. Dieses Freilichtmuseum dürfen wir uns keinesfalls entgegen lassen, denn es liegt fast genau an der Stelle, an der die Wikinger einst ihre Siedlung errichteten. Mit Werkzeugen, wie sie von den Wikingern verwendet wurden, stellte man mehrere Häuser wieder her. Funde der Ausgrabungen und multimedialer Einsatz ermöglichen uns eine Zeitreise ins frühe Mittelalter.

Das Museum liegt direkt am Ufer des **Haddeyber Noors**, das mit dem benachbarten **Selker Noor** verbunden ist. Die beiden Binnenseen sind malerisch eingebettet in die sanften Hügel der schleswiger Landschaft.

Kartentipp:

ADFC Regionalkarte Schleswig/Flensburg

1:75.000, ISBN 978-3-96990-110-6, 9,95 €

Digital für Smartphones und Tablets: www.fahrrad-buecher-karten.de/kartenapp

5 Durchs Schwedeneck nach Kiel

Von Eckernförde nach Kiel

Dänischer Wohld, so lautet der Name jener Halbinsel, die wir umrunden. Im Schatten der Landeshauptstadt radeln wir in Küstennähe oder durch Buchenwald geschützt.

111Touren Info:

49 km, leicht hügelige Streckentour meist über Radwege und Nebenstraßen. Perfekte Rad-Wegweisung.
Start: Hafen Eckernförde
Ziel: Hafen Kiel
Info: Eckernförde 04351/71790, Kiel 0431/679100

Die Fischer- und Hafenstadt Eckernförde gefällt mit einer hübschen **Altstadt**, die sich rund um **Markt** und **Rathaus** (mit **Heimatmuseum**) postiert. Die **Kleinbürger**- und **Fachwerkhäuser** schmiegen sich an enge Gassen, aus **Fischräuchereien** dringt ein appetitanregender Duft. Besonders sehenswert ist der **innere Hafen** mit der **Holzklappbrücke**. 1994 wurde Eckernförde der Titel „Bundeshauptstadt für Natur- und Umweltschutz" verliehen.

Los geht´s am Hafen von Eckernförde. Ab hier folgen wir dem vierfarbigen Logo des Ostseebäderverbandes, das uns von nun an den Weg weist. Gleich zu Beginn gibt es einen Abstecher zum Gut Altenhof.

Das stattliche **Gut** war lange Zeit in Besitz der mächtigen Grafen Reventlow. Das **Herrenhaus** wurde auch für die nachfolgenden adeligen Besitzer mehrfach umgebaut, so dass es heute oft als Schloss bezeichnet wird.

Weiter geht´s auf unserem Radweg vorbei an der **reetgedeckten Fachwerk-Gaststätte Kiekut** mit Ausblick zum **Ostseebad Schwedeneck**. Von hier radeln wir über Surendorf, Dänisch Niendorf, Stohl und Strande nach Schilksee, den durch die Segel-Olympiade 1972 bekannten Kieler Stadtteil.

Die Ostseefluten verengen sich zur Kieler Förde

Tipp: Unterwegs bieten sich drei Abstecher an: Der erste führt noch vorm Schwedeneck zum **Feuerwehrmuseum** in Birkenmoor. An der Gaststätte Schwedeneck beginnt ein Weg vorbei an einem schönen **Herrenhaus** durch einen **Buchenwald** zum **Steilufer**. Bei Strande können wir der Strandstraße zum **Yachthafen** folgen und den **Bülker Leuchtturm** bestaunen. Ein paar Meter weiter genießen wir von der Terrasse am **Bülker Huk** die Aussicht über die **Kieler Außenförde** bis nach **Laboe**.

Weiter geht´s von Schilksee durch einige Vororte , schließlich am Ufer entlang nach Kiel.

Erst mit der Einrichtung eines preußischen **Flottenstützpunktes** im Jahre 1872 wurde Kiel, obwohl es seit 1242 Stadtrechte besaß, aus dem Schlaf gerissen. Die Lage an der See lässt uns nicht wundern, dass viele Sehenswürdigkeiten maritimer Natur sind, wie die **Holtenauer Schleusenanlage**, der gleichnamige **Leuchtturm**, das **Kanalpackhaus** und das **Kanal-Museum**. Überhaupt Museen – damit ist Kiel reich gesegnet: Außer einer **Kunsthalle** gibt es ein **Völkerkunde**- und ein **Zoologisches Museum**, im **Institut für Meereskunde** finden wir ein **Meerwasser-Aquarium**, ein **Stadtmuseum** darf genauso wenig fehlen wie ein **Schifffahrtsmuseum** mit einem **Museumshafen.** Genug alte Dinge gesehen? Dann schlendern wir doch einfach durch die schöne **Fußgängerzone**, die 1957 die erste ihrer Art in Deutschland war. Wer dennoch nicht ganz auf Sehenswertes verzichten mag, findet hier auch die **Nikolaikirche**, das **Opernhaus** und das **Rathaus.** Letzteres verfügt über einen 106 m hohen **Turm** von dem aus unsere Blicke weit über Land und Meer schweifen.

Kartentipp:
ADFC-Regionalkarte Kieler Förde/Fehmarn/Holst. Schweiz
1:75.000, ISBN 978-3-96990-086-4, 9,95 €
Digital für Smartphones und Tablets: www.fahrrad-buecher-karten.de/kartenapp

6 Dänisches Feeling

Ostseeküste – von Gettorf nach Strande

Unsere Tour führt uns ins Hinterland der Ostseeküste. Dänen oder Schweden werden wir hier ebenso wenig treffen, wie den Urwald, den es hier früher gab - dafür reichlich anderes!

111Touren Info:

51 km, meist flache Rundtour mit einigen leichten Anstiegen auf Radwegen und Nebenstraßen.
Start/Ziel: Bahnhof Gettorf
Info: www.gettorf.de

Gettorf ist das größte **Kirchdorf** und **Marktzentrum** der Halbinsel „Dänischer Wohld", auf dem wir uns hier befinden. Der älteste Teil der heutigen **St.Jürgen-Kirche** besteht noch aus den 2 m starken **Felsquadern** der Vorgängerkirche. Sie dienen als Fundament für den weit sichtbaren 64 m hohen **Turm**.
Die alte **Windmühle** geht etwas in dem Neubaugebiet unter.

Tipp: Freunde von zoologischen Gärten sollten den Gettorfer **Tierpark** ansteuern, der recht überschaubar und damit besonders reizvoll ist.

Los geht´s vom Bahnhof Gettorf auf dem Radweg der B 76 aus dem Ort heraus. Später folgen wir den Schildern rechts nach Borghorst, wo wir **Gut Borghorst** finden, das mit Fachwerkscheunen und einem **Wassergraben** versehen ist. Wir folgen zunächst den Wegweisern nach Osdorf, dann der kleinen, hügeligen Landstraße nach Stubbendorf, wo wir weit übers Land blicken können.

Nach der Abfahrt queren wir die Böderstr. und folgen geradeaus mit der Wegweisung Krusendorf der Kirchstr. ins **Ostseebad Schwedeneck**.

Hinter der Krusendorfer **Backsteinkirche** radeln wir auf bzw. neben den Straßen den Schildern

Strandgut sammeln am Schwedeneck

folgend via Arendorf, Hohenhain, Dänisch Nienhof, Stohl, Marienfelde und Altbülk zum **Bülker Leuchtturm**. Von dort sind wir an der Küste entlang rasch in Strande.

Wir passieren auf unserem Weg gleich mehrere aufstrebende **Urlaubsorte**, die nicht nur mit **Ostsee** und **Strand**, sondern auch mit ausgedehnten **Laubwäldern** werben können. **Gut Altbülk**, an dem wir ebenfalls vorbei radeln, ist nicht arg spektakulär, der 27 m hohe **Leuchtturm** auf dem **Bülker Huk** aber umso mehr. Strande fristete lange Zeit ein bescheidenes Dasein, bevor die Kieler es als Tages- und Wochenendziel entdeckten.

Weiter geht´s von der Strandstr. zur Förderstraße-West, die wir geradeaus überqueren und dem Wanderweg folgen, der uns am **Fuhlensee** vorbei führt. Beim **Gut Eckhof** münden wir auf die Dänischenhagener Straße, der wir bis in das gleichnamige Dorf folgen. Über Strander Str., vor der **Feldsteinkirche** rechts in die Schulstr. durchradeln wir den Ort. Den Schildern folgend radeln wir via **Gut Kaltenhof**, Felm, Felmerholz, Kleinfelmerholz (hierhin geht es im spitzen Winkel rechts ab) und Kronshörn nach Wulfshagen.

Die **Fachwerkkaten** im Ort sind hübsch anzusehen, noch schöner ist das waldumstandene **Herrenhaus Gut Wulfshagen**, das ebenfalls in **Fachwerk** gewandet ist.
Weiter geht´s über die schmale Straße durch den Wald und über die Bahnstrecke. Wir folgen den Wegweisern nach „Holand", und „Wulfshagener Hütten", wo wir rechts in den Kattenbrock abbiegen. Dieser bringt uns geradewegs am **Tierpark** vorbei wieder zurück nach Gettorf.

Kartentipp:
ADFC-Regionalkarte Kieler Förde/Fehmarn/Holst. Schweiz 1:75.000,
ISBN 978-3-96990-086-4, 9,95 €
Digital für Smartphones und Tablets: www.fahrrad-buecher-karten.de/kartenapp

7 Auf den Spuren der Ochsen

Von Neumünster nach Rendsburg

Im Hohen Norden Deutschlands folgen wir einem Stück des so genannten „Ochsenweges". Wo sich einst die Ochsenkarren bewegten, können wir auf bestens präparierten und perfekt gekennzeichneten Wegen radeln.

111Touren Info:

48 km, Streckentour auf meist befestigten Radwegen bzw. Straßen/Wegen, keine nennenswerten Steigungen, perfekte Wegweisung
Start: Bahnhof Neumünster
Ziel: Bahnhof Rendsburg
Info: www.neumuenster.de
www.rendsburg.de

Unser Startort ist die viertgrößte Stadt Schleswig-Holsteins. Rund um den **Marktplatz** können wir uns herrliche Gebäude wie das **Alte Rathaus** ansehen. Im Ortsteil Kleinflecken stehen die meisten **historischen Häuser**.

Los geht´s vom Bahnhof in Neumünster, den wir mit der Rendsburger Straße unter den Schienen her verlassen. Wenig später knickt die Straße rechts ab. Wir rollen weiter geradeaus und folgen den Schildern des Ochsenweges. Das einprägsame Logo mit der Schleswig-Holstein-Karte bzw. den gekreuzten Hörnern weist uns zuverlässig den Weg über die A 7 hinweg via Timmaspe nach Nortorf.

An unserem Wegesrand liegt der **Tierpark**. Der **Alte Ochsenweg-Krug** „Goldener Ochse" in Timmaspe ist heute leider nicht mehr bewirtschaftet. Wir rollen durch Wiesen und Wälder, aber auch immer wieder durch alte Moore, in denen Torf abgebaut wird.

Weiter geht´s von Nortorf den Schildern folgend über Thienbüttel nach Bokel. Von dort haben wir zwei Alternativen zum Weiterradeln: Entweder im Zick-Zack durch die Felder bis Osterrönfeld. Von hier dann mit der Fähre über den Nord-Ostsee-Kanal in die City von Rendsburg. Oder (etwas weiter) via Brammerau, Nienkattbek, Pollhorn, Jevenstedt und an den Jevenstedter Teichen vorbei nach Westerrönfeld. Von hier nutzen wir dann auch eine Fähre, um ins Herz von Rendsburg zu gelangen.

Rendsburgs Marktplatz lädt zur Rast im Schatten des Rathauses ein

Tipp: In Rendsburg können wir als Ortsfremde auch ohne Stadtplan unter´m Arm eine Stadtbesichtigung unternehmen. Folgen wir ab dem **Alten Markt** der 3,2 km langen, so genannten **„Blue line"**, so gelangen wir zu allen Sehenswürdigkeiten der Stadt.

So starten wir am Glockenspiel des **Alten Rathauses**, kommen vorbei an der **St. Marienkirche** und erreichen den **Schiffsbrückenplatz**, wo es bis vor rund 200 Jahren den Stadthafen gab. Nicht weit entfernt liegt der Schlossplatz – hier gab es einst eine Burg, später ein Schloss. Beides ist allerdings Geschichte. Der blaue Pfeil führt uns auch zu den **„Pulverschuppen"**, bei denen wir heute einen Jugendtreff und viele Kunstwerke finden. Ein Indiz dafür, dass das Kulturzentrum ganz in der Nähe ist. Die Militärhistorie wird uns am Paradeplatz und an der **Christuskirche** vor Augen geführt. Letztere war einst die Garnisonskirche.

Tipp: Wer länger in der Gegend verweilt, hat in Rendsburg die Qual der Wahl: Weiter auf unserem **Ochsenweg** weiterradeln bis nach Flensburg – oder gar bis nach Dänemark? Oder lieber auf der kreuzenden **„NOK-Route"** dem Nord-Ostsee-Kanal folgen? In beiden Richtungen ist größter Radelspaß auf bestens präparierten Pisten und tollen Ausblicken auf Ozeanriesen garantiert!

Kartentipp:
ADFC-Regionalkarte
Hamburg - Kiel - Neumünster
1:75.000, ISBN 978-3-87073-938-6, 9.95 €
Digital für Smartphones und Tablets: www.fahrrad-buecher-karten.de/kartenapp

8 Tuch, Textil und Technik

Von Bad Bramstedt über Neumünster

111 Touren Info

55 km, Rundtour meist auf befestigten Radwegen bzw. Straßen/Wegen, keine größeren Steigungen, teils Wegweisung als Ochsen-, Mönchs, bzw. Vicelinweg

Start / Ziel: Bahnhof Bad Bramstedt

Info: www.bad-bramstedt.de

Die Natur hat rund um Bad Bramstedt eine Landschaft mit sanften Wellen modelliert. Durchzogen wird die Region von mehreren Themenradwegen, von denen der Ochsenweg und die Mönchstour einen Großteil dieser Radrunde begleiten. Das sorgt nicht nur für gute Radelbedingungen sondern auch für Abwechslung in den drei Städten, die auf dem Weg liegen.

Die **Sole** und das **Moor** sorgen bei Patienten aus ganz Deutschland dafür, dass ihre Leiden in Bad Bramstedt gelindert werden. Neben einer Rheumaklinik wurde eine Psychosomatische Klinik etabliert. Und so wurde der schöne Ort schon im Jahre 1910 mit dem Prädikat eines **Bades** geadelt. Rund um die Kliniken finden wir weitläufige **Parks**, die für jeden zugänglich sind.

Tipp: Ein wenig unbequem, aber doch ein tolles Erlebnis, ist eine Fahrt mit der **Kurbahn**, die auch als „Moorbahn" bezeichnet wird. Sie bringt uns zudem durch das Mooraufbereitungsgelände, wo die heilende Kraft aus der Erde gewonnen wird.

In für die Region typischem roten Backstein gefertigt präsentieren sich **Schloss Bram-**

stadt, das Rathaus und die **Maria-Magdalenen-Kirche**. Am Markt entdecken wir das **Torhaus** mit einem barocken Treppenhaus. Es ist der letzte Rest eines ehemaligen Gutshauses.

Los geht´s am Bahnhof von Bad Bramstedt, das wir mit dem Mönchsweg nach rechts über die König-Christian-Straße verlassen. An deren Ende links in den Landweg, direkt rechts in „Düsternhoop" und dann geradeaus auf dem Großenasper Weg heraus aus der Stadt. Wir befinden uns auf dem Mönchsweg bzw. der Ochsentour und zweigen mit dem Ochsenweg mitten im Wald links ab. Die Schilder bringen uns durch Wiemersdorf, Beverloh, Hardebek, Birkenhof und Padenstedt nach Neumünster.

Mit 80.000 Einwohnern ist Neumünster die fünftgrößte Stadt von Schleswig-Holstein. Entsprechend quirlig geht es in der Innenstadt zu, die uns zahlreiche **Einkehrmöglichkeiten** und Entspannung am See namens **Schwale** beschert.

Tipp: Das moderne **„Museum Tuch + Technik"** steht auf unserem Pflichtprogramm, denn es erzählt uns von der Textilindustrie, die hier einst für Wohlstand sorgte. Vor allem die Tuchproduktion sorgte mit Großmaschinen für ein überregionales Renommee.

Weiter geht´s von Neumünster, das wir von der Altonaer Straße nach rechts den Schildern des Vicelinwegs folgend über „Haart" und Brüggemannstraße verlassen. Im Ortsteil Gadeland verlassen wir den Vicelinweg an der Kreuzung nach rechts in die Krummerfelder und fahren links in die Segeberger, rechts in die Kamp- und links in die Hartwigswalder Straße. Via Moltsfelde, Neubraska, Brokenlande erreichen wir Großenaspe und fahren auf dem Mönchsweg zurück nach Bad Bramstedt, wo die Tour am Bahnhof endet.

Die Region um Großenaspe ist schon seit der Bronzezeit besiedelt. Davon zeugt auch der sogenannte **„Eidring"**. Diesen Reif aus Gold und Silber fand man 1860 beim Pflügen eines Feldes. Das heutige Ortszentrum wird von der

Tuch und Technik im neuen Gewand

Unübersehbar ist die im Jahre 1834 erbaute **Vicelinkirche**, die ihren Namen von einem Mönch erhielt, der einst hier lebte. Kunstfreunde besuchen den **Gerisch-Skulpturenpark** im Stadtteil Brachenfeld. In einem Landschaftsgarten steht eine Reihe von Exponaten und in der dazugehörigen **Villa Wachtholz** gibt es ein Museum mit Ausstellungen.

Katharienkirche beherrscht, die 1769 errichtet wurde und auf den historischen Ortskern blickt. Etwas außerhalb liegt der hölzerne **Aussichtsturm Ketelvierth**, von dem wir eine tolle Fernsicht über unser Radelrevier genießen.

Kartentipp:
ADFC Regionalkarte Hamburg - Kiel / Neumünster
1:75.000, ISBN 978-3-87073-938-6, 9,95 €

Digital für Smartphones und Tablets: www.fahrrad-buecher-karten.de/kartenapp

9 Wasser wohin wir sehen

Von Plön nach Stocksee

Als wäre diese Region nicht schon durch die Ostsee mit Wasser verwöhnt – rund um Plön reihen sich 12 kleine Seen aneinander. Das Radeln ist hier genau so schön, wie es sich anhört.

111Touren Info:

45 km, etwas hügelige Rundtour meist über Radwege und Nebenstraßen. Gute Rad-Wegweisung.
Start / Ziel: Bahnhof Plön
Info: www.ploen.de

Inmitten der **Seenlandschaft** ragen die historischen Mauern der ehemaligen **Residenzstadt Plön** in die Höhe. Die Silhouette wird beherrscht vom wuchtigen **Renaissance-Schloss**, zu dem **Marstall, Reithaus, Park** und **Lustschloss** gehören. In der **Altstadt**, die sich um den **Marktplatz** mit der **St.Nikolai-Kirche** erstreckt, sind vor allem die **St.Johannis-Kirche** und die **Alte Apotheke** zu beachten. Etwas abseits können wir vom **Aussichtsturm** auf dem **Parnaß** die Landschaft von oben betrachten.

Los geht´s vom aussichtsreichen Bahnhof Plön zum Seeufer und an demselben entlang am **Freibad Fegetasche** vorbei. Versäumen Sie nicht den wunderbaren Blick über den See auf Plön! Am Rand des **Gutes Ruhleben** radeln wir auf einer **Vierer**- und **Großen Plöner See** trennenden **Landzunge**. Auf dem Weg nach Bosau sehen wir das Wasser immer wieder durch die Bäume schimmern.

Schloss Plön thront erhaben über der Seenlandschaft

Der rund 800 Jahre alte **Brook´sche Hof** zeugt davon, dass Bosau eines der ältesten Dörfer Holsteins ist. Im **Ortskern** fallen die windschiefe **Altenteiler Kate**, die **Dunker´sche Kate** und die kostbar ausgestattete **St.Petri-Kirche** auf.

Weiter geht´s um den See herum via Stadtbek und Bredenbek, dann um den Stocksee nach Nehmten.

Tipp: In Bredenbek besteht die Möglichkeit, die Tour um 10 km zu verkürzen, indem wir direkt weiter nach Nehmten radeln. Dann entgeht uns aber die Zusatzrunde um den **Stocksee**, den wir vom **Stockseer Krug** aus besonders gut betrachten können. Sehenswert ist auch die ehemalige **Tagelöhnersiedlung „Im Sande“.**

Das **Gut Nehmten** ist ein altes **Herrenhaus**, dessen **Landschaftsgarten** bis ans Ufer des Plöner Sees heran reicht.

Weiter geht´s am Ufer des Plöner Sees entlang über Godau, einen anstrengenden Hügel nach Sepel und zum **Luftkurort Dersau.** Durch das Gehölz Wildköppel radeln wir zum Gut Ascheberg.

Eine vierzeilige, gut 250 Jahre alte **Lindenallee** markiert die Zufahrt zum **Schloss Ascheberg** auf einer kleinen Halbinsel.

Weiter geht´s mit unserem Radweg am See entlang zurück nach Plön.

Früher war die **„Liebesinsel“** nur mit dem Ruderboot zu erreichen. Nach Absenkung des Wasserspiegels ist das **Niedersächsische Bauernhaus** auf der Südspitze des auch **Prinzeninsel** genannten Fleckens trockenen Fußes erreichbar.

Kartentipp:
ADFC-Regionalkarte Kieler Förde/Fehmarn/Holst. Schweiz 1:75.000, ISBN 978-3-96990-086-4, 9,95 €

Digital für Smartphones und Tablets: www.fahrrad-buecher-karten.de/kartenapp

10 Ruhe und Abgeschiedenheit

Von Eutin nach Pönitz

Wir starten in Eutin, einer der schönsten Städte Schleswig-Holsteins, zu einer Radtour ins Grüne. Auf unserer Tour an einigen Seen vorbei stört nur wenig unsere Radel-Idylle.

111Touren Info:

44 km, etwas hügelige Rundtour meist über Radwege und Nebenstraßen. Gute Rad-Wegweisung.
Start / Ziel: Bahnhof Eutin
Info: www.eutin.de

Unübersehbar erhebt sich **Schloss Eutin** aus dem **Wassergraben**. Ganz so, wie wir das in einer solchen Anlage erwarten, gibt es auch eine **Kapelle**, die reichhaltig ausgestattet ist. In einer **Gemäldegalerie** hängen die Portraits zahlreicher Mitglieder europäischer Fürstenhäuser. Der **Marstall** beherbergt heute das **Ostholstein-Museum**, in dem wir alles über die Region erfahren. So auch, dass Eutin schon 1156 Bischofssitz wurde und 1257 die Stadtrechte verliehen bekam. Es gibt aber noch mehr in der **Rosenstadt** zu entdecken – aus den vielen **Backstein- und Fachwerkbauten** suchen wir uns **Rathaus, Witwenpalais, Hofapotheke, Voß´sches Haus** und die **Kapitalhöfe** als besonders sehenswert heraus. Bestens überblicken können wir alles vom **Wasserturm** aus.

Los geht´s vom Bahnhof zum See durch eine fast 300 Jahre alte Lindenallee vor dem Schloss her zur Anlegestelle am Redderkrug. Bis Vinzier folgen wir dem Weg Nr.25 durch einige Dörfer hindurch. Auch Süsel ist via Bujendorf rasch erreicht.

Zu unserer Überraschung finden wir in **Süsel** mit **St.Laurentius** eine der schönsten Landkirchen Oberholsteins. Von der reichhaltigen **Innenausstattung** sind vor allem die **Kreuze** zu beachten.

Tipp: Im **Süseler See** können wir uns zwischendurch

Schloss und...

Abkühlung verschaffen. Gleiches bieten der **große** und der **kleine Pönitzer See**.

Weiter geht´s nach Klingberg, wo Paul Zimmermann 1903 die erste **FKK-Siedlung** gründete. Weil es am See viel Privatbesitz gibt, müssen wir uns vom Ufer trennen und am Kurpark entlang durch eine Siedlung radeln. An Gut Garkau vorbei gelangen wir nach Gleschendorf, wo wir das Flüsschen Schwartau überqueren.

Rosenstadt Eutin

Das kleine Flüsschen **Schwartau** gibt nicht nur dem Kurort bei Lübeck seinen Namen, sondern auch der **Marmelade**, die wir gerne auf dem Frühstückstisch stehen haben.

Weiter geht´s vorbei am Bahnhof Pönitz (von hier können wir auch mit der Bahn zurück fahren) nach Woltersmühlen. Mit Blick auf **weitere Seen** radeln wir via Fassendorf, Gothendorf und Braak wieder zurück nach Eutin, wo unsere Tour endet.

Kartentipp:

ADFC-Regionalkarte Lübeck und Umgebung 1:75.000,
ISBN 978-3-96990-061-1, 9,95 €

Digital für Smartphones und Tablets: www.fahrrad-buecher-karten.de/kartenapp

11 Strandschönheiten an der Ostsee

Von Oldenburg in Holstein nach Neustadt in Holstein

111 Touren Info

41 km, Streckentour meist auf befestigten Radwegen bzw. Straßen/Wegen, keine größeren Steigungen, teils Wegweisung als Ostseeküsten-Radweg bzw. Mönchsweg

Start: Bahnhof Oldenburg in Holstein

Ziel: Bahnhof Neustadt in Holstein

Info: www.oldenburg-holstein.de

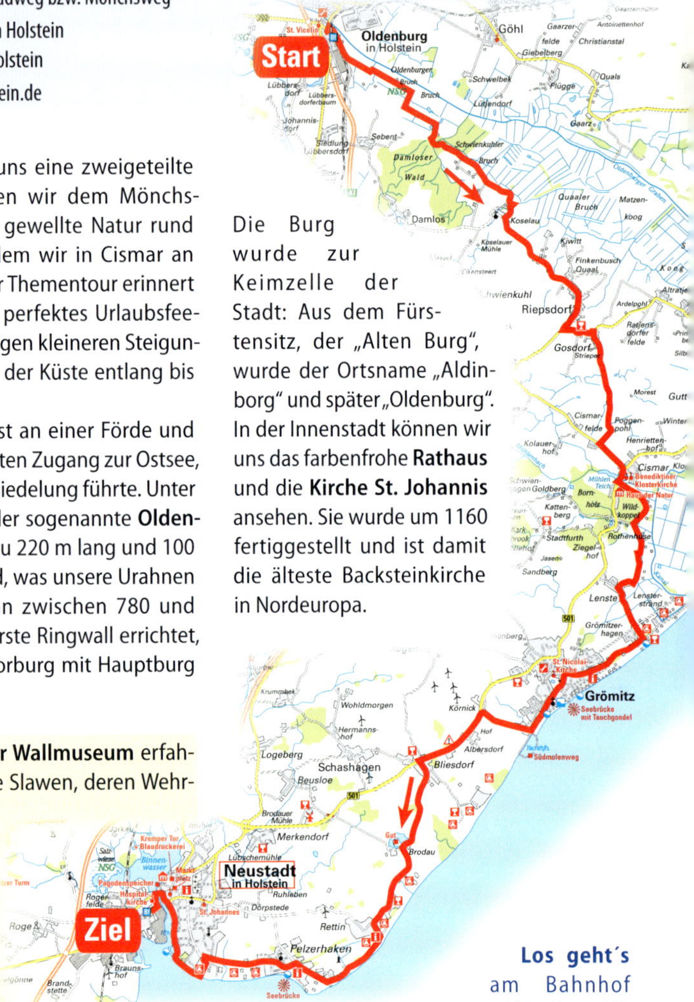

In Holstein erwartet uns eine zweigeteilte Tour: Zunächst folgen wir dem Mönchsweg durch die sanft gewellte Natur rund um Oldenburg. Nachdem wir in Cismar an die Namensfindung der Thementour erinnert wurden, erreichen wir perfektes Urlaubsfeeling in Grömitz. Mit einigen kleineren Steigungen rollen wir dann an der Küste entlang bis Neustadt.

Oldenburg lag einst an einer Förde und hatte daher einen direkten Zugang zur Ostsee, was zu einer frühen Besiedelung führte. Unter den Slawen entstand der sogenannte **Oldenburger Wall**. Er ist bis zu 220 m lang und 100 m breit. Beeindruckend, was unsere Urahnen hier hinterließen, denn zwischen 780 und 840 n.Chr. wurde der erste Ringwall errichtet, aus dem später eine Vorburg mit Hauptburg wurde.

Die Burg wurde zur Keimzelle der Stadt: Aus dem Fürstensitz, der „Alten Burg", wurde der Ortsname „Aldinborg" und später „Oldenburg". In der Innenstadt können wir uns das farbenfrohe **Rathaus** und die **Kirche St. Johannis** ansehen. Sie wurde um 1160 fertiggestellt und ist damit die älteste Backsteinkirche in Nordeuropa.

Tipp: Im **Oldenburger Wallmuseum** erfahren wir Vieles über die Slawen, deren Wehranlage und deren Bedeutung. Auf dem Gelände finden wir auch einen großen Wassergraben und das **Gildemuseum der St. Johannis Toten- und Schützengilde** von 1192 e.V., die als älteste Schützengilde Deutschlands gilt.

Los geht´s am Bahnhof von Oldenburg i.H., den wir nach rechts über die Bahnhofstraße verlassen, um nach wenigen Metern rechts in die Holsteiner

Grömitz zählt zurecht zu den schönsten Seebädern der Ostsee

Straße und direkt wieder rechts in den Bruchweg einzubiegen. So gelangen wir auf den Mönchsweg, der uns durch Koselau, Quaal, Riepsdorf, Gosdorf, Cismar und Lenste zur Ostsee geleitet. Dem Ostseeküsten-Radweg folgen wir nach rechts und gelangen nach Grömitz.

Gleich zu Beginn unserer Tour rollen wir durch den **Schwienkühler Bruch** und direkt im Anschluss daran durch den **Quaaler Bruch**. Die artenreiche Flora und Fauna mit mehr als 120 teils seltenen Vogelarten wurde unter Naturschutz gestellt.

Das **ehemalige Benediktinerkloster Cismar** wurde im Jahre 1245 von Lübeck hierher verlegt. Bis heute konnte fast die komplette Bausubstanz erhalten werden, so dass uns ein Mix aus Backsteingotik und Barock empfängt.

Ein ganz anderes Bild bietet sich im 1813 gegründetem Grömitz, einem der beliebtesten **Seebäder** der deutschen Ostsee. Eine herrliche **Strandpromenade**, Einkehrmöglichkeiten und **Jachthafen** lassen die Zeit im Nu verfliegen.

Weiter geht´s auf dem Ostseeküsten-Radweg von Grömitz durch Bliesdorf, Brodau, Rettin und Pelzerhaken nach Neustadt i.H., wo unsere Tour am Bahnhof endet.

Hinter Neustadt radeln wir durch Pelzerhaken, das uns mit einer kleinen **Seebrücke** und Einkehrmöglichkeiten empfängt. Unübersehbar sind der aus Backstein erbaute **Leuchtturm** und der **Fernmeldesektorturm M**.

Tipp: Nicht versäumen dürfen wir einen Stopp am **Gutshaus Brodau**. Die stattliche Anlage liegt in einem See und ist würdevoll über eine lange Zufahrt und durch ein Torhaus zu erreichen.

Neustadt entwickelte sich von einer Hafenstadt zu einem beliebten **Erholungsort**, mit Fußgängerzone, Marktplatz mit **Fischerdenkmal** und der 1244 gegründeten **Backstein-Stadtkirche**. Auch das Rathaus und das Kremper Tor sehen wir uns in der Altstadt an. Bevor wir den Bahnhof erreichen, entdecken wir das 1846 erbaute **Brückengeldeinnehmerhaus** und den **Pagodenspeicher** am Binnenwasser.

Kartentipp:
ADFC Regionalkarte Kieler Förde / Fehmarn / Holst. Schweiz
1:75.000, ISBN 978-3-96990-086-4, 9,95 €

Digital für Smartphones und Tablets: www.fahrrad-buecher-karten.de/kartenapp

12 Mit etwas Kondition oder mit E-Bike einmal rund um Fehmarn

Von Puttgarden über Burg

111 Touren Info

61 km, Rundtour meist auf befestigten Radwegen bzw. Straßen/Wegen, keine größeren Steigungen, teils Wegweisung als Ostseeküsten-Radweg bzw. Mönchswe

Start und Ziel: Bahnhof Puttgarden

Info: www.fehmarn.de

Fehmarn war bis 1989 die größte Insel Deutschlands – und ohne Frage ist sie bis heute eine der schönsten Inseln des Landes. Erstklassige Radwege, endlose Strände, steile Klippen und eine perfekte Infrastruktur sorgen für eine große Beliebtheit bei den Gästen. Mit E-Bike oder guter Kondition ist eine Runde um die Insel an einem Tag zu schaffen. Die Bahn ermöglicht auch zwei Etappen.

Eine Fläche von rund 185 qkm bedeckt die Insel Fehmarn, wobei die Küste unterschiedlicher kaum sein könnte: Es gibt raue **Klippen**, an denen die Brandung tost, riesige Dünen mit endlosen **Stränden**, Seen in Strandnähe und **Nehrungen**. Und hinter der Küste finden sich wunderbare kleine Ortschaften, die alle ihren ganz eigenen Charme versprühen. Über die beeindruckende **Fehmarnsundbrücke** ist das Eiland erreichbar und Unterkünfte gibt es von Campingplätzen über Ferienwohnungen bis Luxushotels.

Tipp: Auch wenn wir auf der Insel bleiben: Einen Besuch des **Fährhafens** sollten wir uns nicht entgehen lassen, denn er ist ein Teil der sogenannten **Vogelfluglinie**, die zwischen Hamburg und Kopenhagen verläuft und dabei die vorgelagerten Inseln nutzt.

Das höchste Bauwerk von Puttgarden ist übrigens der **Fernmeldeturm** mit seinen 115 m.

Los geht´s am Bahnhof von Puttgarden, den wir entlang der Schienen nach links verlassen, um dann rechts mit der Fährhafenstraße die Bundesstraße zu queren. Im Ort treffen wir auf den Ostseeküsten-Radweg und folgen ihm nach rechts auf den Strandweg. Die

Auf der „platten" Insel ist der Leuchtturm Flügge weithin sichtbar

Schilder führen uns stets in Ufernähe vorbei an Westermarkelsdorf, Wallnau, Flügge, Orth, Lemkenhafen, Strukkamphuk, und Wulfen nach Burg.

Die Tour entlang der Küste ist einfach herrlich: Links neben uns breiten sich die **Seen** aus, während es vom Deich aus immer wieder spektakuläre **Aussichten** zu entdecken gibt. Unterwegs kommen wir an Leuchttürmen, Campingplätzen und am **NABU-Infozentrum des Wasservogelreservats Wallnau** vorbei.

Im Süden der Insel wird es besonders eindrucksvoll, wenn wir an der Orther Reede entlang radeln, die **Häfen** von Orth und Lemkenhafen bestaunen und ehrfürchtig zur **Fehmarnsundbrücke** hinauf blicken.

Weiter geht´s von Burg, das wir den Schildern des Mönchswegs folgend auf dem Gahlendorfer Weg verlassen. In Gahlendorf links und hinter Klausdorf rechts. So gelangen wir wieder auf den Ostseeküsten-Radweg, der uns via Marienleuchte zurück nach Puttgarden geleitet, wo die Tour am Bahnhof endet.

Wir erreichen den Ort Burgstaaken mit dem 1778 erstmals erwähnten **Hafen** von Burg. Ein schönes Fotomotiv liefern die roten Backsteinhäuser, vor denen sich die kleinen Boote an der Mole wiegen. Weniger malerisch ist das **U-Boot-Museum**, denn es befindet sich im wuchtigen U 11, das an Land liegt. Spannend ist auch die **Galileo Wissenswelt**, die Zusammenhänge aus Natur und Technik verständlich macht.

Tipp: Lehrreich und unterhaltsam zugleich ist ein Besuch des **Meereszentrums Fehmarn:** Hier erblicken wir verschiedene Fischarten, darunter Haie, in tropischen Korallengärten in dem 4 Millionen Liter Meerwasser fassenden Aquarium.

Aus dem Häusermeer von Burg ragt der Turm der **Kirche St. Nikolai** empor. Nachdem wir uns den Marktplatz und das **Rathaus** von 1901 mit seinen Türmchen angesehen haben, lassen wir uns in einem der zahlreichen Cafés und Restaurants auf der **Breiten Straße** nieder.

Kartentipp:
ADFC Regionalkarte Kieler Förde / Fehmarn / Holst. Schweiz
1:75.000, ISBN 978-3-96990-086-4, 9,95 €

Digital für Smartphones und Tablets: www.fahrrad-buecher-karten.de/kartenapp

13 Das El Dorado der Metal-Heads

Von Wilster über Wacken

111 Touren Info

50 km, Rundtour meist auf befestigten Radwegen bzw. Straßen/Wegen, keine größeren Steigungen, teils Wegweisung als Nord-Ostsee-Kanal-Radweg

Start / Ziel: Bahnhof Wilster

Info: www.wilster.de

Ein Blick auf das Höhenprofil suggeriert eine echte „Hochgebirgstour". Bei genauem Hinsehen wird klar: Wir radeln teils unter (!) dem Meeresspiegel und kurbeln ganze 51 Höhenmeter hinauf. Es erwartet uns also eine leichte Radtour, die uns nicht nur am tiefsten Punkt Deutschlands, sondern auch an DEM Festivalgelände für alle Metal-Fans vorbei führt.

In Wilster wohnen gerade einmal rund 4.500 Personen, doch unser Besuch wird ein Ausflug in die Architektur-Geschichte: Während die **Kirche St. Bartholomäus** mit ihrem auffälligen Turm im Stile des Spätbarock errichtet wurde, stammt das fachwerkgeschmückte **Alte Rathaus** aus der Zeit der Renaissance. Direkt daneben wurde in einem historischen Speicher das **Naturkundemuseum** untergebracht, in dem wir mehr über die Region erfahren. Das **Neue Rathaus** hingegen stammt wieder aus dem Spätbarock und wurde einst als Wohnhaus genutzt.

Los geht´s am Bahnhof von Wilster, den wir nach rechts über die Bahnhofstraße verlassen, um an deren Ende rechts in die Neue Burger Straße einzubiegen. Am Ortsende links in die Vereinsstraße, an deren Ende rechts in Rumfleth. Auf wenig befahrenen Straßen rollen wir via Averfleth, Krützfleth, Neuendorf-Sachsenbande, dort links und rechts Aebtissinwisch zum Nord-Ostsee-Kanal (NOK), dem wir nach rechts folgen. Nachdem der NOK-Radweg sich etwas vom Wasser verabschiedet hat, ist es durch Gribbohm nicht mehr weit nach Wacken.

Die Ortsnamen entlang der Strecke verraten es: Wir radeln meist an kleineren **Wasserläufen** entlang, die im norddeutschen als „Flethe" bezeichnet werden.

Tipp: Eine kleine Hinweistafel aus Holz markiert direkt neben unserer Strecke **den tiefsten Punkt Deutschlands**. Genau 3,54 m unterhalb des Meeresspiegels befinden wir uns hier!

Der **Nord-Ostsee-Kanal** ist eine der größten und wichtigen Ingenieursleistungen Deutschlands. Im Jahre 1887 wurde mit dem Bau dieser künstlichen Wasserstraße begonnen, die stetig ausgebaut wird. Die Schiffe werden durch eine rund 100 km lange Fahrrinne bugsiert, die in Kiel beginnt und in Brunsbüttel endet. Durch diese Passage sparen die Kapitäne den 460 km längeren Weg über Dänemark. Kein Wunder, dass der sogenannte NOK eine der meistbefahrenen Wasserstraßen der Welt ist.

Weiter geht´s von Wacken, das wir von der Schenefelder Straße nach links auf dem Reselithweg verlassen. Agethorst, Mehlbek, Huje, Kleve und Krummendiek-Bekdorf liegen auf unserem Weg ans Ufer der Stör. Hier rechts und wenig später bei der Schleuse rechts zurück nach Wilster, wo unsere Tour am Bahnhof endet.

Wackeeeen! Seit 1990 pilgern jährlich rund 85.000 Heavy-Metal-Fans in die dünn besiedelte Gegend, um beim **Wacken Open Air** (W:O:A) dabei zu sein. Wenn die Tickets in den Vorverkauf kommen, dauert es meist nur wenige Minuten, bis alle Karten verkauft sind. Tattoos, Kutten, lange Haare, das ein oder andere Bier, laute Motorräder und noch viel lautere Musik: Was gefährlich klingt, dürfte eine der friedlichsten Großveranstaltungen des Kontinents sein.

Immer neue Details entdecken wir an Wilsters Rathaus

Auf der Rückfahrt kommen wir an der **Schleuse Kasenort** vorbei, wo die Wilster-Au in die Stör mündet. Ein Schleusenwärter wacht darüber, dass das Fluttor zur rechten Zeit geöffnet bzw. geschlossen wird.

Tipp: Bei unserer Radtour müssen wir das **Silo der Raiffeisengenossenschaft** von Wacken ansteuern, denn hier können wir das weltweit bekannte Symbol bestens fotografieren.

Kartentipp:
ADFC Regionalkarten Schleswig-Holst. Nordseeküste
1:75.000, ISBN 978-3-96990-019-2, 9,95 €;
Hamburg-Kiel-Neumünster
1:75.000, ISBN 978-3-87073-938-6, 9,95 €;
Schleswig/Flensburg
1:75.000, ISBN 978-3-96990-110-6, 9,95 €

Digital für Smartphones und Tablets: www.fahrrad-buecher-karten.de/kartenapp

14 Wettradeln mit den dicken Pötten

Von Glückstadt nach Brunsbüttel

111Touren Info:

27 km, Streckentour meist auf befestigten Radwegen bzw. Straßen/Wegen, keine Steigungen, regionale Wegweisung sowie Beschilderung „Nordseeküsten-Radweg"
Start: Glückstadt
Ziel: Brunsbüttel
Info: www.glueckstadt.de

Wir radeln absolut steigungsfrei auf dem bestens ausgebauten Radweg, der ein Teil des Nordseeküsten-Radwegs ist. Es lohnt sich, immer mal wieder über den Deich zu blicken, um das rege Treiben auf der Elbe zu betrachten. In Brunsbüttel kommen wir den „Dickschiffen" ganz nah, denn hier beginnt der vielbefahrene Nord-Ostsee-Kanal.

„Glückstadt – der Königstraum an der Elbe" – so wirbt die Kleinstadt gerne für sich. Der Slogan geht zurück auf den Dänenkönig Christian IV, der 1617 hier den Grundstein für Glückstadt legen ließ.

Das Herz der Stadt schlägt rund um den **Binnenhafen**, der von tollen alten Häusern umringt wird. Hier schmeckt der **Matjes**, für den Glückstadt auch bekannt ist, besonders gut! Die Altstadt zieht sich vom Hafen vorbei an alten **Adelshöfen** bis zum Marktplatz mit dem schicken **Rathaus** aus der Spätrenaissance.

Tipp: Wer länger in der Region ist, kann in Glückstadt mit der **Fähre** über die Elbe schippern. Dabei kommen wir nicht nur den dicken Frachtschiffen richtig nahe. Am andern Ufer können wir auch genüsslich durch das „**Alte Land**" radeln, was nicht nur zur Obstblühte ein Fest für die Sinne ist. Auch bis Stade mit seiner Altstadt ist es nicht allzu weit.

Los geht´s am Hafen von Glückstadt, wo wir direkt in den Nordseeküsten-Radweg einsteigen können. Am Deich entlang kommen wir zur Mündung der Stör. Nachdem wir den Fluss über das Sperrwerk passiert haben, gesellen wir uns wieder zum Deich, radeln vorbei an Brokdorf, werden vom Wasser weg geleitet und können einen kleinen Aufenthalt in St. Margarethen einplanen.

Das **Sperrwerk** der Stör ist eines der wichtigsten Bauwerke der Region, denn es regelt den Abfluss des Wassers ins Meer und verhindert

Mit der kleinen Kanalfähre erreichen wir die Innenstadt von Brunsbüttel

zugleich, dass sich Springfluten ins Land ergießen. Kurz hinter dem Sperrwerk kommen wir an einem schönen alten **Leuchtturm** vorbei.

Weiter geht´s von St. Margarethen wieder zurück zum Deich, dann durch das Industriegebiet zur Kanalfähre. Auf der anderen Seite sind es nur noch ein paar Pedaltritte bis ins Herz von Brunsbüttel.

Brokdorf war in den 1980er Jahren das Ziel von Demonstranten, die den Bau des Kernkraftwerks verhindern wollten. Naja, schön anzusehen ist der Meiler nun nicht. Daher widmen wir uns wenig später dem Ort St. Margarethen mit seinen roten Backsteinhäusern und dem weiß-rot-gestreiften **Leuchtturm**.

Brunsbüttel wurde durch den Bau des Nord-Ostsee-Kanals zum wichtigsten Seehafen der Region. Schon beim Übersetzen mit der kleinen **Fähre** werden wir beeindruckt durch die sehr nahen Ozeanriesen. Die passieren hier die Schleuse, um quer durch Holstein nach Kiel zu fahren. Damit sparen sie sich den weiten Weg um Dänemark herum. Entsprechend wuselig geht es hier auf dem Wasser zu. Auf der anderen Seite des Kanals steuern wir den **Aussichtspunkt** an. Eine **Anzeige** verrät uns, wann welche großen Schiffe erwartet werden. Wenn es gerade ruhig ist, besuchen wir das direkt nebenan liegende Schleusenmuseum Atrium.

Nicht versäumen dürfen wir, uns das historische Brunsbüttel anzusehen, das etwas entfernt von der Schleuse liegt. Dazu gehören das efeubewachsene **Rathaus**, die Paulus, die Jakobus-Kirche und vor allem das **Matthias-Bole-Haus**, was als eines der schönsten Fachwerkhäuser der Gegend gilt.

Kartentipp:

ADFC-Regionalkarte Hamburg - Kiel - Neumünster
1:75.000, ISBN 978-3-87073-938-6, 9,95 €

ADFC-Regionalkarte Schleswig-Holsteinische Nordseeküste mit Inseln
1:75.000, ISBN 978-3-96990-019-2, 9,95 €

Digital für Smartphones und Tablets: www.fahrrad-buecher-karten.de/kartenapp

ADFC-Regionalkarte
BVA
Hamburg - Kiel
Neumünster
1:75.000

ADFC-Regionalkarte
BVA
Schleswig-Holsteinische
Nordseeküste
mit Inseln
1:75.000

15 An der Oberalster

Von Ohlstedt nach Norderstedt

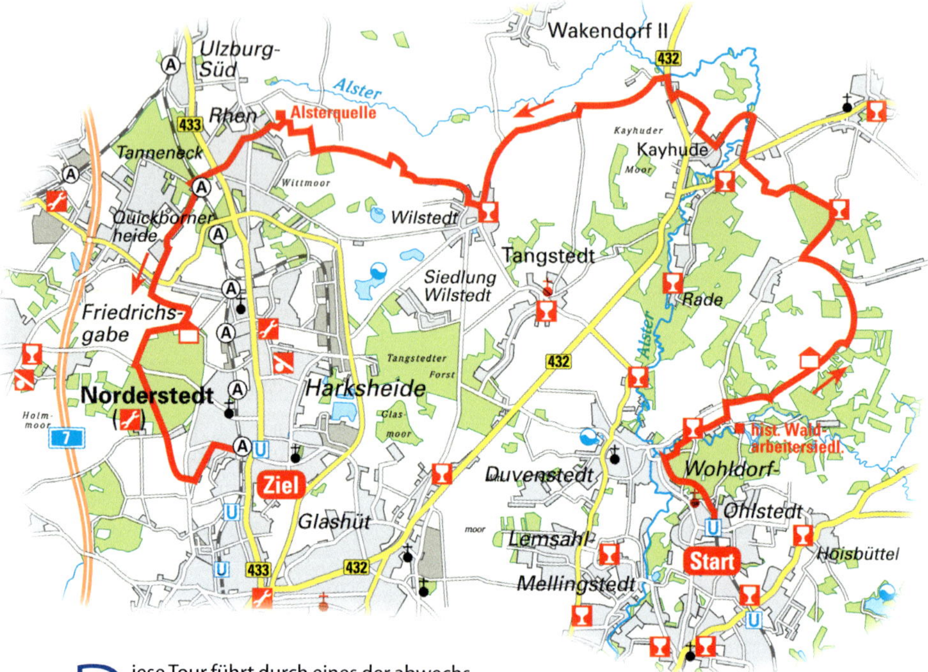

Diese Tour führt durch eines der abwechslungsreichsten Naherholungsgebiete Hamburgs, den Wohldorfer Wald.

111Touren Info:

40 km, flache Streckentour meist über Radwege, kleines Teilstück über eine stark befahrene Straße.
Start: U-Bahnhof Ohlstedt
Ziel: U-Bahnhof Norderstedt-Mitte
Info: www.hamburg.de

Los geht´s von der U-Bahn-Station links unter der Brücke her und rechts durch Timms Hege. Rechts in den Kupferredder. Gegenüber dem Parkplatz links den gelben Wanderpfeilen nach in das **Naturschutzgebiet Wohldorfer Wald.** Wir kommen am **Kleinbahn-Museum** und rechts, später links abbiegend, am **Herrenhaus** vorbei.

Seit 1961 ist der Betrieb der elektrischen Straßenbahn auf dieser Strecke eingestellt, so dass das alte **Bahnhofsgebäude** nun als **Museum** dient. Das mit einem **Wassergraben** umgebene **Fachwerk-Herrenhaus Wohldorf** versteckt sich hinter den Bäumen.

Weiter geht´s am Beginn der Linkskurve links in den unbefestigten Fußweg, Weberstieg genannt. Am Ende beim **Naturschutz-Infohaus** rechts auf dem Duvenstedter Triftweg in den Duvenstedter Brook.

Das 10 qkm große **Naturschutzgebiet** zeichnet sich durch vielfältige Landschaftsformen aus, wo sich Kraniche, Rot- und Damwild wohl fühlen.

Gelungener Auftakt mit der Kupfermühle in Wohldorf

Weiter geht´s recht verzwickt durch den Wald: An der Revierförsterei links in die Landstr. In Wiemerskamp rechts (Pfingsthorst), halb links in den Schierenhorster Weg, an dessen Ende rechts. Dem „K" bzw. dem gelben Pfeil nach zum Krögersweg, der die Alster begleitet. Beim Gut Stegen links über die Brücke. In Kayhude rechts (Wiesenweg) und in Naherfurth links, dann rechts auf die B 432. Am Ortsende links (Fahrenhorster Weg), an der Weggabelung links. Nach kurvenreicher Fahrt beim Bauernhof rechts und geradeaus auf der Landstr. In Wilstedt am Kriegerdenkmal rechts (Dorfring), dann rechts (Henstedter Weg), am Ende halb rechts auf dem Asphaltweg. In Togenkamp in der Rechtskurve halb links, für 4 km dem „A2" folgen. Bei den Leitplanken rechts, nächste links, am Teich rechts und gleich wieder links am Rinnsal entlang zur Alster-Quelle

Das Ziel der Begierde: die Alster

Tipp: Nach dieser „Pfadfinderei" haben wir uns eine Pause verdient. Dazu dient hier ein Moortümpel, den eine Feldsteinmauer einfasst – so unscheinbar sieht die **Alsterquelle** aus. Schon lang war die Alster das Ziel der Begierde, auch wegen des einträglichen Betriebs von **Wassermühlen**.

Weiter geht´s am Ende links in den Asphaltweg, rechts durch den Nadelwald, links auf der Hauptstr. Wir können nun wählen, ob wir einfach der B 433 nach Norderstedt folgen, oder ob wir abseits in „zackiger Fahrt" Nebenstraßen benutzen. Die Rathaus-Allee bringt uns in jedem Falle zur U-Bahn-Station. Vor der Heimfahrt sehen wir uns noch das **Feuerwehr-Museum** in einem **200 Jahre alten Anwesen** an.

Kartentipp:
ADFC-Regionalkarte Hamburg und Umgebung 1:75.000,
ISBN 978-3-96990-192-2, 10,95 €

Digital für Smartphones und Tablets: www.fahrrad-buecher-karten.de/kartenapp

16 Ruhe und Abgeschiedenheit mitten in der Millionenstadt

Rundtour durch den Hamburger Stadtpark

Dies ist eine Tour, die sich komplett von allen anderen unterscheidet: Die beschriebene Strecke umfasst nur 6 km, dafür verläuft sie komplett autofrei durch die grüne Lunge Hamburgs. Wir können beliebig kreuz und quer radeln, picknicken, Menschen und Tiere bestaunen, in die Sterne sehen und und und…

111Touren Info:

6 km, Rundtour ausschließlich auf Radwegen, keine Steigungen, regionale Wegweisung
Start und Ziel: Stadtpark-Eingang Saarlandstraße
Info: www.hamburg-tourism.de

Sage und schreibe 148 Hektar umfasst das Areal des Hamburger **Stadtparks**. Im Zeitalter der Industrialisierung verschwanden in den deutschen Großstädten immer mehr Wälder und Wiesen. Auch in Hamburg war dies zu beobachten. Die Einwohner sehnten sich aber danach, am Ende eines harten Arbeitstages oder am Wochenende frische Luft zu tanken und dabei den Blick auf die Natur genießen zu können. Also wurde 1901 von der Stadt beschlossen, das sogenannte Sierichsche Gehölze anzukaufen und einen Park anzulegen. Davon zeugt das gleichnamige **Forsthaus**, das hier seit 1885 steht. Im Jahre 1914 wurde die Grünanlage als Volksgarten eröffnet.

Los geht´s am Eingang „Saarlandstraße" des Stadtparks. Nachdem wir den Goldbekkanal überquert haben, biegen wir links ab und folgen einem der vielen Wege, die im Uhrzeigersinn am Rand des Stadtparks entlang führen. Wir tangieren den rechts liegenden Stadtparksee, überqueren rechts versetzt die Otto-Wels-Straße und biegen später rechts ab, um zum Planetarium zu radeln.

Gleich zu Beginn kommen wir am **Modellboot-Teich** vorbei, der 70 cm tief ist und einen Durchmesser von 40 m hat. Bei schönem Wetter kommen wir hier zum ersten Mal ins Staunen, wie perfekt die Modelle gearbeitet wurden, die hier zu Wasser gelassen werden.

Auch auf unserer Runde liegt die **Freilichtbühne**, auf der Open-Air-Konzerte stattfinden.

Wenn wir einfach ´mal im Zick-Zack durch den Stadtpark cruisen, entdecken wir überall spannende Gebäude wie den **O´Swaldschen Pavillon**, die **Trinkhalle**, den Pinguinbrunnen oder die überdachte **Liebesinsel**, auf der schon viele für einen Heiratsantrag niederknieten.

Das **Planetarium** gilt als Wahrzeichen des Stadtparks. Zunächst als Wasserturm am west-

Viel Grün und Erholung mitten in der Stadt – das bietet der Hamburger Stadtpark

lichen Ende der Mittelachse erbaut, wurde es 1930 zu einem Planetarium umgebaut. 2017 wurde nochmals technisch nachgerüstet, so dass alljährlich mehrere Hunderttausend Besucher durch die moderne Eingangshalle in den **Sternensaal** schreiten können.

Weiter geht´s vom Planetarium weiter im Uhrzeigersinn am Rad des Parks entlang, wobei wir zwischendurch wieder die Otto-Wels-Straße queren.

Das charmante dabei: Wenn wir genauer hinsehen, entdecken wir immer wieder spannende **Kunstwerke**: neben Adam und Eva, den Zentauren oder badenden Schönheiten sind es vor allem Tiermotive, die Bildhauer hier schufen.

Natürlich gibt es auch eine Minigolfanlage, einen Rosengarten, eine ganze Reihe von toll ausgestatteten Spielplätzen und ein 3.000 qm großes Planschbecken.

Die Mitte der Anlage wird dominiert von der riesigen **Wiese**. Hier tummeln sich die Menschen, um verschiedensten Sportarten nachzugehen, zu grillen oder einfach ein Sonnenbad zu nehmen.

Tipp: Wer seine Verpflegung nicht dabei hat, steuert den **Biergarten** an, der Köstlichkeiten in flüssiger und fester Form bereit hält. Gute Luft und spannende Aussichten sind inklusive!

Zum Ende der Runde durch den Park steuern wir den **Stadtparksee** an. Der ist so groß, dass er mit Dampfern vom Jungfernsteg an der Alster angelaufen wird. Gut abgetrennt ist das **Natur- und Freibad** Stadtparksee, in dem wir uns täglich ab 11 Uhr abkühlen können.

Kartentipp:
ADFC-Regionalkarte Hamburg und Umgebung
1:75.000, ISBN 978-3-96990-192-2, 10,95 €
Digital für Smartphones und Tablets: www.fahrrad-buecher-karten.de/kartenapp

17 Das „Alte Land"

Von Finkenwerder nach Neugraben

Vor 800 Jahren wurde dieses Land von holländischen Siedlern eingedeicht und urbar gemacht. Im Schutz der Deiche entstand das größte Obstanbaugebiet Europas. Doch nicht nur zur Blütezeit ist unsere Radeltour hier ein Genuss.

111Touren Info:

68 km, flache Streckentour meist über Radwege und Nebenstraßen. Kürzung möglich.
Start: Anleger Finkenwerder
Ziel: Bahnhof Neugraben
Info: www.jork.de
www.buxtehude.de

Los geht´s vom Fähranleger über Benittstr., Köhlfleet-Hauptdeich, Kanalstack, Sandhöhe und Ostfrieslandstr. zum Parkplatz hinter dem EADS-Gelände. Ab hier den gelben Pfeilen entlang der **Alten Süderelbe**, am Ende auf dem Asphaltweg links, dann rechts auf dem roten Radwanderweg auf der Deichkrone nach Neuenfelde. Die Stühle der **Neuenfelder Kirche** wurden zur Finanzierung des Gotteshauses an die Bürger verkauft, daher die Namen darauf. Weiter auf der Deichkrone links auf dem Kopfsteinpflaster, dann über den Marschkamer Deich zur Nincoper Str. Wir radeln an typischen **Obstbauernhöfen** vorbei und gelangen über Domänenweg, Groß Hove und Neuenfelder Str. zur Este.

Tipp: Nach Überquerung der Este können wir die Tour verkürzen, indem wir direkt am Ufer entlang nach Buxtehude radeln.

Weiter geht´s von der Este rechts in die Königreicher Str. Richtung HH-Cranz. Auf der Wellenstr. kommen wir an der **Windmühle Borstel** und dem **Wehrt´schen Hof** vorbei, ehe wir Grünendeich und weiter Steinkirchen und Mittelnkirchen erreichen. Von hier sind wir auch schnell in Jork.

Die **Martini- und Nikolai-Kirche** von Steinkirchen birgt eine besondere **Orgel** in sich, selbiges gilt für die **St.Bartholomäus-Kirche** von Mittelnkirchen. Stilgerecht in einem **Obstbauernhof** zeigt das **Museum** die technische Ent-

Fachwerk erfreut uns in Buxtehude...

...und auf den Obstbauernhöfen

wicklung im **Alten Land**. Ebenfalls in Wegesnähe liegt die **St.Mathias-Kirche** von Jork, in der sich die Sitze wegklappen lassen. Der 8 m hohe **Barockaltar** ist ebenso sehenswert wie der **Gräfenhof**, ein stattlicher Fachwerkbau.

Weiter geht´s auf fast schnurgerader Strecke zurück zu unserer Ecke an der Este, wo wir dieses Mal rechts abbiegen, um am Fluss entlang Buxtehude zu erreichen.

Würdevoll kommen wir am runden **Marschtorzwinger**, einem Rest der **Stadtmauer**, vorbei in die **Altstadt**. Dort erwarten uns das **Rathaus** mit Jugendstilelementen und die **St.Petri-Kirche**, deren 75 m hoher **Turm** die Stadt dominiert. Noch schöner anzusehen ist allerdings die „Lebkuchenhaus"-Fassade des **Heimatmuseums**, das wegen seiner Backsteinornamente so genannt wird.

Weiter geht´s am selben Fluss, aber am anderen Ufer zurück. Hinter dem Ortsschild von Moorende biegen wir rechts ab Richtung Rübke und radeln an der Moorwetterung entlang. Hinter Neu Wulmsdorf biegen wir links in den Neuenfelder Hinterdeich Richtung Francop, am Ende der Francoper Str. rechts in die Neuwiedenthaler Str., nach Unterquerung der Bahnstrecke biegen wir rechts ab und haben mit dem Neugrabener Bahnhof unser Ziel erreicht.

Kartentipp:
ADFC-Regionalkarte Hamburg und Umgebung 1:75.000,
ISBN 978-3-96990-192-2, 10,95 €

Digital für Smartphones und Tablets: www.fahrrad-buecher-karten.de/kartenapp

18 Die Route des weißen Goldes

Von Lüneburg nach Lübeck

Der Elbe-Ostsee-Kanal wurde schon 1398 erbaut, um dem teuren Gut Salz die Reise an die See zu verkürzen. Auf unserer Radtour durch die grüne, aber doch geschichtsträchtige Gegend wird uns dieser Kanal begleiten.

111Touren Info:

91 km, flache Streckentour meist auf Radwegen, Kürzung durch Bahnetappen möglich. Perfekte Rad-Wegweisung.
Start: Bahnhof Lüneburg
Ziel: Bahnhof Lübeck
Info: www.lueneburg.de
www.luebeck.de

Lüneburg hat eine solche Fülle von Sehenswertem, dass wir Tage hier verbringen könnten. Wahrzeichen der Stadt ist der **Kran** am **Fischmarkt**, neben dem der ehemalige **Heringsspeicher** und die **Lüner Mühle** emporragen. Weiter an der Ilmenau treffen wir auf die **St.Johannis-Kirche** und den **Wasserturm**, der an der Stelle der alten **Wehranlage** steht. Ein wenig außerhalb liegt das **Deutsche Salzmuseum**, während der zentrale Platz **„Am Sande"** von **Patrizierhäusern** umrahmt wird. Das größte deutsche aus dem Mittelalter erhaltene **Rathaus** finden wir am **Markt**.

Los geht´s vom Bahnhof über Bahnhof- und Lünertorstr. in den Lüner Weg, wo bereits die Rad-Wegweisung (rechteckige weiße Schilder mit Rad und „Alte Salzstraße") beginnt.

So ist der Kanal rasch erreicht.

Das **Schiffshebewerk Scharnebeck** hebt mit Gegengewichten die Schiffe in nur drei Minuten auf- und abwärts. Das Schauspiel können wir von einer Plattform aus beobachten.

Weiter geht´s den Schildern folgend in Kanalnähe nach Lauenburg, wo wir zunächst die Elbe, dann den Kanal überqueren.

Die gesamte **Altstadt** ist als **Stadtdenkmal** ausgewiesen – kein Wunder, denn in dem Ensemble rund um das **Rathaus** (mit **Elbschifffahrtsmuseum**), das wir über die Elbstraße ansteuern, ist ein Haus schöner als das andere. Und alt, wie z.B. **Mensingsches Haus (1573)**, **Schreyersches Haus (1581)**, **Fachwerktraufenhaus (1583)** oder **Elbschifferhaus (1663).**

Das Salz sorgte einst für Wohlstand und eine prachtvolle Altstadt

Weiter geht´s am Kanal entlang, wieder über diesen hinweg, an der Palmschleuse vorbei. Ab dem Lauenburger Hafen folgen wir den Treidel-Wegen am Elbe-Lübeck-Kanal über Büchen, Siebeneichen, Güster und Grambeck nach Mölln.

Tipp: Hinter Siebeneichen führt ein Abstecher zum **Gut Wotersen**. Das **schlossartige Herrenhaus** war Schauplatz der Fernsehserie „Das Erbe der Guldenburgs".

In Mölln „lebt" Till **Eulenspiegel** – es gibt einen **Brunnen** und ein **Museum** zum Thema. Dabei ist die malerische Stadt an zwei Seen ohnehin mit Sehenswertem gesegnet, wie dem **Backstein-Rathaus**, der **St.Nicolai-Kirche**, dem **Wasserturm** (mit **Aussicht**) oder dem **Stadtmannshof**.

Weiter geht´s an gleich fünf Schleusen vorbei stets den Schildern folgend ins Zentrum von Lübeck.

Außer dem weltberühmten **Holstentor** gibt es auch hier reichlich zu staunen: In der 2 qkm großen **Altstadt** stehen mehr als **1.000 Gebäude unter Denkmalschutz**, also nicht nur der **Dom**, die vielen anderen **Kirchen**, die **Salzspeicher**, das **Rathaus** oder das **Buddenbrookhaus**.

Kartentipp:
ADFC Regionalkarten
Hamburg und Umgebung
1:75.000,
ISBN 978-3-96990-192-2,
10,95 €;
Lübeck und Umgebung
1:75.000,
ISBN 978-3-96990-061-1,
9,95 €

Digital für Smartphones und Tablets: www.fahrrad-buecher-karten.de/kartenapp

19 Deutschlands ältestes Seebad

Von Wismar nach Warnemünde

Das Seebad Warnemünde konnte sich viel vom alten Charme bewahren

Auf dem Ostsee-Radfernweg radeln wir über einen schier unüberwindbaren „Berg" (78 Meter), durchs flachwellige Küstentiefland vorbei an Steilufern und Küstenwäldern.

111Touren Info:

71 km, meist flache Streckentour, vorwiegend Asphaltstraßen und Radwege.
Start: Bahnhof Wismar
Ziel: Bahnhof Warnemünde
Info: www.wismar.de
www.rostock.de

Los geht's via Bahnhof-, Poeler Str. und Müggenburger Weg zum Flugplatz. Wir folgen der Wegweisung nach Gagzow und ab dem Dorfplatz den Schildern über Krusenhagen, Farpen, Robertsdorf, Blowatz, Boiensdorf nach Stove.

Wahrzeichen von Stove ist die **Windmühle** von 1889. Radelnde Müsli-Freaks können hier heute ihren Proviant auffüllen und für zu Hause Backrezepte mitnehmen.

Weiter geht's: den Wegweisern Boiensdorf, Pepelow folgen, über den 54 Meter hohen **Scharberg** nach Pepelow. Hier halten wir uns bei der Straßenverzweigung rechts und verlassen das Dorf auf der Haffstraße. Wenig später erreichen wir Rakow und rollen über die Dorfstr. mit Gefälle mühelos nach Teßmannsdorf. Den Wegweisern folgend erreichen wir via Roggow den Ort Rerik. Über John-Brinkman-Str. und Wustrower Str. geht es ins Zentrum, und über die Dünenstr. zum **Fischereihafen** sowie zur **St.-Johannis-Kirche**. Via Leuchtturm-, Schillerstr. und Meschendorfer Weg kommen wir an ein denkmalgeschütztes **Jungsteinzeitgrab**. Den Schildern nach radeln wir über Wendelstorf, Strand Kägsdorf, und „Zum Rieden" nach Kühlungsborn.

Das ehemals größte Ostseebad der DDR ist heute ein beliebter Kur- und Badeort. Die grüne Stadt am Meer besitzt eine frühgotische **Dorfkirche** und die 1872 errichtete **Brunshöver Mühle**.

Gestatten: „Molli“

Tipp: Die seit 1910 bestehende **Schmalspurbahn** „Molli“ verkehrt noch heute fahrplanmäßig zwischen Kühlungsborn und Bad Doberan (Fahrradmitnahme möglich). In 10 Tagen kann man/frau sich hier in theoretischem und praktischem Unterricht zum „Ehrenlokomotivführer“ ausbilden lassen.

Weiter geht's via Reriker-, Fritz-Reuter-, Friedrich-Borgwardt- und Hermannstr. und Straße des Friedens, der wir nach rechts folgen. Vorbei am Ort Kühlungsborn-Ost und dem **Konzertgarten Ost** kommen wir zur breiten Strandpromenade. Über den breiten Wanderweg setzen wir unsere Fahrt fort nach Heiligendamm.

Weiter geht's über die Kühlungsborner Str. am Kurhaus und am Rosa-Luxemburg-Haus vorbei auf die Prof.-Dr.-Vogel-Straße nach Börgerende. Der Wegweisung Nienhagen und später Warnemünde folgend, erreichen wir das Ziel unserer Etappe.

Warnemünde wurde 1195 zum ersten Mal erwähnt und ist seit 1323 Stadtteil von Rostock. Das Seebad hat sich seinen ursprünglichen Charakter bewahrt. Sehenswert sind die **Pfarrkirche** von 1866 und der 37 Meter hohe **Leuchtturm**. **Meyer's Mühle** von 1866 beherbergt heute eine Gastwirtschaft.

Das säulengeschmückte Kurhaus ist Aushängeschild von Heiligendamm, das **Deutschlands erstes Seebad** war.

Kartentipp:

ADFC-Regionalkarte Ostseeküste/Schwerin 1:75.000, ISBN 978-3-96990-146-5, 10,95 €

Digital für Smartphones und Tablets: www.fahrrad-buecher-karten.de/kartenapp

20 Durch´s Rostocker Tor in die Rostocker Heide

Von Ribnitz-Damgarten über Graal-Müritz

111 Touren Info

46 km, Rundtour meist auf befestigten Radwegen bzw. Straßen/Wegen, keine größeren Steigungen, teils Wegweisung als Ostseeküsten-Radweg, Östlicher Backstein Rundweg bzw. als Fischland-Darß-Zingst Rundweg

Start / Ziel: Bahnhof Ribnitz-Damgarten West

Info: www.ribnitz-damgarten.de

Ein exzellenter Radweg, zwei Seebäder, beste Aussichten auf Bodden und Ostsee, dazu eine „Doppelstadt" als Start- und Zielort. Das verspricht, eine perfekte Radtour zu werden! Der erste Teil führt am Ufer des Ribnitzer Sees vorbei, der ein Teil des Saaler Boddens ist. Zum Abschluss rollen wir durch die dicht bewaldete Rostocker Heide.

Die beiden Orte Damgarten und Ribnitz entstanden fast zur selben Zeit etwa Mitte des 13. Jahrhunderts. Im Jahre 1950 wurden die beiden Städte mit der Gemeinde Borg zusammengelegt, um die ehemalige Grenze zwischen Pommern und Mecklenburg endgültig aufzuheben – und das gegen den Widerstand der jeweiligen Stadtväter.

Tipp: Im ehemaligen Klarissenkloster ist heute das **Deutsche Bernsteinmuseum** untergebracht. Hier erfahren wir alles rund um die wertvollen Steine, die aus fossilem Harz bestehen und vor allem hier an der Ostsee zu finden sind.

Sehr massiv ist der 1455 errichtete quadratische Turm der **Marienkirche**, der sich mitten in der Innenstadt von Ribnitz erhebt. Zu seinen Füßen finden wir viele historische Gebäude, darunter einige mit Fachwerk. Etwas außerhalb liegt das **Freilichtmuseum Klockenhagen**, in dem das dörfliche Leben von anno dazumal dargestellt wird. Auch im Ortsteil Damgarten gibt es einiges zu sehen,

Beschauliches Dierhagen

wie die **Kirche St. Bartholomäus** oder einige alte Fachwerkbauten.

Los geht´s am Bahnhof von Ribnitz-Damgarten, den wir hinter dem Parkplatz auf dem Radweg nach links verlassen, um an der nächsten Ecke rechts abzubiegen. Im Park folgen wir dem Fischland-Darß-Zingst-Rundweg und biegen rechts in die Steinstraße, links in die Lange- und geradeaus in die Rostocker Straße. Am Kreisel geradeaus und rechts zum Ufer. Ab hier folgen wir den Schildern des Ostseeküsten-Radwegs, der uns durch Körkwitz, Dändorf, Dierhagen und Neuhaus nach Graal-Müritz bringt.

Noch in Ribnitz rollen wir am **Rostocker Tor** vorbei. Schon 1290 soll hier das erste Tor gestanden haben. Das heutige Tor ist leider nicht mehr komplett, weil Teile davon für eine bessere Verkehrsführung abgerissen wurden.

Tipp: Wem der Sinn nach Abkühlung steht, die großen Wasserflächen von Bodden und Ostsee aber noch nicht warm genug sind, der macht bei Körkwitz einen Abstecher zum **Bernsteinsee** in Körks Strandarena. Hier können wir mit Blick auf die Wasserskianlage einkehren oder uns selbst in die Fluten stürzen.

Dierhagen hat eine ganz besondere Lage mit Zugang zur **Ostsee** und zum **Saaler Bodden**, was den Ort zu einem sehr beliebten Urlaubs- und Ausflugsziel macht. Ansehen können wir uns die geschäftigen Häfen von Dändorf und Dierhagen, die alten **Kapitänshäuser** im Ortsteil Dändorf und in der Ortsmitte ein **Denkmal**, das an die Opfer des Faschismus erinnert.

Weiter geht´s von Graal-Müritz noch ein Stück auf dem Ostseeküsten-Radweg, bis wir im Wald, statt rechts abzubiegen, links in den Müggenburger Weg und kurz darauf rechts in die Scheidenschneise fahren. Nun radeln wir mehrere Kilometer geradeaus bis Neu-Hirschburg und nach rechts über den Weidenweg durch Borg und Neuhof links retour nach Ribnitz-Damgarten, wo unsere Tour am Bahnhof endet.

Die **Rostocker Heide** bedeckt eine Fläche von rund 6.000 ha., wobei 5.177 ha. Wald und der Rest vorwiegend Heideflächen sind. Also rollen wir hier durch den **größten Küstenwald Deutschlands**! Die Wälder sind teils noch Bestandteile eines Urwaldes, der sich hier ausbreitete.

Kartentipp:
ADFC Regionalkarte Rügen / Fischland-Darß
1:75.000, ISBN 978-3-96990-119-9, 10,95 €

Digital für Smartphones und Tablets: www.fahrrad-buecher-karten.de/kartenapp

21 Zu Gast bei Familie Kranich

Von Stralsund nach Barth

111 Touren Info

45 km, Streckentour meist auf befestigten Radwegen bzw. Straßen/Wegen, keine größeren Steigungen, teils Wegweisung als Ostseeküsten-Radweg, Östlicher Backstein Rundweg bzw. als Fischland-Darß-Zingst Rundweg

Start: Bahnhof Stralsund
Ziel: Bahnhof Barth
Info: www.stralsund.de

Der „Östliche Backstein Rundweg" begleitet eine abwechslungsreiche Streckentour, die uns von Stralsund, eine der schönsten Backstein-Innenstädte, stets in der Nähe der Ostseeküste, nach Barth führt. Unterwegs erwarten uns nicht nur traumhafte Aussichten auf die Ostsee, sondern auch viele Informationen über Kraniche.

Die Hansestadt Stralsund empfängt uns mit einer Fülle an Sehenswertem, was natürlich an der langen Geschichte liegt, die 1234 mit dem Stadtrecht begann.

Tipp: Ganz besonderes Flair finden wir am **Johanniskloster**. Wo einst die Franziskaner ihr Domizil hatten, gibt es heute das Stadtarchiv. Drum herum stehen herrliche und farbenfroh gestaltete **Fachwerkhäuser**. Die Dominikaner lebten einst im Katharinenkloster. Heute beherbergt die Anlage das **Deutsche Meeresmuseum**. Letzteres ist inzwischen auf drei weitere Orte aufgeteilt, die **Natureum**, **Nautineum** und **Ozeaneum** heißen.

Rund um den **Alten Markt** finden wir zahlreiche Fotomotive, wie das prachtvolle **Rathaus**, die **Nikolaikirche** mit den unterschiedlichen Doppeltürmen und tolle Backsteinhäuser.

Los geht´s am Bahnhof von Stralsund, den wir geradeaus über den querenden Tribseer Damm in den Jungfernstieg verlassen. An der Straßengabelung schräg rechts in die Friedrich-Engels-Straße, die später geradeaus in die Gerhard-Hauptmann-Straße übergeht und uns an die Küste führt. Hier haben wir Anschluss an den Ostseeküsten-Radweg. Via Parow, Groß und Klein Damitz, Klausdorf und Hohendorf erreichen wir (den Ostseeküsten-Radweg geradeaus verlassend über die Chausseestraße) Groß Mohrdorf.

Das Johanniskloster ist ein Muster sakraler Baukust

Gleich zu Beginn der Tour radeln wir direkt an der **Sundpromenade** entlang, was perfekte Bedingungen und tolle Aussichten verspricht.

Tipp: Bei Hohendorf schwenken wir etwas vom Ostseeküsten-Radweg ab, um in Groß Mohrdorf das **Kranich-Informationszentrum** zu besuchen. Hier in der sogenannten Boddenkette rasten jedes Jahr, meist im Oktober, unzählige Kraniche, was den NABU dazu bewegt hat, hier ein Kranichzentrum einzurichten. Auch wenn gerade nicht die richtige Zeit für Vogelbeobachtungen ist, erfahren wir hier viel über den Graukranich und seine Verwandten.

Wir sind im nördlichsten Zipfel von Mecklenburg-Vorpommern unterwegs. Der Küste vorgelagert sind die **Halbinsel Große Werder**, die **Insel Bock** und die **Inselgruppe Kleine Werder**. Übrigens: In Groß Mohrsdorf gibt es einen stillgelegten Flugplatz, den wir noch am Mast einer Sendestation erkennen können.

Weiter geht´s von Groß Mohrdorf, das wir den Schildern des Östlichen Backstein Rundwegs folgend zur Küste hin verlassen. Hier zweigen wir wieder links auf den Fernradweg ab und rollen via Nisdorf und Glöwitz nach Barth, wo wir am Bahnhof die Rückfahrt antreten.

Direkt auf unserer Route liegt **Gut Nisdorf.** In der prachtvollen, strahlend weiß getünchten Anlage können wir echten Bio-Urlaub in Ferienappartements verbringen. In bester Lage direkt an der **Boddenküste** hat man sich hier dem nachhaltigen und fairen Umgang mit Natur, Mensch und Umwelt verschrieben.

Aus zwei slawischen Fischerdörfern entwickelte sich Barth, das im Mittelalter mit einem Schloss und einer Befestigung versehen wurde. Heute bildet der geschützte Hafen die gute Stube der Stadt. Rund herum finden wir die **Backsteingotik-Kirche St. Marien** und rund um den Marktplatz eine **Altstadt** mit Bürgerhäusern. Nachdem wir uns auch das **Adelige Fräuleinstift** angesehen haben, widmen wir uns dem **Vineta-Museum**, in dem wir Grafiken von Rembrandt bestaunen können.

Kartentipp:
ADFC Regionalkarte Rügen / Fischland-Darß
1:75.000, ISBN 978-3-96990-119-9, 10,95 €

Digital für Smartphones und Tablets: www.fahrrad-buecher-karten.de/kartenapp

22 Der Jasmund

Rügen – Von Sassnitz nach Sagard

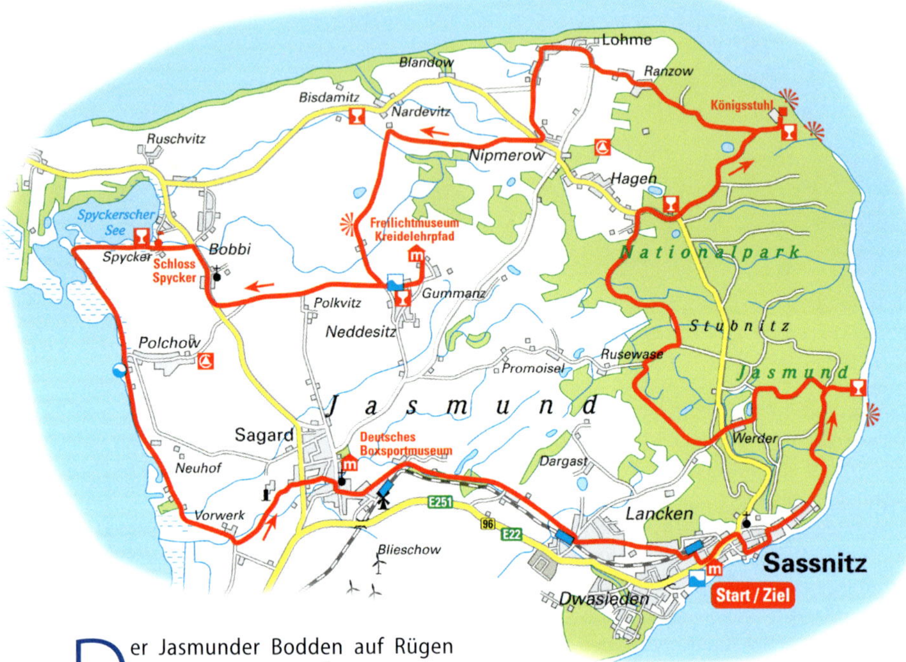

Der Jasmunder Bodden auf Rügen ist von weitläufigen Äckern und Wiesen sowie prächtigen Buchenwäldern durchzogen. Vom weltberühmten Königsstuhl aus bewundern wir den schaurig-schönen Tief- und Fernblick.

111Touren Info:

47 km, Rundtour mit teils kräftigen Steigungen auf Straßen und Radwegen.
Start / Ziel: Bahnhof Sassnitz
Info: www.sassnitz.de

Los geht's vom Bahnhof Sassnitz via Bahnhof-, Hafen-, Markt-, Berg- und Weddingstraße zum Parkplatz am **Nationalpark Jasmund**. Auf einem als Radweg ausgewiesenen Forstweg Richtung **Hagen**, vorbei am **Forstamt** zur Stubbenkammerstraße und nach rechts Richtung **Sassnitz**, links Richtung **Stubbenkammer** zum Parkplatz am **Königsstuhl**.

Der Königsstuhl ist eine 200 qm große **Aussichtsplattform**, die einen wundervollen Tief- und Fernblick freigibt. Nach Entrichten des Eintrittsgeldes muss man diesen Ort aber mit vielen anderen Besuchern teilen. Weitaus ruhiger geht es auf der benachbarten **Victoria-Sicht** zu – zum Nulltarif!

Weiter geht's mit Blick auf das noch ferne **Kap Arkona** zur Siedlung Ranzow und weiter nach Lohme. Wir radeln weiter, einige Höhenmeter überwindend, nach Nipmerow und tauchen wenig später in eine hügelige Acker- und Weidelandschaft ein. Vom **Slanteberg**, den ein **Hünengrab** krönt, gibt es einen Blick übers **Tromper Wiek** hinweg zum **Nordkap**. Wir passieren **Gut Quoltitz** über einen Landweg und gelangen nach **Neddesitz**.

Steil ´runter geht's am Wissower Klinken

In **Neddesitz** erwarten uns ein **Herrenhaus**, das Badeparadies **Jasmund Therme** sowie das **Kreidemuseum**.

Weiter geht's Richtung **Bobbin** mit der gotischen **Kirche St.Paul**, am **Schloss Spyker** vorbei zum **Spykerschen See**. Durch den **Jasmunder Bodden** gelangen wir zur Siedlung Rachenberg

Tipp: Umschauen sollte man sich in Bobbin auf dem **Friedhof**, der zahlreiche interessante **Grabinschriften** über die Dorfgeschichte bereithält.

Das **Schloss Spyker** wurde im 16. Jhd. von der Familie von Jasmund erbaut und beherbergt heute ein Hotel. Im **Gewölbekeller** lässt sich sowohl rustikal als auch exklusiv speisen.

Weiter geht's durch den Jasmunder Bodden vorbei am **Martinshafen** – hier wurde früher die abgebaute Kreide transportiert – nach Sagard.

Der heute trist wirkende **Ort Sagard** war einst der **erste Badeort Rügens**. 1794 gründeten hier die Brüder von Willich die „Brunnen-, Bade- und Vergnügungsanstalt". Sehenswert sind auch die **Dorfkirche** sowie das einzige deutsche **Boxsportmuseum**.

Weiter geht's via Quatzendorf, Kreidewerk Rügen und Lancken zurück zum Bahnhof Sassnitz.

Kartentipp:
ADFC-Regionalkarte Rügen/Fischland-Darß 1:75.000,
ISBN 978-3-96990-119-9, 10,95 €

Digital für Smartphones und Tablets: www.fahrrad-buecher-karten.de/kartenapp

23 Berge an der See

Rügen - Von Binz nach Sellin

Schluchten, Steilküsten, Moore, Wiesen, Felder, Täler und Höhenzüge prägen die Granitz mit ihrem weithin sichtbaren Jagdschloss. Neben den mondänen Seebädern Binz und Sellin durchradeln wir zahlreiche Bauern- und Fischerdörfer.

Weiter geht's vom **See-Café** über einen Radweg durch den Park in einen kleinen Wald über die Gleise der **Rügenschen Kleinbahn**.

111Touren Info:

34 km, Rundtour mit einigen kurzen Anstiegen meist auf Radwegen.
Start / Ziel: Bahnhof Binz
Info: www.ostseebad-binz.de

Tipp: Binz zählt zu Recht als „Nizza des Ostens". Außer dem Strandbetrieb gibt es viel Kultur, wie z.B. **Fälschermuseum**, **Museum zum Anfassen**, **Erlebnismuseum Wasserwelt** und vieles mehr.

Via Granitzer Straße gelangen wir ins **Naturschutzgebiet Granitz** und erklettern den Tempelberg, wo wir das Jagdschloss erreichen.

Los geht's vom Bahnhof Binz via Dollahner-, Jasmunder- und Wylichstraße zur Seepromenade am **Schmachter See**.

Der **See** entstand während einer Eiszeit. Die durchschnittliche Wassertiefe liegt nur bei rund einem Meter. Der See (mitsamt Ufer) steht heute unter **Naturschutz** und beherbergt eine große Anzahl gefährdeter **Vögel** und **Pflanzen**.

Das **Jagdschloss Granitz** wurde 1835 – 1846 von Fürst Malte I. auf dem 107 Meter hohen **Tempelberg** errichtet. Es beherbergt heute ein **Museum** mit wechselnden Kunstausstellungen, eine Gastronomie und ein Trauzimmer im Marmorsaal.

Weiter geht's auf Kopfsteinpflaster bergab, vorbei am ehemaligen **Torhaus**. Wir überqueren Gleise und erreichen eine Kastanienallee. Über die B 196 gelangen wir nach Lan-

Außen wie Innen eine Wucht: Jagdschloss Granitz

cken- Granitz und vorbei an der **Andreas-Kirche** zum **Dorfplatz** mit seiner imposanten **Linde**. Hier rechts, nach 400 m. links Richtung Neu Reddevitz, vorbei an dem **prähistorischen Friedhof** mit seinen **Megalithgräbern** und einer Unterstandshütte auf eine schmale Asphaltstraße (rechts halten), die uns in Berg- und Talfahrt vorbei an der Siedlung Gobbin über den Teschenberg nach Neu-Reddevitz bringt. Hier genießen wir am Strand die herrliche Aussicht auf das **Reddevitzer Höft**, die **Insel Vilm** und die **Stresower Bucht**. Auf gleichem Weg zurück zur **Unterstandshütte**. Nachdem wir die Orte Preetz und Seedorf passiert haben, verhilft uns eine schmale Brücke über die **Lanckener Bek**. In Neuesien beginnt der Aufstieg auf den **Hohen Berg** (Wanderwegmarkierung weiß-grün-weiß) und weiter nach Moritzburg. Am Ufer des Selliner Sees radeln wir über Altensien nach Sellin. Entlang der B196 und via Ostbahn-, Luftbad- und Wilhelmstraße geht es zur Hochuferpromenade. 50 Meter zurück in die Warmbadstraße, links in die August-Bebel-Straße, dann Richtung Binz. Nach einem steilen Anstieg passieren wir die **Gnadenkirche** und gelangen zu einem Forstweg Richtung Binz. Nach einer neuerlichen Berg- und Talfahrt vorbei am **Schwarzen See** kommen wir über Klünderberg, Heinrich-Heine-, Schiller-, Wylich-, Dünen- und Hans-Beimler-Straße zurück zum Bahnhof Binz.

Geradewegs in die See

Kartentipp:
ADFC-Regionalkarte Rügen/Fischland-Darß 1:75.000,
ISBN 978-3-96990-119-9, 10,95 €

Digital für Smartphones und Tablets: www.fahrrad-buecher-karten.de/kartenapp

24 Endlose Strände

Von Wolgast nach Ahlbeck

An der pommerschen Riviera radeln wir durch die Seebäder Zinnowitz, Bansin und Heringsdorf nach Ahlbeck.

111Touren Info:

41 km, Streckentour mit einigen kräftigen Anstiegen überwiegend auf Radwegen.
Start: Wolgast, Hafenbrück
Ziel: Bahnhof Ahlbeck
Info: www.wolgast.de
www.ahlbeck.de

Los geht's via Hafenbrück, Peenemünder Str., **Schlossinsel** und Brücke der Freundschaft. Gleich hinter der Klappbrücke passieren wir die Bahnstation **Wolgaster Fähre** und folgen der B 111 bis zur Tankstelle. Hier treffen wir auf den Radweg, der uns nach **Mölschow** bringt. Via Hauptstr. und Trassenheider Str. geht es nach Trassenheide. Wir folgen der Wegweisung **„Dünenwaldklinik"** und radeln weiter nach Zinnowitz.

Tipp: Aus zwei Gründen lohnt sich der Abstecher nach **Peenemünde**. Ein Radweg durch den reizvollen Nordwesten der Insel sowie das **Raumfahrtmuseum**. Hier befand sich von 1936 bis 1945 die **Heeresversuchsanstalt** unter der Leitung von Wernher von Braun.

Seit 1851 darf sich Zinnowitz Seebad nennen. Zahlreiche **alte Hotels** und **Villen im Bäderstil** zeugen von der Pracht des einstigen Modebades.

Weiter geht's am **Meerwasserhallenbad** vorbei zur Strandpromenade. Die Wegweisung **Zempin** führt uns zur ersten „Bergwertung". Wir erklimmen den 30 Meter hohen Glienberg. An der Wegverzweigung links zur Strandstraße. Am Strand stehen die Überreste der **Zempiner Salzhütten**. Der Wegweisung folgend erreichen wir Koserow.

Das **Seebad Koserow** ist der älteste Ort auf Usedom. Das denkmalgeschützte Ensemble aus **Salz- und Fischereihütten** beherbergt heute ein Museum.

Ob in Bansin…

…oder in Ahlbeck: Der Strand ist einfach herrlich!

Weiter geht's über den **Streckelsberg** (mit 56 Metern höchste Erhebung auf Usedom). Von der Gipfelkuppe sieht man bei klarem Wetter die Kreidefelsen von Rügen. Über eine Treppe am Ende der lang gezogenen Abfahrt gelangen wir zum Kölpinsee. Wir rollen weiter nach Stubbenfelde und haben an der Rehaklinik Ostseeblick unsere dritte „Bergwertung" – die Abfahrt bringt uns zum Wockninsee. Wir folgen der Wegweisung nach Bansin und erreichen den Langen Berg. Die Orte Bansin, Heringsdorf und Ahlbeck gehen ineinander über und lassen keine klare Grenze erkennen.

Das Highlight der Bädergemeinschaft ist die zehn Kilometer lange piekfeine **Strandpromenade**. Auf der einen Seite Strand und Meer, auf der anderen Seite **Bäderarchitektur in Reinkultur**. Bansin verfügt über ein **Tropenhaus**, in Heringsdorf erwartet uns die **508 Meter lange Seebrücke**. Dort finden wir auch die erstklassige **Ostseetherme Usedom**, ein subtropisches Badeparadies mit integriertem **Kurmittelhaus**.

Weiter geht's über die Strandpromenade bis nach Ahlbeck. Auf Höhe der prachtvollen **Uhr** steuern wir landeinwärts über Neue-, Linden- und Bahnhofstraße unseren Zielpunkt an, wo der **Inselexpress** schon auf uns wartet.

Kartentipp:

ADFC-Regionalkarte Usedom/Stettiner Haff 1:75.000,
ISBN 978-3-96990-073-4, 9,95 €

Digital für Smartphones und Tablets: www.fahrrad-buecher-karten.de/kartenapp

25 Relikte aus der Eiszeit

Von Malchin über Verchen

111 Touren Info

44 km, Rundtour meist auf befestigten Radwegen bzw. Straßen/Wegen, hügeliger Verlauf, aber keine größeren Steigungen, teils Wegweisung als Eiszeitroute bzw. Radweg Hamburg-Rügen und Peenetal Rundweg

Start / Ziel: Bahnhof Malchin

Info: www.malchin.de

Die Region, in der sich unsere Räder heute drehen, nennt sich Mecklenburgische Schweiz. Doch keine Bange: Hohe Berge gibt es hier keine. Und doch nimmt die Tour einen etwas hügeligen Verlauf, der aber keine allzu großen Anstrengungen befürchten lässt. In einer großen Runde geht es einmal um den Kummerower See, der in der letzten Eiszeit modelliert wurde.

Ein Blick aus der Vogelperspektive verrät: Unser Start- und Zielort Malchin hat eine kreisrunde Innenstadt, in der die Straßen meist schnurgeradeaus und rechtwinklig zueinander verlaufen. Und das ist schon seit 1220 so! Die genaue Mitte bildet natürlich der **Marktplatz**, an dem sich auch die **St. Johannis-Kirche** empor reckt.

Tipp: In Malchin können wir uns auf eine „Turm-Tour" begeben, denn von dem 67 m hohen **Kirchturm** wird der Blick frei auf weitere Ziele wie den runden **Wasserturm**, den schlanken Wohnturm oder den 35 m hohen **Fangelturm**. Der gehörte einst zur Stadtmauer und sollte der Grenzsicherung zu Pommern dienen.

Wenn wir durch die Stadt streifen, entdecken wir weitere Reste der Stadtbefestigung. Zu der gehörten auch das **Kalensche Tor** und das **Steintor**, deren filigrane Fassaden in mühevoller Kleinarbeit wiederhergestellt wurden.

Los geht´s am Bahnhof von Malchin, den wir über den Vorplatz und links mit dem Peenetal Rundweg über die Poststraße verlassen, die uns als Stavenhagener Straße in die Vororte führt. Am Ortsausgang schräg links in den Leuschentiner Damm, wo wir Anschluss haben an die Eiszeitroute und den Radweg Hamburg-Rügen. So gelangen wir vorbei an Kummerow, Sommersdorf, Meesiger und Bornitz nach Verchen.

Filigranes Bauwerk: Das Kalensche Tor von Malchin

Nachdem wir uns in Kummerow das gleichnamige **Schloss** und die **Dorfkirche** angesehen haben, werden die Blicke frei auf den **Kummerower See**, der eine Fläche von mehr als 32 qkm bedeckt. Die Quellflüsse der Peene sorgen dafür, dass wir hier den achtgrößten See Deutschlands umrunden. Er entstand, wie die gesamte Landschaft, in der Weichsel-Eiszeit. Das Schmelzwasser des Gletschers formte seinerzeit nicht nur die Seen, sondern auch die Hügelketten.

Tipp: Wir sind in der **Mecklenburger Seenplatte** unterwegs. Dieser Name ist wirklich Programm, denn unweit des Rundkurses erstrecken sich der Tetrower und der Malchiner See sowie zahllose große und kleine andere Gewässer, die oftmals durch Kanäle miteinander verbunden sind.

Übrigens: Dass die Region auch als „Mecklenburgische Schweiz" bezeichnet wird, sollen wir der Überlieferung von Erbprinz Georg von Mecklenburg-Strelitz zu verdanken haben. Er erinnerte sich bei dieser in sanften Hügeln modellierten Landschaft, die von vielen Mooren, Wäldern, Weiden und natürlich Seen unterbrochen wird, an die Schweiz.

Weiter geht´s von Verchen über den Peenetal-Rundweg via Kützerhof, Neukalen, Salem, Gorschendorf und Jettchenshof zurück nach Malchin, wo die Tour am Bahnhof endet.

Der Ort Neukalen liegt am **Peenekanal**, der ab 1851 angelegt wurde, um Güter darauf verschiffen zu können. Heute wird er immer noch zum Warentransport verwendet, vor allem aber haben ihn Freizeitkapitäne für sich entdeckt, denn es ist einfach herrlich, mit dem Boot mitten durch die weiten Wiesen zu schippern.

Kartentipp:
ADFC Regionalkarte Meckl. Schweiz / Vorpomm. Seenplatte
1:75.000, ISBN 978-3-87073-897-6, 8,95 €
Digital für Smartphones und Tablets: www.fahrrad-buecher-karten.de/kartenapp

26 Tolle Parks im Tollensetal

Von Demmin über Alt Tellin

111 Touren Info

41 km, Rundtour meist auf befestigten Radwegen bzw. Straßen/Wegen, eine größere Steigung, ansonsten weitgehend flach, teils Wegweisung als Tollensetal Rundweg bzw. als Eiszeitroute

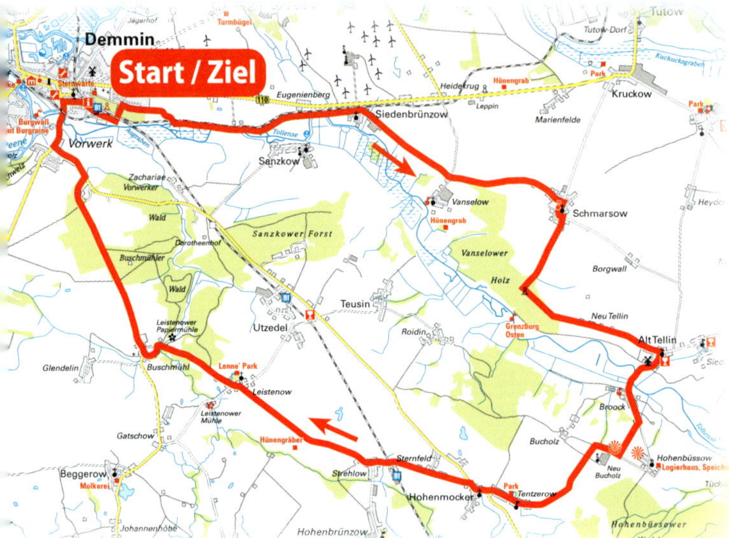

Start / Ziel: Bahnhof Demmin

Info: www.demmin.de

Die Tollense ist ein kleines Flüsschen, das ab dem Tollensee rund 68 km quer durch die weite, flache Landschaft plätschert. Naturschutzgebiete, Parks und sehenswerte Ortschaften begleiten die Tollense, so dass wir uns auf eine grüne und abwechslungsreiche Tour freuen dürfen. Besonders schön ist es, die Wasservögel zu beobachten, die sich im Dickicht der wilden Ufer wohlfühlen.

Die Hansestadt Demmin hat schon früh Einzug in die Geschichtsbücher gehalten, denn schon Karl der Große führte hier im Jahre 789 sein Heer entlang. Funde belegen sogar, dass sich hier bereits in der Jungsteinzeit Menschen ansiedelten. Seinerzeit gab es wohl schon einen slawischen **Burgwall**, der später zu einer pommerschen Fürstenburg ausgeweitet wurde. Die „Alte Burg", auch „**Haus Demmin**" genannt, gilt daher als Keimzelle für die gesamte Region. Noch heute beeindrucken die Ruinen dieses alten Anwesens, das auf einem Hügel direkt am Ufer der Penne steht.

Tipp: Die **Fischerinsel** von Demmin ist von ihrer Lage her schon ein echtes Highlight, denn sie liegt genau in der Mitte der Peene, die sich hier teilt, um sich direkt wieder zu vereinen. Das hier angesiedelte **Hansemuseum** nimmt uns mit auf eine Reise ins Mittelalter. In 11 Hütten aus Holz und Fachwerk können wir hautnah Handwerkskunst von anno dazumal erleben.

Demmin trat 1283 der Hanse bei, was zu einer florierenden Wirtschaft führte. Prachtvolle Gebäude und eine **Stadtbefestigung** entstanden seinerzeit, wozu auch das imposante Luisentor gehörte. Ein tolles Bild bietet auch die Kahldenbrücke, eine Zugbrücke direkt am Hafen. Wenn es bei den vielen Sehenswürdigkeiten einmal zu heiß wird, besuchen wir einfach das Naturfreibad Biberburg, um uns abzukühlen.

Ruhige Natur begleitet uns auf dieser Tour

Los geht´s am Bahnhof von Demmin, den wir nach links über die Bahnhofstraße verlassen, um auf dem Tollensetal Rundweg via Siedenbrünzow und Schmarsow nach Alt Tellin zu radeln.

Am Wegesrand liegt die ehemalige **Grenzburg Osten**. Sie entstand als Sitz für die Ritter namens de Ost.

Tipp: Wenn wir dem Tollensetal Rundweg von Alt Tellin für rund 14 km bis kurz hinter Weltzin folgen, können wir das **Archäologische Museum Tollensetal** besuchen. Funde belegen, dass es hier bereits in der Bronzezeit, also etwa 1250 v.Chr., einen Krieg gegeben haben muss. Dies wäre die älteste, nachweisbare Auseinandersetzung der Menschheit, die mit Waffen ausgetragen wurde.

Schloss Broock ist das auffälligste Bauwerk von Alt Tellin. Das Herrenhaus entstand zunächst im Gewande des Barock und wurde später umgestaltet. Die Pferdezucht sorgte einst für überregionale Bekanntheit und im 19. Jahrhundert trafen sich auch gerne die Reichen und Schönen in der weitläufigen Anlage, die inzwischen „in die Jahre" gekommen ist, was einen hohen Sanierungsaufwand bedeutet.

Weiter geht´s von Alt Tellin noch ein kurzes Stück auf dem Tollensetal Rundweg bzw. der Eiszeitroute. Wir biegen dann aber rechts ab nach Neu Buchholz, um dann links über Tentzerow, Hohenmocker, Strehlow, Leistenow und Buschmühl zurück nach Demmin zu fahren, wo die Tour am Bahnhof endet.

Tenzerow überrascht uns mit dem klassizistischen **Gutshaus**, das inmitten eines weiten Parks liegt. Auch bei Leistenow steigen wir nochmals von den Rädern, um uns das üppige Grün des **Lenné-Parks** anzusehen. Nicht weit entfernt steht eine alte **Wassermühle**.

Kartentipp:
ADFC Regionalkarte Meckl. Schweiz / Vorpomm. Seenplatte
1:75.000, ISBN 978-3-87073-897-6, 8,95 €

Digital für Smartphones und Tablets: www.fahrrad-buecher-karten.de/kartenapp

27 Mitten durch die Karpfenteiche

Von Ludwigslust über Neustadt-Glewe

111 Touren Info

50 km, Rundtour meist auf befestigten Radwegen bzw. Straßen/Wegen, keine größeren Steigungen, teils Wegweisung als Mecklenburger Seenradweg bzw. als Residenzstädte Rundweg

Start / Ziel: Bahnhof Ludwigslust

Info: www.ludwigslust.de

Die Stadt Ludwigslust begeistert uns mit dem barocken Zusammenspiel aus Schloss und ehemaliger Hofkirche. Von hier starten wir eine Tour „auf´s Land", die uns durch die unendlich erscheinenden Karpfenteiche führt. Die Rückfahrt wird von Neustadt-Glewe unterbrochen, das uns mit der Alten Burg empfängt.

Ludwigslust macht „Lust auf mehr", denn es gibt hier viel zu entdecken. Das Jagdschloss der Großherzöge namens **Schloss Ludwigslust** wird gerne als „Versailles des Nordens" bezeichnet. Ein Museum erzählt uns mehr von der Geschichte und illustriert dies mit Exponaten aus dem Leben der Herzöge.

Tipp: 500 m vom Schloss entfernt steht die **Stadtkirche Ludwigslust**, ergänzt von den beiden **Glockentürmen** am Friedhofseingang. Schloss und Kirche werden als wichtigstes Barock-Ensemble des Landes bezeichnet. Auch die beeindruckende **Kaskade** im weitläufigen Schlosspark stammt aus dieser Zeit.

Bei all' der Pracht rund um das Schloss dürfen wir es nicht versäumen, uns auch die **Altstadt** von Ludwigslust anzusehen. An der gepflasterten Straße entdecken wir Fassaden aus Backstein, während sich an der Kanalstraße Bürgerhäuser aneinanderreihen.

Los geht´s am Bahnhof von Ludwigslust, den wir nach links über die Bahnhofstraße verlassen, um rund 500 m später links in „Am Alten Forsthof" einzubiegen. Den Kreisel verlassen wir auf der Neustädter Straße und kurbeln auf deren Radweg schnurgeradeaus auf dem Residenzstädte-Rundweg aus der Stadt hinaus. Am Ende des Feldes an der Ampel links Richtung Weselsdorf und noch vor der Autobahnbrücke rechts. Wir fahren nun schnurgeradeaus durch den Wald am Neustädter See vorbei. Gut drei Kilometer hinter der A24 biegen wir rechts ab und fahren durch die Karpfenteiche nach Dütschow. Hier radeln wir links

Schloss Ludwigslust macht Lust auf eine Schlossbesichtigung

und treffen nach mehrmaligem Rechtsabbiegen in Spornitz auf die B191. Über Alt- und Neu Brenz gelangen wir auf straßenbegleitenden Radwegen nach Neustadt-Glewe.

Die **Mahn- und Gedächtnisstätte Wöbbelin** erinnert auf eindrucksvolle Weise an den Wahnsinn des Jahres 1945. Kurz vor Ende des Krieges wurde hier noch ein Konzentrationslager errichtet, in dem viele Menschen ihr Leben verloren.

Erfreulicher ist da schon der Anblick von **Jagdschloss Friedrichsmoor**. Inmitten von strahlenförmig auf die Anlage zulaufenden Alleen steht das heute als Hotel genutzte Residenzschloss.

Insgesamt 12 Gewässer formen die **Neuhöfer Karpfenteiche** und bedecken damit eine Fläche von rund 3,6 qkm. Wenn wir mitten durch diese Becken radeln, bekommen wir einen guten Eindruck von den Dimensionen.

Weiter geht´s von Neustadt-Glewe über die Bahnschienen und nach links auf dem Mecklenburgischen Seenradweg ortsauswärts.

Durch Groß Laasch ist das Ziel in Ludwigslust rasch erreicht, wo die Tour am Bahnhof endet.

Neustadt-Glewe erhielt schon früh die Stadtrechte, doch durch die erstklassige Lage an den Flussufern konnte man sich eine aufwändige Befestigung sparen.

Tipp: Ansehen müssen wir uns das **Neue Schloss** und die **Alte Burg**, die im 13. Jh. entstand und damit eine der ältesten Burgen des Landes ist. Sie diente ursprünglich zur Verteidigung, dann als Schule und zu DDR-Zeiten als Jugendherberge. Inzwischen zog hier das Burgmuseum ein.

Durch die Verhüttung von Eisen und später durch die Lederindustrie kam Wohlstand nach Neustadt-Glewe, was wir noch an einigen historischen Gebäuden rund um das schmucke **Rathaus** erkennen können.

Kartentipp:
ADFC Regionalkarte Ostseeküste / Schwerin
1:75.000, ISBN 978-3-96990-146-5, 10,95 €

Digital für Smartphones und Tablets: www.fahrrad-buecher-karten.de/kartenapp

28 Hühnerleiter am See

Von Plau am See nach Alt Schwerin

Durch hügelige Landschaft fahren wir um den drittgrößten See Mecklenburgs. Landschaftsschutzgebiete und ufernahe Wege garantieren unbeschwerten Radelspaß.

111Touren Info:

51 km, Rundtour mit einigen kleineren Anstiegen meist auf Radwegen. Abkürzungen möglich.
Start / Ziel: Schiffsanlegestelle Plau am See, bei Anreise mit der Bahn Bahnhof Alt-Schwerin
Info: www.plau.de

An der Handelsstraße von Brandenburg nach Rostock entstand im Mittelalter die Stadt **Plau am See**, Zeitzeuge ist heute der mächtige **Burgturm**. In diesem können wir zur **Aussicht** auf-, in das **Verlies** herabsteigen oder uns das **Museum** ansehen. Rund um Kirch- und Marktplatz erheben sich würdevolle Gebäude, unter ihnen die **St.Marien-Kirche** mit einem **Lübecker Schnitzaltar**, das **Prof.-Wandschneider-Museum** und das efeubewachsene **Rathaus**. Technische Highlights sind die **Hubbrücke** und die **Elde-Schleuse**, die wir von der **Hühnerleiter** aus beobachten können.

Los geht´s am Plauer Schiffsanleger hinauf zur B 103, über die Elde hinweg und auf dem Radweg parallel der B 10, an der Kreuzung links und via Plötzenhöhe nach Seelust. Ab hier immer in Ufernähe bleiben und den Radwegschildern nach Bad Stuer am Südzipfel des Sees folgen.

Die **Eisenhaltigen Quellen** in einer Kaltwasser-Badeanstalt ließen Stuer zum einzigen „Bad" der Seenplatte werden. Die meisten Gebäude aus dieser Zeit sind allerdings verfallen oder abgerissen.

Weiter geht's von Bad Stuer am Ufer entlang zur ehemals slawischen Siedlung Zislow mit einer 8-eckigen Fachwerkkapelle. Hinter Zislow können wir entweder mit einigen Schiebe-Passagen am See weiterradeln oder durch den Kaakbusch am Ferienpark vorbei nach Lenz radeln.

Tipp: Eine tolle Aussicht verspricht der Aufstieg zur **Lenzer Höh**. Von einer Gasthaus-Terasse lässt sich der Schiffsverkehr auf dem **Lenzer Kanal**, der den Plauer und den Petersdorfer See verbindet, beobach-

Plau begeistert mit „Hühnerleiter"...

ten. Wer genug hat vom Radeln, kann von Lenz aus mit dem Schiff zurück nach Plau fahren.

Weiter geht´s von Lenz wieder ständig in Ufernähe an Schwimmbad, Campingplatz, Teich, B 192 und Zollstock-Museum vorbei zur Fischerei Wendorf.

...und Aussichtsturm

Etwas abseits liegen die **Sommerrodelbahn** und der **Affenwald** mit Berberaffen. Mit einem sehr empfehlenswerten Abstecher radeln wir durch eine Allee ins museale Dorf **Alt Schwerin**, das so aussieht, als wäre die Zeit stehen geblieben.

Weiter geht´s am See, teils auch an der B 192 entlang, bis zur Naturpark-Station. Hier biegen wir links ab und radeln parallel zur B 103 bis zum Heidekrug. Dann können wir die Straße nach links verlassen und in Ufernähe via Quetzin (mit einer Schau-Imkerei) zurück zu unserem Anleger in Plau rollen.

Kartentipp:

ADFC-Regionalkarte Ostseeküste/Schwerin 1:75.000,

ISBN 978-3-96990-146-5, 10,95 €

Digital für Smartphones und Tablets: www.fahrrad-buecher-karten.de/kartenapp

29 Radeltour mit Kreuzfahrt

Von Waren nach Röbel

Diese Tour hat sich sehr rasch zu einem echten Klassiker entwickelt. Klar, denn die Müritz ist der größte Binnensee Deutschlands und Waren ist so etwas wie die „Hauptstadt" der Seenplatte. Höchste Zeit, beides genauer kennenzulernen! Dafür radeln wir über einen gut beschilderten, aber doch etwas anspruchsvollen Radweg. Der Untergrund ist teils etwas sandig – dafür geht´s meist durch ruhige Wälder. Für die Rückfahrt bietet sich eine Schiffstour über die Müritz an. Alles in allem eine echte Traum-Tour!

111Touren Info:

27 km, Streckentour meist auf befestigten Radwegen, einige Passagen etwas hügelig und auf sandigem Untergrund, regionale Wegweisung.
Start: Hafen Waren an der Müritz
Ziel: Hafen Röbel
Info: www.waren-tourismus.de

Mit ihren rund 22.000 Einwohnern hat sich Waren an der Müritz zu einer Art „Hauptstadt der Mecklenburgischen Seenplatte" entwickelt. Hier stimmt aber auch alles: Es gibt einen quirligen **Stadthafen**, wo wir uns in einem der Cafés oder auf einer der Bänke niederlassen können, um den Freizeitkapitänen bei der Arbeit zuzusehen. Das Eis oder der Kuchen schmeckt so besonders gut! Nur ein paar Meter weiter erstreckt sich die einladende **Fußgängerzone** mit weiteren Einkehrmöglichkeiten. Hier können wir uns auch die St.-Marien-Kirche, die St.-Georgen-Kirche, das **Neue** Rathaus und die fachwerk-geschmückte **Löwenapotheke** ansehen.

Ein besonderes Highlight ist das **Müritzeum** mit rund 2.300 qm Ausstellungsfläche. In 26 Becken können wir die heimischen Fische bestaunen.

Waren liegt am Ufer der Müritz, die mit 112,6 qkm Fläche der größte Binnensee Deutschlands ist. Gespeist wird sie vom Fluss Elde, das Wasser fließt durch den Reeckkanal, den Mirower Kanal und den Bolter Kanal ab. Damit ist die Müritz perfekt in das **Wasserstraßensystem** der Seenplatte eingebunden. Kein

Am Hafen von Waren ist es so schön und spannend, dass wir gar nicht wegradeln möchten

Wunder, dass immer mehr Besucher Urlaub mit einem Hausboot machen – es ist einfach herrlich hier!

Los geht´s am Hafen von Waren an der Müritz, den wir stets in Seenähe über Strand-, Kietz- und Gerhart-Hauptmann-Straße verlassen. Dann radeln wir links und kommen zu einigen Holzstegen. Bitte aus Rücksicht zu den Fußgängern dieses Stück schieben! Auch später, wenn wir über das Campinggelände radeln, ist Rücksicht angesagt! Es folgt eine etwas wellige, aber vor allem sandige Strecke, bis wir auf die Straße treffen, mit der wir den Reeckkanal überqueren. Bei Klink kommen wir wieder auf einen Weg, der direkt am Ufer verläuft.

Nachdem wir die letzten Häuser Warens hinter uns gelassen haben tauchen wir ein in die grüne Natur. Besonders schön ist der Abschnitt über die **Holzstege**, die durch dichtes Schilf verlaufen. Wir passieren Streuobstwiesen, ehe unser Radweg mitten durch den Campingpark „Kamerun" führt.

Der staatlich anerkannte Erholungsort Klink empfängt uns am Seeufer mit einem echten „Knaller": **Schloss Klink** ist eine echte Augenweide. Idyllisch über der Müritz gelegen können wir hier im Hotel würdevoll übernachten.

Weiter geht´s von Klink teils etwas abseits von der Müritz über Sietow, Zierzow und Gotthun. Dann gelangen wir wieder ans Ufer, dem wir bis nach Röbel folgen.

Röbel ist ein tolles Ziel für unsere Radtour: Rund um den **Ziegenmarkt** gesellen sich kleine, kunterbunte Häuser, während an anderen Straßen **Fachwerkbauten** zu sehen sind, unter ihnen auch die ehemalige **Synagoge**. Über die Szenerie wachen die Marien-, die Nikolaikirche und die **Windmühle** auf dem ehemaligen Burgberg.

Tipp: Wer noch genug Puste hat, radelt die rund 28 km wieder zurück nach Waren. Auch eine komplette **Runde** um die Müritz ist möglich – für die mehr als 100 km ist aber Kondition angesagt. Daher hier der wohlgemeinte Tipp: Schließen Sie diese herrliche Radtour mit einer **Mini-Kreuzfahrt** ab! Das Schiff bringt uns von Röbel wieder zurück in den Hafen von Waren.

Kartentipp:
ADFC-Regionalkarte Mecklenburgische Seenplatte
1:75.000, ISBN 978-3-96990-180-9, 10,95 €
Digital für Smartphones und Tablets: www.fahrrad-buecher-karten.de/kartenapp

30 Barocke Pracht in der alten Residenzstadt

Von Wesenberg über Neustrelitz

111 Touren Info

58 km, Rundtour meist auf befestigten Radwegen bzw. Straßen/Wegen, keine größeren Steigungen, teils Wegweisung als Eiszeitroute bzw. Mecklenburgischer Seen-Radweg

Start / Ziel: Bahnhof Wesenberg

Info: www.wesenberg.de

Woblitzsee, Großer Labussee, Useriner Seen, Zierker See… diese Liste ließe sich noch lange fortsetzen, denn wir rollen mitten in der Mecklenburgischen Seenlatte und haben dabei meist die Trasse des gleichnamigen Radwegs unter den Pneus. Zwischendurch tauchen wir ein in eine glanzvolle Vergangenheit, wenn wir dem barocken Neustrelitz einen Besuch abstatten.

Klein, fein und schön: So kann man Wesenberg trefflich beschreiben, denn die gut 3.000 Einwohner zählende Kleinstadt empfängt uns am weitläufigen, gepflasterten **Marktplatz** für einen entspannten Aufenthalt.

Tipp: Der **Thälmannpark** erinnert an das dunkelste Kapitel in der Geschichte Wesenbergs. Im Jahr 1944 wurde Ernst Thälmann, der einst Vorsitzender der KPD war, im KZ Buchenwald umgebracht. Eine Stele im Park gedenkt dem Todesmarsch der Häftlinge, die von hier ins KZ Buchenwald mussten.

Eine echte und richtig alte Turmhügelburg, die unter Fürst Nikolaus von Werle erbaut wurde, ist **Burg Wesenberg.** Die ältesten Teile stammen vermutlich aus der Zeit zwischen 1200 und 1276, als der noch heute erhaltene **Bergfried** entstand. Der blieb während des Dreißigjährigen Krieges mit einem Stück der alten Mauer erhalten. Das Wohnhaus kam später hinzu und beherbergt das Fremdenverkehrsbüro – der „Aufstieg" zur Burg lohnt sich, denn von hier können wir weit über das flache Land blicken.

Los geht´s am Bahnhof von Wesenberg, den wir nach rechts auf der Bahnhofstraße verlassen, um direkt rechts in den Zwenzower Weg abzubiegen, der uns hinaus aus der Stadt geleitet. Hier haben wir auch bereits

Die Herzöge gönnten sich einen prachtvollen Schlosspark

Anschluss an die Eiszeitroute, die uns um den (Kleinen und) Großen Labussee zur Useriner Mühle führt. Schilder des Mecklenburgischen Seen-Radwegs lotsen uns nach rechts durch Groß Quassow nach Neustrelitz.

Der Große Labussee bedeckt eine Fläche von 3,33 qkm und ist mit dem **Useriner See** durch einen **Kanal** verbunden, was die Freizeitkapitäne freut, denn so gelangen Sie gleich in den nächsten, noch größeren der Havelseen. Doch auch am Ufer der Seen ist alles auf Tourismus eingestellt – es gibt viele Unterkünfte, darunter auch mehrere erstklassige Feriendörfer und Campingplätze.

Tipp: Die Mecklenburgischen Herzöge wählten Neustrelitz einst als **Residenzstadt** aus und ließen sich natürlich ein prachtvolles Schloss errichten. Dies wurde zwar im Krieg zerstört, doch der große, quadratische **Marktplatz** mit seinen 8 Straßen, die auf ihn wie auf einen Stern zulaufen, zeugt vom ehemaligen Glanz der Stadt. Hier ist bestens nachzuvollziehen, wie Neustrelitz unter den Herzögen als Planstadt angelegt wurde.

Wenn wir durch Neustrelitz flanieren, entdecken wir im Stadtkern viele **historische Gebäude**, die an die glorreiche Geschichte erinnern. Dazu zählen das **Rathaus** und die **Stadtkirche**, die in barocker Pracht erstrahlen.

Weiter geht´s von Neustrelitz, das wir auf dem Radweg entlang der Tiergartenstraße und rechts der Strelitzer Chaussee auf dem Mecklenburgischen Seen-Radweg verlassen. Strelitz-Alt, Fürstensee, Wokuhl, Godendorf und Ahrensberg liegen auf unserem Weg zurück zu unserem Tourziel am Bahnhof von Wesenberg.

Während wir Neustrelitz verlassen und durch Strelitz-Alt rollen, fällt uns der schlanke und rund 40 m hohe **Altstrelitzer Wasserturm** ins Auge. Weniger auffällig, aber auch interessant sind das ehemalige Hafthaus, der einstige **Bahnhof** und das ehemalige Kaiserliche Postamt.

Kartentipp:

ADFC Regionalkarten Mecklenburgische Seenplatte

1:75.000, ISBN 978-3-96990-180-9, 10,95 €

Digital für Smartphones und Tablets: www.fahrrad-buecher-karten.de/kartenapp

31 Stille Seen, pulsierende Stadt

Von Neubrandenburg rund um den See

Besonders schön von überwiegend bewaldeten Hügeln eingefasst liegt der Tollensesee. Der vorbildliche Radweg bringt uns von der „Vier-Tore-Stadt" Neubrandenburg einmal um den See.

111Touren Info:

55 km, Rundtour mit einigen kleineren, teils steilen Anstiegen meist auf Radwegen. Abkürzungen möglich.
Start / Ziel: Bahnhof Neubrandenburg
Info: www.neubrandenburg.de

In Neubrandenburgs Wehranlage waren einst 57 **Wiekhäuser** und **Wachtürme** eingefügt. Den Zugang zur **Altstadt** vermittelten vier **Backstein-Stadttore**. Sehenswert sind auch die **St.Marien-Kirche**, das **Regionalmuseum**, die **Vierrademühle** und der **Modellpark Mecklenburgische Seenplatte**.

Los geht´s gleich zu Beginn mit zwei Alternativen: Die erste verlässt die Altstadt zum See und umrundet ihn im Uhrzeigersinn. Bei der zweiten verlassen wir die Altstadt durch das **Stargarder Tor** und links in die Neustrelitzer Str., nach wenigen Meter wieder links auf den Wanderweg Richtung Burg Stargard, zur Wilh.-Külz-Str., diese 10 m nach rechts, dann links weiter auf dem Wanderweg. Ständig in Bahnnähe (erst rechts, dann links der Schienen) bleibend kommen wir an der Ruine einer Papiermühle vorbei zur **Burg Stargard**.

Über den **Kopfsteinpflaster-Gassen** Stargards erhebt sich die gleichnamige Burg. Die einzige aus dem Mittelalter (1258) erhaltene **Höhen-**

Stille genießen am Tollensee

burg Norddeutschlands diente verschiedenen Herren. Neben dem **Burgmuseum** sind viele interessante Gebäude, wie **Torhaus**, **Vorburg** oder **Marstall** zu erkunden. Vom **Bergfried** schweift der Blick weit übers Land.

Weiter geht's von Stargard hinauf nach Rowa, dort halten wir uns erst auf der Straße Richtung Groß Nemerow, um dann rechts in fast schnurgerader Fahrt nach Klein Nemerow zu radeln. Ab hier führt uns der Tollensesee-Radrundweg in hügeliger, teils anstrengender Fahrt gleich wieder weg vom Ufer. Hinter Bornmühle kommen wir zur B 96, der wir parallel bis hinter Usadel hinauf folgen, wo sich eine schöne **Aussicht** auf die Lieps bietet. An ihrem westlichen Ufer liegt Prillwitz, das wir nach langer Abfahrt erreichen.

Tipp: **Gut Prillwitz** ist ein schlichtes barockes Herrenhaus. Um den adeligen Ansprüchen zu genügen, ließen sich die Herzöge von Mecklenburg-Strelitz ein zweigeschossiges **Schloss** in der Nähe erbauen.

Weiter geht´s mit einem kräftigen Anstieg bei Zippelow. Hinter einer ehemaligen **Wassermühle** kommen wir über Werder nach Penzlin.

Nur eines von vier schönen Stadttoren

Neben der **St.Marien-Kirche** am Markt ist die alte **Burg** das wichtigste Ziel. Das hiesige Museum für **Magie und Hexenverfolgung in Mecklenburg** verspricht auch wegen des **Hexenkellers** ein gruseliger Genuss zu werden.

Weiter geht´s mit deutlicher Steigung über Lübkow nach Siehdichum (mit Aussicht) nach Alt Rehse, einem **Bilderbuchdorf mit reetgedeckten Fachwerkhäusern**. Von dort geht es hinunter zum See und an dessen Ufer entlang wieder zurück nach Neubrandenburg.

Kartentipp:
ADFC-Regionalkarte Mecklenburgische Seenplatte
1:75.000, ISBN 978-3-96990-180-9, 10,95 €

Digital für Smartphones und Tablets: www.fahrrad-buecher-karten.de/kartenapp

32 Nicht ganz so bekannt wie das „französische Original“

Von Strasburg über Galenbec

111 Touren Info

47 km, Rundtour meist auf befestigten Radwegen bzw. Straßen/Wegen, hügeliger Verlauf, aber keine größeren Steigungen, teils Wegweisung als Eiszeitroute, Brohmer Berge/Randowtal Rundweg bzw. Mecklenburgischer Seen-Radweg

Start / Ziel: Bahnhof Strasburg (Uckermark)

Info: www.strasburg.de

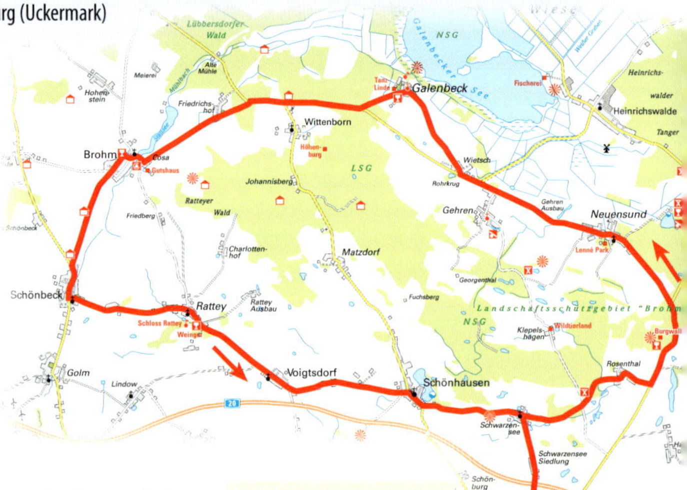

Herrlich entspannt radeln wir durch die Brohmer Berge, die gar nicht so anstrengend sind, wie sie sich anhören. Abwechslung bieten die weite Landschaft der Uckermark und die wunderbaren kleinen Ortschaften am Wegesrand. Ganz verzückt lernen wir dann auch den nördlichsten Weinort Deutschlands kennen.

Herzog Barnim I. von Pommern gründete im 13. Jahrhundert die heutige Stadt Strasburg, deren ovale Ortsmitte später planmäßig mit Straßen im **Gitterraster** angelegt wurde. Mittendrin steht die hochgotische **Stadtkirche St. Marien** mit einem interessanten Turm.

Tipp: Unsere Stadt Strasburg liegt nicht wie das berühmte Pendent, ist aber deutlich entspannter zu besichtigen. Und eine lange Historie gibt es hier auch. Dazu erfahren wir mehr im **Heimatmuseum**, das im ehemaligen Pfarrhaus untergebracht ist. Genannt wird das barocke Gebäude auch **„Suhrsches Waisenhaus“**, das auch mal als Schule genutzt wurde. Schuhmachermeister Otto Wegner schuf vor über 100 Jahren die hier zu sehende **Strohuhr**. Die Zeiger und Zahlen fertigte er dabei aus Hafer und Roggen – einzigartig, denn die Uhr misst 1,75 m!

Wenn wir genau hinsehen, entdecken wir in Strasburg noch Reste der alten **Stadtmauer**, die einst bis zu 8 m hoch war. Deutlich höher und besser zu finden ist der 36 m hohe, ehemalige **Wasserturm**.

Los geht´s am Bahnhof von Strasburg, den wir nach links und gleich wieder links auf der Bahnhof-Straße verlassen. Hinter den Schienen schräg links auf der Schwarzenseer Straße. Hier sind wir bereits auf dem Brohmer Berge / Randowtal- Rundweg. Das klingt

„Beste Lage“: Schloss Rattey

anstrengend, hält sich aber mit einigen kleineren Anstiegen in Grenzen. Im Ort Schwarzensee rechts, dann via Rosenthal, links Neuensund und Wietsch rechts nach Galenbeck.

Der Radweg, auf dem wir einige Kilometer zurücklegen, nennt sich **„Brohmer Berge / Randowtal-Rundweg“**. Für diese nördlichen Regionen sind die „Berge“ mit bis zu 153 m recht hoch und sorgen bei uns für den ein oder anderen Schweißtropfen. Durch die Gletscher wurden in die Landschaft auch kleine Bäche, Seen und **Moore** „hineinmodelliert“, was Grund genug dafür war, alles unter Naturschutz zu stellen. Das sorgt für viel Abwechslung auf unserer Rad-Runde.

Nachdem wir uns in Neuensund den Lenné Park angesehen haben, wenden wir uns in Galenbeck der **Burgruine** zu, deren Bergfried recht beunruhigend schief steht.

Weiter geht´s von Galenbeck den Schildern der Eiszeitroute bzw. des Mecklenburgischer Seen-Radwegs folgend durch Brohm, Schönbeck, Rattey, Voigtsdorf und Schönhausen nach Schwarzensee. Hier zweigen wir rechts ab und kehren auf dem Hinweg zurück zum Bahnhof von Strasburg.

Kartentipp:
ADFC Regionalkarte Usedom/Stettiner Haff
1:75.000, ISBN 978-3-96990-073-4, 9,95 €

Digital für Smartphones und Tablets: www.fahrrad-buecher-karten.de/kartenapp

Der kleine Ort Rattey präsentiert uns sein stattliches **Schloss**. Das Herrenhaus wurde im Jahre 1806 erbaut und steht inmitten eines weiten Schlossparks.

Tipp: Willkommen in Mecklenburg-Vorpommern – im Land des Weines! Wer nun etwas verblüfft die Augenbrauen hochzieht, wird erstaunt sein, wenn er in Rattey tatsächlich einen **Weingarten** entdeckt! Im Weingesetz wurde Rattey 2004 zum nördlichsten Weinort Deutschlands gekürt.

Und auch die **Dorfkirche** von Rattey dürfen wir uns nicht entgehen lassen, denn das Kirchenschiff wurde aus Feldsteinen gefertigt, während der Pyramidenhelm des Turms auf eine quadratische Bretterschalung gesetzt wurde.

33 Naturschutz am Stettiner Haff

Von Torgelow über Ueckermünde

111 Touren Info

43 km, Rundtour meist auf befestigten Radwegen bzw. Straßen/Wegen, keine größeren Steigungen, teils Wegweisung als Mecklenburgischer Seenradweg bzw. als Radweg Berlin-Usedom

Start / Ziel: Bahnhof Torgelow

Info: www.torgelow.de

Das Stettiner Haff rund um Ueckermünde ist komplett flach und bietet daher beste Voraussetzungen für eine entspannte Radtour. Ein kleiner Ausflug ans Wasser ist ebenso möglich wie das Schwelgen in der Vergangenheit, denn viele Orte, die wir passieren, blicken auf eine bewegte Historie zurück. Dabei entdecken wir alte Stadtkerne und Schlösser, aber auch Relikte aus dem kalten Krieg.

An der Stelle, wo sich die Flüsse Randow und Uecker vereinen, entstand schon früh ein **Marktplatz**, der in dieser Region auch „Torg" genannt wurde. Damit wäre zum einen die Entstehung des Ortsnamens von Torgelow geklärt, als auch der Umstand, dass uns hier in der **Altstadt** viele, prachtvolle Gebäude empfangen.

Tipp: Nur wenige Pedalumdrehungen südlich von Torgelow liegt das „**Ukranenland**". Dieses Freilichtmuseum entführt uns in die Zeit der Slawen und zeigt uns mit rekonstruierten Gebäuden und Handwerkstätten, wie die Ukranen hier im Frühmittelalter lebten.

Vom alten **Schloss Torgelow**, das einst am Ufer der Eucker stand, ist leider nur noch eine Ruine übrig. Da ist die **Christuskirche** mit ihrem hoch aufragenden Turm schon deutlich besser zu finden. Ansehen sollten wir uns auch die alte **Villa** an der Friedrichstraße, in der heute Paare getraut und Touristen informiert werden. Direkt daneben entstand das **Freilichtmuseum Castrum Turglowe**.

Los geht´s am Bahnhof von Torgelow, den wir nach links und dann rechts über die Bahnhofstraße verlassen. Am Kreisel geradeaus, an der querenden Breiten Straße rechts, dann geradeaus weiter auf der Lindenstraße, die später zur Anklamer Straße wird und uns mit einem Radweg nach Heinrichsruh bringt. Von dort

Im Hafen von Ueckermünde geht es immer sehr geschäftig zu

fahren wir rechts/links nach Ferdinandshof. Ab hier lotsen uns die Schilder des Mecklenburgischen Seenradwegs nach Ueckermünde.

„Heinrichsruh" – schon der Ortsname klingt „elitär". Und so wundert es uns nicht, dass wir hier ein prachtvolles **Herrenhaus** finden, das sich inmitten eines barocken Parks erhebt.

In der Alten Schule von Ferdinandshof informiert ein **Museum** darüber, wie sich das Leben auf dem Lande in den letzten rund 100 Jahren verändert hat. Ein schönes Motiv ist auch die **Trinitatiskirche** im Ort, denn sie wurde mit einem kleinen Fachwerkturm gekrönt.

Tipp: Bei schönem Wetter bietet die **Flussbadeanstalt**, die bereits 1889 am Ufer der Uecker eröffnet wurde, Abkühlung. DIe **„Strandhalle"** steht sogar unter Denkmalschutz.

Wir sind im **Stettiner Haff** angekommen – rund um unseren Etappenort Ueckermünde gibt es viel seltene Natur, die meist komplett eben ist. Direkt vor den Toren der Stadt können wir uns also eine frische Brise um die Nase wehen lassen.

Mittendrin erhebt sich die prachtvolle **Altstadt** mit restaurierten, teils mit Fachwerk gestalteten Gebäuden rund um den **Marktplatz**. Strahlend weiß getüncht präsentiert sich das einstige **Herzogsschloss**, das hier schon seit 1545 steht.

Weiter geht´s von Ueckermünde, das wir nach rechts am Bahnhof vorbei auf dem Fernradweg Berlin-Usedom verlassen. Die Orte Eggesin, Torgelow-Holländerei und Herrnkamp liegen auf unserem Weg zurück nach Torgelow, wo die Tour am Bahnhof endet.

In Eggesin wurde eine **Naturparkstation** eingerichtet, in der wir über die schützenswerte Umgebung informiert werden. Die Historie des Ortes selbst wurde einst stark vom Militär geprägt: 1936 wurden Sprengstoffe und Munition produziert, in der DDR wurde Eggesin zur **Garnisonsstadt**. Nach der Widervereinigung wurden viele Kasernen geschlossen, was zu einer Abwanderung der Bevölkerung führte.

Kartentipp:
ADFC Regionalkarte Usedom / Stettiner Haff
1:75.000, ISBN 978-3-96990-073-4, 9,95 €

Digital für Smartphones und Tablets: www.fahrrad-buecher-karten.de/kartenapp

34 Ostfriesen-Runde

Von Greetsiel nach Hinte

Wir radeln durch eine Region, die typisch-ostfriesischer nicht sein könnte: Außer den Deichen und Ortschaften gibt es keine größeren Erhebungen. Schnell merken wir, warum hier so viele Menschen mit dem Fahrrad unterwegs sind: Tolle Radwege, ruhige Natur, gute Luft – was woll´n wir mehr?

„Verschließbarer Gewässerdurchlass in einem Deich". So lautet die offizielle Definition von „Siel" – womit klar ist, dass Greetsiel eine Ortschaft hinter´m Deich ist. Und was für eine! Die rund 1.600 Einwohner leben teils in bestens erhaltenen **Fischerhäusern**. Die **Zwillingsmühlen**, an der wir unsere Tour beginnen, wurden 1856 und 1921 errichtet – eine der beiden ist noch zur Schrotherstellung in Betrieb. Die höchste Erhebung des Ortes ist die Backsteinkirche, die um 1400 herum entstand. Achten Sie ´mal auf die Wetterfahne: Der Wind wird von einem Dreimaster angezeigt.

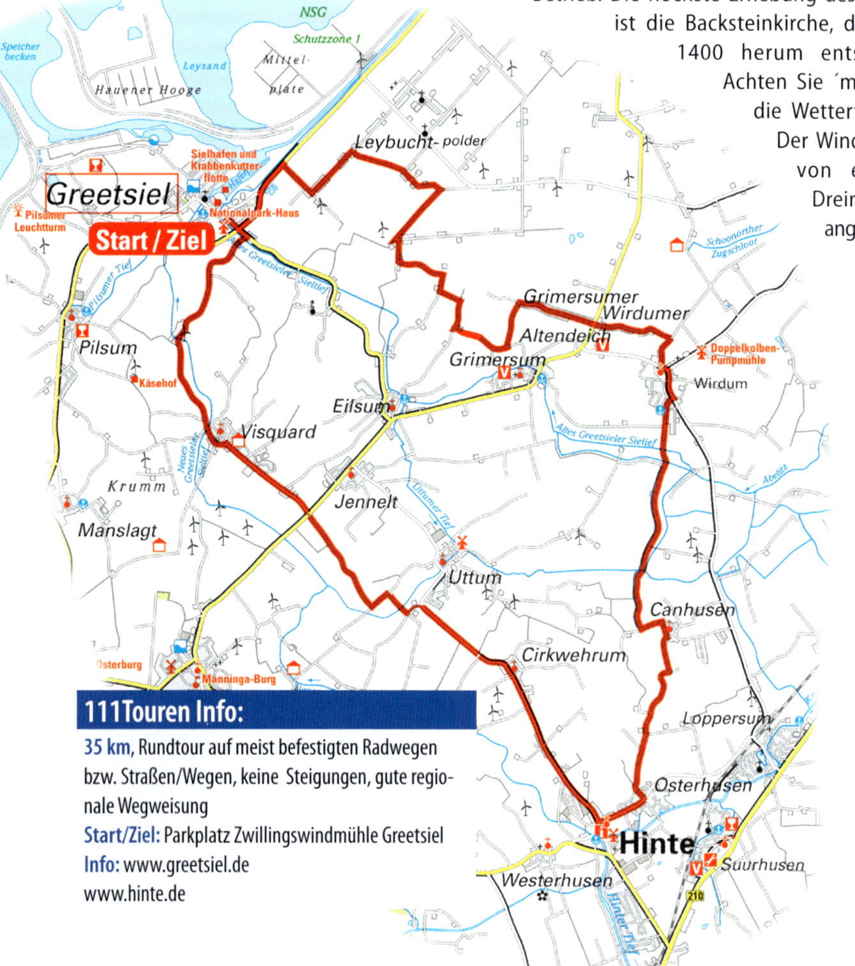

111Touren Info:

35 km, Rundtour auf meist befestigten Radwegen bzw. Straßen/Wegen, keine Steigungen, gute regionale Wegweisung

Start/Ziel: Parkplatz Zwillingswindmühle Greetsiel

Info: www.greetsiel.de
www.hinte.de

Hier kommen die frischen Krabben

Auch das Hohe und das Steinhaus in der Nähe der Kirche sind wunderbar anzusehen. Mehr als 800 Buddelschiffe können wir in der größten europäischen **Buddelschiff-Sammlung** bestaunen.

Tipp: Auf 27 Kuttern fahren die Fischer täglich auf´s Meer und bringen uns schmackhaften Fang mit. Damit ist der **Krabbenkutterhafen** eines unserer wichtigsten und zugleich leckersten Ziele der Tour!

Los geht´s am Parkplatz der Zwillingswindmühlen, den wir nach links zur Mühlenstraße und gleich wieder links auf den Radweg neben der Landstraße verlassen. Die Landstraße führt uns hinaus in die Polderlandschaft. Vorbei an Wiesen, Feldern und Deichen radeln wir via Leybuchtpolder, Sommerpolder, Grimsersum, Wirdum und Canhusen nach Hinte. Dabei weist uns die regionale Beschilderung stets zuverlässig den Weg.

Von unserem Weg aus sehen wir die Leybucht, die seit 1950 vom **Störtebeker-Deich** gegen Sturmfluten geschützt wird. Der Ort Wirdum steht seit dem 9. Jh. in den Geschichtsbüchern, wobei ab dem 12. Jh. von einer „ostfriesischen Häuptlingsfamilie" berichtet wurde. Der Besuch der **Kirche** lohnt sich nicht nur wegen des interessanten Altars. Wenige Pedaltritte abseits der Ortsmitte liegt die für Deutschland einzigartige Wasserwindmühle, deshalb genannt **Flutterwindmühle.** Nachdem sie 1872 zur Weide-Entwässerung errichtet wurde, nutzte man sie später auch zur Wasserversorgung des Viehs. Die geschnitzte **Barock-Kanzel** ist das Highlight der **Hinter Kirche.** Gleich daneben posiert die **Wasserburg Hinta** für ein gelungenes Foto.

Weiter geht´s von Hinte der Regionalbeschilderung folgend nach Cirkwehrum. Über Damhusen, Dykhusen, Visquard und Appingen gelangen wir wieder zurück vor die Tore von Greetsiel. Der querenden Bundesstraße folgen wir einfach nach links, überqueren die Kreuzung geradeaus und gelangen zurück zu unserem Parkplatz.

Tipp: Haben Sie Lust, das Verkehrsmittel zu wechseln? In Hinte können wir ein **Boot** mieten und über die Kanäle nach Emden oder Greetsiel paddeln.

Auf einem künstlichen Hügel – genannt Warft – liegt die **Kirche** von Cirkwehrum. Drumherum gesellen sich kreisförmig die alten Häuser.

Kartentipp:
ADFC-Regionalkarte Ostfriesland 1:75.000, ISBN 978-3-96990-174-8, 10,95 €

Digital für Smartphones und Tablets: www.fahrrad-buecher-karten.de/kartenapp

35 Eine Tour so glänzend wie Jade

Von Wilhelmshaven über Varel

111 Touren Info

52 km, Rundtour meist auf befestigten Radwegen bzw. Straßen/Wegen, so gut wie keine Steigungen, teils Wegweisung als Nordseeküsten-Radweg, Tour de Fries bzw. Deutsche Sielroute

Start / Ziel: Helgolandkai in Wilhelmshaven

Info: www.wilhelmshaven.de

Von der quirligen Hafenstadt Wilhelmshaven machen wir uns auf zu einer Radtour, die stets am Wasser entlang führt und den Küstenverlauf des Jadebusens nachzeichnet. Die Schilder des Nordseeküsten-Radwegs weisen uns dabei zuverlässig den Weg.

Die rund 75.000 Einwohner zählende Stadt Wilhelmshaven besitzt den einzigen **Tiefseehafen** Deutschlands und ist nicht nur der größte deutsche sondern auch einer der größten europäischen Marinestützpunkte wovon das **Deutsche Marinemuseum** berichtet. Übrigens: Rund 72% des importierten Rohöls des Landes kommen hier an.

Das Wahrzeichen der Stadt ist die imposante, 1907 erbaute **Kaiser-Wilhelm-Brücke**, die mit ihrem blauen Stahlfachwerk weithin zu sehen ist. Wenn sie von größeren Schiffen passiert wird, bietet sich uns ein unglaubliches Schauspiel der Ingenieurskunst, denn sie wird beidseitig zur Seite geschwenkt.

Tipp: Gleich am Startort unserer Tour finden wir das **Aquarium Wilhelmshaven**, das uns auf eine Reise von der Urzeit bis in die Gegenwart mitnimmt. Die Erlebnisausstellung „Saurier – Giganten der Meere" sorgt schon für etwas Gruseln, das bei den Aquarien aber schnell vergessen ist, denn hier tummeln sich unzählige Tiere und Pflanzen der Meere. Und einfach zum Knuddeln sind die Faultiere, die sich ganz behäbig in der Tropenhalle bewegen. Wer sich für die erhaltenswerte Küste vor den Toren der Stadt interessiert, besucht das **UNESCO-Weltnaturerbe Wattenmeer Besucherzentrum**, das am Beginn unserer Radtour liegt.

Von der blauen Brücke ist der Weg nicht weit zum Südstrand mit vielen Einkehr- und Unterkunftsmöglichkeiten auf dem **Bontekai**. Der bildet mit der frisch gestalteten **Jadeallee** die Flaniermeile der Stadt.

Jedes Mal ein Erlebnis, wenn sich die Kaiser-Wilhelms-Brücke öffnet

Los geht´s am Helgolandkai von Wilhelmshaven, den wir auf der Straße „Südstrand" verlassen, um dann dem Nordseeküsten-Radweg an Cäciliengroden und Dangast vorbei nach Vareler Siel zu folgen (**Knotenpunkte** 14, 13, 37, 87, 52, 50, 11, 19).

Ist das herrlich: Wir rollen auf dem bestens gekennzeichneten Nordseeküsten-Radweg am **Jadebusen** entlang. Wie es zum Namen der rund 190 qkm großen **Meeresbucht** kam, ist nicht ganz geklärt. Die Mündung des Flusses namens Jade werden wir bei Varel auch kennenlernen. Der Jadebusen ist aber nicht „das Ende des Flusses", sondern ein Teil der Nordsee, was am Tidenhub deutlich wird, der meist um die 4 m beträgt.

Tipp: Rechterhand führen reizvolle Abstecher von unserem Radweg z.B. zum naturbelassenen **Sander See**, zur historischen **Gutsanlage Altmarienhausen** mit dem sogenannten **Küsteum**, zum romantischen **Wasserschloss Gedöns** oder nach Neustadtgedöns, das mit seinen fünf Kirchen zum **schönsten Dorf Frieslands** gewählt wurde.

Kartentipp:
ADFC Regionalkarte Oldenburger Land 1:75.000,
ISBN 978-3-87073-970-6, 9,95 €

Digital für Smartphones und Tablets: www.fahrrad-buecher-karten.de/kartenapp

Dangast hat sich zu einem beliebten Künstlerort entwickelt wozu auch das **DanGastQuellbad** mit gesundem Jod-Sole-Wasser beiträgt. Entlang des **Dangaster Tiefs** haben wir dann einen besonders schönen Streckenabschnitt unter den Pneus.

Weiter geht´s auf dem Nordseeküsten-Radweg von der Vareler Schleuse (**Knoten** 19, 31) an der Ostküste des Jadebusens entlang bis Eckwarderhörne. Hier steigen wir auf die Fähre und lassen uns zum Helgolandkai zurückschippern.

In Varel werden wir überrascht von einem Sowjetischen Atom-U-Boot und von der **Schlosskirche**, die sich am schmucken Schlossplatz erhebt. Toll anzusehen sind auch die Vareler **Windmühle** und der schlanke **Wasserturm**.

36 Parklandschaft Ammerland – Symphonie in Grün

Von Bad Zwischenahn nach Garnholt

Unsere flache Rundreise auf verkehrsarmen, überwiegend landwirtschaftlich genutzten asphaltierten Strassen führt uns durch die drei großen Rhododen-dronparks im Ammerland. Im steten Wechsel ziehen weite Felder und Weiden, baumbestandene Wallhecken und windschützende Wälder vorbei.

Farbenpracht am Wegesrand

111Touren Info:

47 km, flache Rundtour meist auf Nebenstraßen. Rad-Wegweisung mit quadratischen Rhododendron-Schildern.
Start / Ziel: Touristen-Information Bad Zwischenahn
Info: www.ammerland-touristik.de

Mit über 350 Vollerwerbs-**Baumschulen** auf 2600 ha ist das Ammerland ein führendes Baumschulzentrum Europas. Produktionsschwerpunkt sind Immergrüne, Koniferen und als Spezialität **Rhododendren** und **Freilandazaleen**. 90 % aller in Deutschland herangezogenen Rhododendren und 75 % aller Freilandazaleen stammen aus dem Ammerland.

Wer es lieber „handfester" mag, findet in Bad Zwischenahn ein herrliches **altes Kurhaus** am See sowie mehrere **Kirchen und Mühlen** in Stadt und Region. Vom **alten Wasserturm** haben wir einen weiten Blick über das Ammerland, welches während der Hauptblütezeit Anfang Mai bis Mitte Juni ein faszinierendes **Farbenspiel** bietet, aber auch außerhalb der Blütezeit landschaftlich überaus reizvoll ist. Den Grundstein für den **Rhododendronanbau** im Ammerland legte Gartenarchitekt Carl Ferdinand Bosse, der 1784 den Auftrag erhielt, den **Schlossgarten** in Rastede anzulegen. Eine zu Beginn des 19. Jahrhunderts gepflanzte 280 m lange Hecke existiert hier heute noch. Bosse kannte die ursprünglich aus dem Himalaja und Nordamerika stammenden Rhododendren aus englischen Gartenanlagen. Mittlerweile haben Rhododendren im Ammerland eine zweite Heimat, wo sie mit hohem gärtnerischen Können kontinuierlich kultiviert und weitergezüchtet werden.

Los geht´s an der Touristen-Info von Bad Zwischenahn stets in Ufernähe um den See. Im Ortsteil Rostrup biegen wir den Radwegschildern folgend links ab.

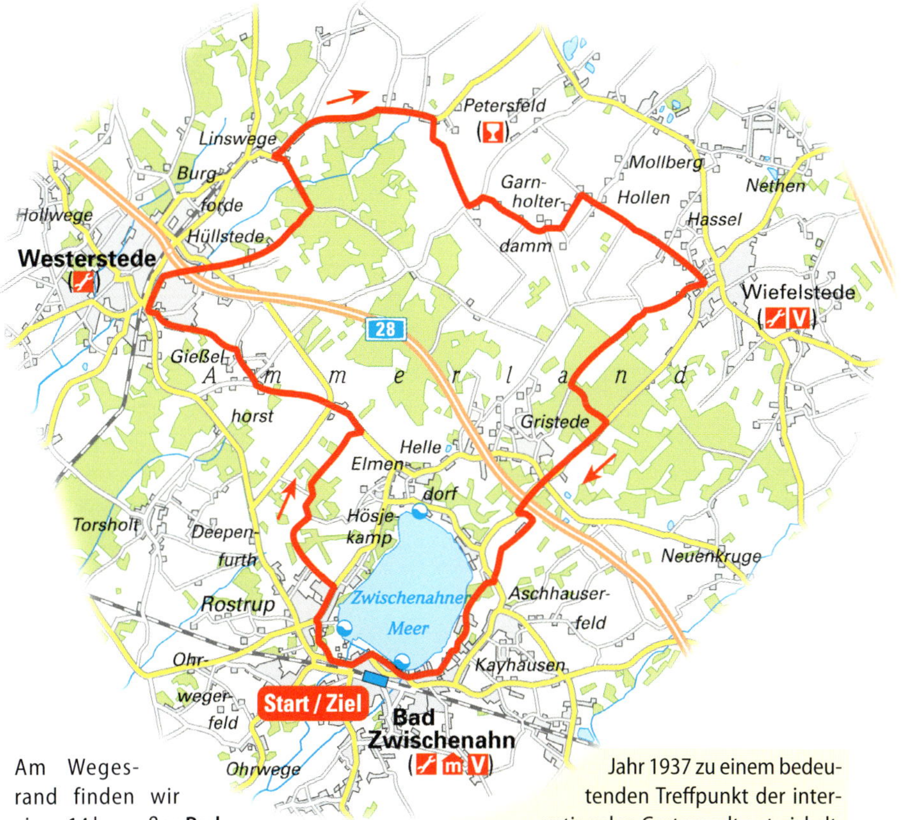

Am Wegesrand finden wir einen 14 ha großen **Park mit 90 Themengärten**, in denen die Vielfalt der Gartenkunst erlebbar ist. Eindrucksvoll ist der **Rhododendronpark** mit über 2000 verschiedenen Sorten.

Weiter geht´s über Langebrügge nach Gießelhorst. Hier befindet sich auf dem Gießelhorster Kirchweg der Aussichtsturm zum Thema Rhododendron. Später führen uns die Radschilder durch das hübsche **Westerstede** und weiter nach Linswege zum **Rhododendronpark Hobbie**.

Tipp: Dieser mit 70 ha der **größte Rhododendronpark Deutschlands** hat sich im Laufe der Jahre seit seiner Gründung im Jahr 1937 zu einem bedeutenden Treffpunkt der internationalen Gartenwelt entwickelt.

Weiter geht´s durch die grüne Parklandschaft über Garnholt und Wiefelstede in die Ortschaft Gristede. Hier befindet sich der **Rhododendronpark** der Baumschule Bruns, der **größten Baumschule Europas**. Neben 800 Sorten von Rhododendren bereichern hier zahlreiche **japanische Ahorn-, Zaubernuss- und Magnolienarten** die Sammlung. Über die Ortschaft Aschhauserfeld erreicht man wieder den Ausgangspunkt Bad Zwischenahn.

Kartentipp:
ADFC-Regionalkarte Ostfriesland 1:75.000,
ISBN 978-3-96990-174-8, 10,95 €

Digital für Smartphones und Tablets: www.fahrrad-buecher-karten.de/kartenapp

37 Zur Huntestadt

Von Bremen nach Oldenburg

Beiderseits der Hunte radeln wir durch idyllische Landschaft in die durch klassizistische Architektur geprägte Residenzstadt Oldenburg.

111Touren Info:

65 km, flache Rundtour meist über Nebenstraßen und Radwege.
Start / Ziel: Bahnhof Farge
Info: www.bremen.de
www.oldenburg.de

Los geht´s vom Bahnhof Farge zur Fähre, mit der wir nach Berne übersetzen. Am Campingplatz rechts, dann parallel zur B 74 Richtung Berne, das von der **St.Aegidius-Kirche** geprägt wird. Hinter der Kreuzung mit der Deichstr. bzw. hinter Ranzenbüttel rechts Richtung Bettingbühren, am Stedinger Landhaus links. Am Schlüterdeich rechts, bei der Gabelung links, an der Kreuzung B 212 rechts über die Hunte. Der Landstraße folgen wir nach links durch Huntebrück und biegen am Gaskavernenspeicher Huntorf links ab. An der Vierhaushellmer Str. geht es rechts ab, ehe wir dem Radweg an der Landstraße nach links folgen.

Die Landstraße verläuft auf dem **Bohlenweg XXII**, auch Holten Straat genannt. Diese Trasse bestand einst aus querliegenden, etwa 2,20 m breiten Eichenpfählen, mit denen das Moor überbrückt wurde.

Weiter geht´s der Landstraße geradeaus folgend unter der Autobahn her, von wo aus wir den Wegweisern Richtung Oldenburg Innenstadt folgen.

Die Stadt an der Hunte kann auf eine lange Geschichte zurückblicken, wovon das **Stadtmuseum** erzählt. Wahrzeichen ist der **Lappan**, der **Turm des**

Heilig-Geist-Hospitals. Ebenfalls unübersehbar sind die **Lambertikirche** und das imposante **Schloss** mit seinem **Landesmuseum für Kunst und Kulturgeschichte**. Klassische Moderne finden wir im **Augusteum**, während der **Schlosspark** zum Entspannen einlädt.

Tipp: Wer sich so in das historische Oldenburg verliebt hat, dass er die Zeit vergaß, kann vom Bahnhof aus mit dem Zug über Hude nach Berne zurückfahren.

Weiter geht´s vom Schloss aus stets in der Nähe der Hunte entlang und in Bahnhofsnähe unter der Bahn her. Dahinter überqueren wir die Hunte und folgen der Straße nach links aus der Stadt heraus.

Würdevolle Residenzstadt Oldenburg

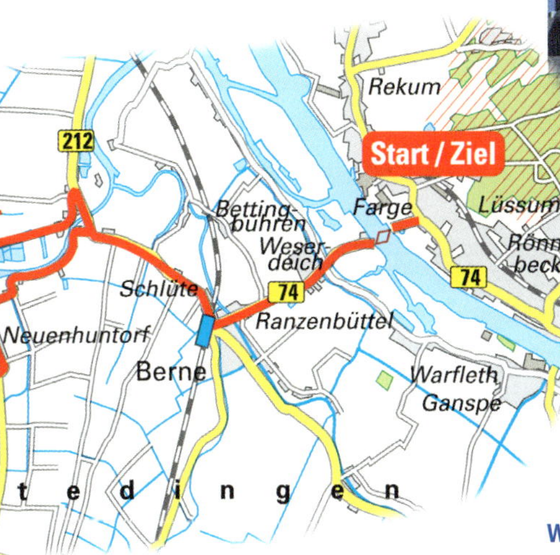

Noch vor der Autobahn geht es nach rechts zur Hunte, unter der Autobahn her und im Folgenden ständig in Ufernähe nach Neuenhuntorf.

Außer dem in privater Hand befindlichen **Gut Neuenhuntorf** fällt vor allem die **St.Marien-Kirche** auf, die eine beachtenswerte Marienfigur beherbergt.

Weiter geht´s über Huntebrücker- und Schlüterstraße (B 212) zurück nach Berne. An der Kreuzung radeln wir links zur Fähre, die uns zurück nach Farge bringt.

Kartentipp:
ADFC-Regionalkarte Oldenburger Land 1:75.000,
ISBN 978-3-87073-970-6, 9,95 €

Digital für Smartphones und Tablets: www.fahrrad-buecher-karten.de/kartenapp

38 Zum Deutschen Schifffahrtsmuseum

Von Bremen nach Bremerhaven

Tor zum Meer

Die historische Kulisse der Weser-Metropole im Rücken folgen wir dem Flusslauf auf seinem Weg zum offenen Meer. Als Vorhafen Bremens entstanden, bietet uns Bremerhaven heute viel Kurzweil.

111Touren Info:

60 km, flache Streckentour meist über Nebenstraßen und Radwege.
Start: Bahnhof Farge
Ziel: Bahnhof Bremerhaven
Info: www.bremen-tourism.de
www.bremerhaven-tourism.de

Los geht´s am Bahnhof Farge. Über Farger-, Reckumer Str., Unterm Berg und am Deich entlang erreichen wir den U-Boot-Bunker „Valentin".

Der 1943 begonnene **Bunker** sollte als U-Boot-Fabrik dienen, blieb aber unvollendet. Mit den Mengen Stahl und Zement hätte man eine Wohnsiedlung für 60.000 Menschen bauen können.

Weiter geht´s neben bzw. auf dem Deich und der Deichstraße entlang einiger Fischteiche bis zum beliebten **Ausflugsziel** Harriersand - die Insel erreichen wir über eine Brücke, an deren Ende ist eine Fahrt mit der Fähre ans andere Weserufer nach Brake angesagt.

Brakes Geschichte ist eng verbunden mit Sturmfluten. Im 19.Jhd. diente Brake Großseglern und Auswandererschiffen als Ankerplatz. Davon zeugt auch das hiesige **Schifffahrtsmuseum**.

Weiter geht´s am Museum vorbei über die Mitteldeich-, Hafen- und Nordstraße, dann links den Schildern folgend nach Brake-Golzwarden. Mit zweimaligem Wechsel der Bahnseite kommen wir über Golzwarden, Schmalenfleth, Alsefeld und Hardwarden am AKW Unterweser vorbei nach Kleinensiel. Hinter dessen Bahnhof geht es parallel beiderseits der Gleise nach Nordenham. In der **jungen Stadt** kann man im **Museum** alles über die friesische Kultur erfahren. Durch Nordenham radeln wir entweder auf der Hauptstraße immer geradeaus nach Blexen oder angenehmer über Bahnhofstr., W.-Rathenau-Allee, Richtung Einswarden, am Park links, am Rondell rechts, via Plattenweg, Atenser Allee, Wehrdeich, Bauernweg, Altensieler Str., B 212 rechts, Sandinger Weg, Grebswarder Weg, am **Jedutenhügel** (fränkischer Wachposten) vorbei und über M.-Paulus-Str., Am Luisenhof, Fähr- und Deichstr. nach Blexen, wo wir den Schildern zur Fähre folgen. Diese bringt uns zum Ziel unserer Tour – der Bahnhof ist beschildert.

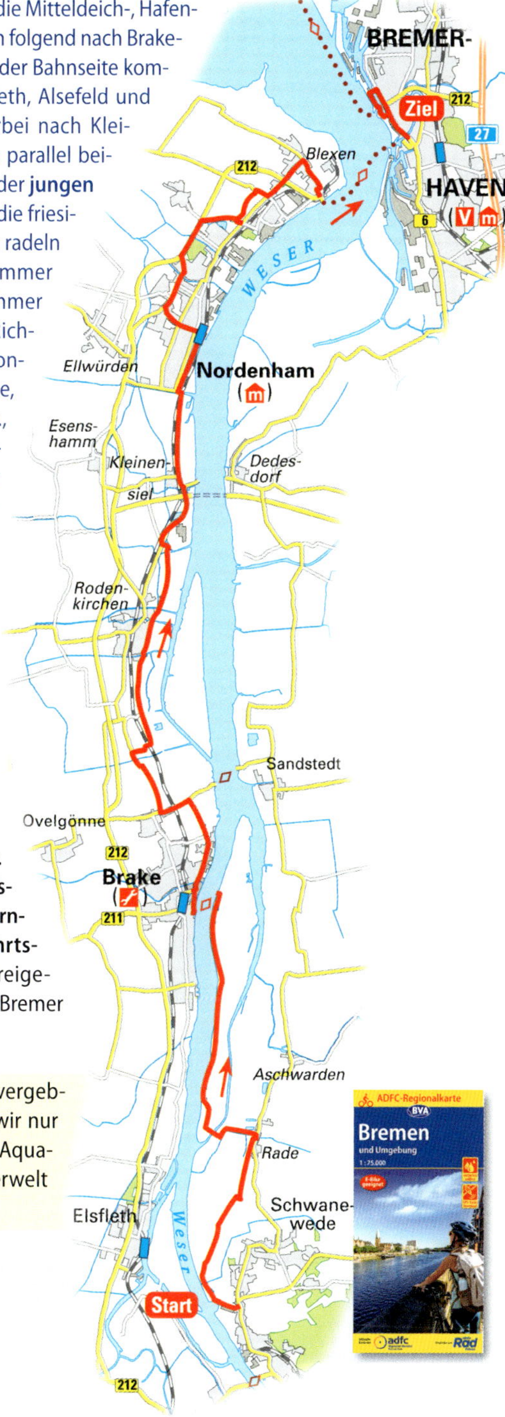

Als älteste Kirche der Wesermarsch gilt **St.Hippolyth** mit gotischen Fresken im Gewölbe und einer reich verzierten Kanzel.

Bremerhaven entstand, als die Weser versandete, als Vorhafen Bremens. Heute ist es eine sehenswerte **Einkaufsstadt**, die ihre Geschichte im **Morgenstern-Museum** und im **Deutschen Schifffahrtsmuseum** pflegt. Letzteres zeigt im Freigelände viele alte Schiffe, unter ihnen die Bremer Hansekogge.

Tipp: Im **Zoo am Meer** suchen wir vergeblich nach Elefanten, denn hier finden wir nur Tiere nordischer Breiten. Im Nordsee-Aquarium können wir die stille Unterwasserwelt betrachten.

Kartentipp:
ADFC-Regionalkarte Bremen und Umgebung 1:75.000,
ISBN 978-3-96990-015-4, 9,95 €

Digital für Smartphones und Tablets:
www.fahrrad-buecher-karten.de/kartenapp

39 Auf zur Hansestadt

Von Verden nach Bremen

Die Reiterstadt Verden bildet den Auftakt zu dieser Tour, die zu weiten Teilen durch das Ur-Wesertal führt. Das viele Grün entlang der Strecke lässt uns glauben, wir radeln durch endlose Parklandschaften. Selbst die Großstadt Bremen empfängt uns nicht mit unschönen Vororten, sondern setzt diese Eindrücke fort.

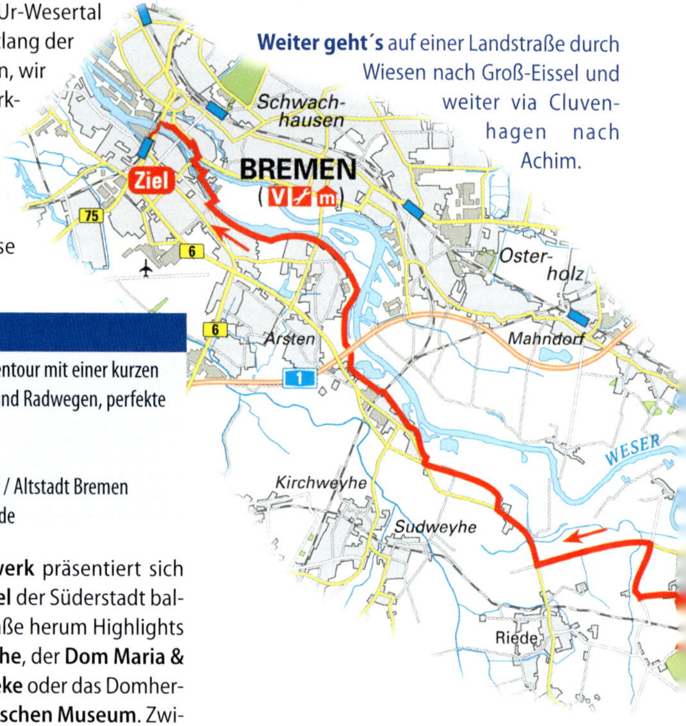

111Touren Info:

53 km, nahezu flache Streckentour mit einer kurzen Steigung auf Nebenstraßen und Radwegen, perfekte Rad-Wegweisung.
Start: Altstadt Verden
Ziel: Wilhelm-Kaisen-Brücke / Altstadt Bremen
Info: www.bremen-tourism.de

Als ein Traum in **Fachwerk** präsentiert sich Verden. Im **Fischerviertel** der Süderstadt ballen sich um die Domstraße herum Highlights wie die **St-Andreas-Kirche**, der **Dom Maria & Caecilia**, die **Ratsapotheke** oder das Domherrenhaus mit dem **historischen Museum**. Zwischen Bahnhof und Weser liegt das **Deutsche Pferdemuseum** – nicht nur für Fans dieser Vierbeiner ein Erlebnis. Was wie Kirche aussieht, ist das **barocke Rathaus** der Stadt.

Los geht´s am Ufer zwischen den Brücken auf der Reeperbahn. Weiter über Alleeufer, Allerstraße, Maulhop, Memelstraße und Hasenmühlenweg an der **Storchen-Pflegestation** vorbei.

Kurz darauf passieren wir den **Sachsenhain**, der von den Nazis als Gedenkstätte angelegt wurde und heute mit **Fachwerkhäusern** und **Findlingen** einen drei Kilometer langen Rundweg bietet.

Weiter geht´s auf einer Landstraße durch Wiesen nach Groß-Eissel und weiter via Cluvenhagen nach Achim.

Die über 1000 Jahre alte Stadt war einst bekannt für ihre Zigarrenfabrik. Weitere sichtbare **Industriearchitektur** bieten **„Riekes Honigkuchenfabrik"** und die **Windmühle** in exponierter Lage.

Weiter geht´s über Werder nach Thedinghausen.

Tipp: Am Ortsrand finden wir den **Weserrenaissancebau Erbhof**, im Ortskern eifern **Rathaus, Packhaus, Rathausscheune und Taubenturm** um die Gunst des schönsten Fotos.

Der Marktplatz der Hansestadt strahlt immer noch Würde aus

Über die Wilhelm-Kaisen-Brücke geht es zunächst ins **historische Schnoor-Viertel**, in dem ehemalige **Fischer- und Handwerkerhäuschen** kleine Plätze und Höfe bilden. Wir sehen uns die gezackten **Wallanlagen** an, ehe es in die gute Stube der Hansestadt am **Marktplatz** geht. Beim Bestaunen des alten **Rathauses** hat man schnell die **Bremer Stadtmusikanten** übersehen. Der **Roland** ist ein einsamer Demonstrant für die bürgerliche Freiheit.

Weiter geht´s auf krummen Wegen durch ruhige, teils unter Schutz stehende Landschaft und Parks hinein nach Bremen, das über Radwege stressfrei erreicht wird.

Kartentipp:

ADFC-Regionalkarte Bremen und Umgebung 1:75.000,
ISBN 978-3-96990-015-4, 9,95 €

Digital für Smartphones und Tablets: www.fahrrad-buecher-karten.de/kartenapp

40 Pferde, Störche und allerhand andere Tiere an der Aller

Von Verden über Achim

111 Touren Info

50 km, Rundtour meist auf befestigten Radwegen bzw. Straßen/Wegen, keine größeren Steigungen, teils Wegweisung als Weser-Radweg, bzw. Lüneburger Heide Radweg

Start / Ziel: Bahnhof Verden

Info: www.verden.de

Verden gilt als Hochburg der Pferdezucht, wofür auch das Deutsche Pferdemuseum spricht. Auf unserer Tour, die beiderseits der Weser verläuft, entdecken wir aber auch Störche und viele Wasservögel. Auch Freunde „klassischer" Sehenswürdigkeiten kommen bei dieser Tour auf ihre Kosten, denn historische Gebäude entdecken wir immer wieder am Wegesrand.

Genau vor den Toren der heutigen Stadt Verden gab es einst eine **Furt** durch die Aller, was zugleich die Namensgebung erklärt. Durch diese wichtige Lage an einer Handelsstraße entwickelte sich rasch ein größerer Ort, im dem schon im Jahre 850 ein **Bistum Verden** eingerichtet wurde. Wenig überraschend also, dass der Dom bis heute das wichtigste Bauwerk der Stadt ist. Er blickt auf eine wunderschöne **Altstadt**, die sich rund um das farbenfrohe, barocke **Rathaus** mit seinem imposanten Turm erstreckt.

Tipp: Verden darf hochoffiziell den Zusatz „**Reiterstadt**" führen. Daher müssen wir auch das **Deutsche Pferdemuseum** besuchen, das am Holzmarkt liegt und von einem prachtvollen Pferd „bewacht" wird. Von der Entwicklung des Pferdes vom Wildtier zum Sport- und Nutzpferd erfahren wir hier alles über die stolzen Vierbeiner.

In der Altstadt finden wir nicht nur erstklassige **Einkehrmöglichkeiten**, sondern auch perfekte Fotomotive. Zu denen gehören eine große Ansammlung von **Fachwerkhäusern** und das **Scharfrichterhaus** mit einem Wehrturm.

Los geht´s am Bahnhof von Verden, den wir nach rechts auf der Bahnhofstraße verlassen. Am Holzmarkt links, an der Ostentorstraße versetzt geradeaus und an der Ampelkreuzung rechts in den Johanniswall. Im Kreisel rechts in die Bremer und direkt links in die Conrad-Wode-Straße. Wenn wir nun hinter dem Wohnmobilstellplatz rechts in „Am Allerufer" abzweigen, haben wir den Weser-Radweg erreicht. Dieser bringt uns via Dauelsen und Eissel nach Achim.

Die Stadt Achim liegt von weitläufigen **Mooren** umgeben an einem **Altarm** der Aller, was vermutlich zu einer Besiedlung in der Bronzezeit führte.

Farbenfroh empfängt uns das Verdener Rathaus

Tipp: Etwas außerhalb von Achim (an der Uphuser Heerstraße) liegt der **Ellisee**. Eingebettet in eine Landschaft, die sich **Naturtrockenrasen** nennt, ist sie eine Seltenheit, die deshalb unter Naturschutz gestellt wurde. Nicht weit davon entfernt liegt ein Friedhof, der komplett von Wassergräben umgeben ist.

Gegenüber des sogenannten **Generationenparks** liegt das **Rathaus** von Achim, in dem inzwischen das Amtsgericht untergebracht ist. Wesentlich älter ist die **Kirche St. Laurentius**, die Teile eines romanischen Feldsteinbaus enthält. Nur wenige Pedalumdrehungen entfernt steht seit 1761 eine schmucke **Galerieholländer-Windmühle**, die als Wahrzeichen der Stadt gilt.

Weiter geht´s von Achim, das wir zurück zum Hafen über die Weser hinweg verlassen. Die Schilder des Weser-Radwegs geleiten uns durch Werder nach Thedinghausen. Hier verlassen wir kurz den Weser-Radweg, fahren durch Morsum, Intschede, Reer und Amedorf, treffen vor Groß-Hutbergen wieder auf die bekannten Schilder und gelangen zurück nach Verden, wo die Tour am Bahnhof endet.

Thedinghausen überrascht uns mit dem großartigen **Erbhof**. Der Herrensitz wurde 1620 im Stile der Weserrenaissance erbaut und diente als Wohnsitz für die Geliebte des evangelisch-lutherischen Erzbischofs Johann Friedrich von Bremen. Direkt neben dem Erbhof wurde ab 2005 der **Baumpark Thedinghausen** angelegt. Auf rund 11 ha. werden uns 53 verschiedene Baumarten präsentiert, die alle aus dem mitteleuropäischen Raum stammen.

Kartentipp:
ADFC-Regionalkarte Bremen und Umgebung 1:75.000,
ISBN 978-3-96990-015-4, 9,95 €

Digital für Smartphones und Tablets: www.fahrrad-buecher-karten.de/kartenapp

41 Otterndorf – Fachwerkschönheit am Meer

Von Cuxhaven über Otterndorf

111 Touren Info

43 km, Rundtour meist auf befestigten Radwegen bzw. Straßen/Wegen, keine größeren Steigungen, teils Wegweisung als Nordseeküsten-, sowie Elbe-Radweg bzw. als Radweg „Vom Teufelsmoor zum Wattenmeer"

Start / Ziel: Bahnhof Cuxhaven

Info: www.cuxhaven.de

Dort, wo sich die Fluten der Elbe mit denen der Nordsee vermischen, liegt der beliebte Urlaubsort Cuxhaven. Es erwartet uns maritimes Flair, feine Sandstrände, beste Infrastruktur, eine „Gourmet-Meile" für Freunde der Meeresküche und der tolle Nordseeküsten-Radweg, auf dem wir ganz bequem Otterndorf mit seinen Fachwerkhäusern erreichen.

Wer sich von den weitläufigen Stränden Cuxhavens mit dem tollen Blick auf die Schifffahrtsstraße lösen kann, begibt sich zum Hafen mit dem Schiffsanleger.

Tipp: Am Hafen liegen gleich nach unserem Tourstart mehrere **Feinkostgeschäfte und Fischrestaurants**, wo uns phantastische Gaumengenüsse erwarten.

Im alten Hafen hingegen steht das **Semaphor**, mit dem einst Wetterinformationen optisch an die Schiffe übermittelt wurden. Die „**Alte Liebe**" wurde einst als Anleger im Cuxhavener Hafen erbaut. Dafür wurden 1733 abgewrackte Schiffe hier versenkt, mit Pfählen gesichert und die Zwischenräume mit Büschen und Steinen ausgefüllt. Auch das **Ringelnatz-Museum** sollte auf dem Besuchsplan stehen.

Los geht´s am Bahnhof von Cuxhaven, den wir nach rechts über „Am Bahnhof" verlassen, um hinter der Kurve rechts in die Neufelder Straße einzubiegen. Nachdem wir das Hafengebiet verlassen haben, ist entspanntes Radeln auf dem Nordseeküsten-Radweg angesagt. Nach einigen „Gatter auf und zu" erreichen wir Otterndorf.

Gleich zu Beginn der Tour kommen wir am spannenden **Wrack- und Fischereimuseum** namens „Windstärke 10" vorbei.

Ein schönes Fotomotiv ist die **Dicke Berta**, ein strahlend weiß getünchter, 1897 fertiggestellter Leuchtturm.

In Otterndorf verzaubern uns das Flüsschen **Medem** und die wundervolle **Altstadt**, zu der auch das **Rathaus** mit seiner Freitreppe, das Voß-Haus, der Bullsche Speicher, die Lateinschule und viele **Fachwerkhäuser** gehören. Aus den Dächern ragt die **Kirche St. Severi** empor – weit und breit finden wir kein größeres Gotteshaus, das im Innern so farbenfroh gestaltet wurde.

...Blick nach oben: Hier steht der Kranich!

Tipp: Die ältesten Teile vom **Kranichhaus** stammen aus dem Jahre 1585. Oben auf dem Dach steht ein Kranich, denn er gilt als Synonym für die Wachsamkeit. Die prachtvolle Ausstattung von Fassade und Innenräumen haben wir Elisabeth Radiek zu verdanken. Sie betrieb hier nach dem Ableben ihres Gatten mehr als 40 Jahre lang ein florierendes Geschäft mit Wein, Gewürzen und Salz. Im Innern des 1735 erweiterten Baus ist das **Museum** des alten Landes Hadeln untergebracht.

Ein weiteres Museum finden wir im **Torhaus**, das 1641 zum Schutz der Schlossanlage errichtet wurde, nachdem das **Schloss** mehrfach zerstört bzw. abgerissen wurde. Die letzte Version stammt von 1773 und ist nun die Heimat des Amtsgerichts.

Weiter geht´s von Otterndorf, das wir rechts durch Marktstraße, Reichenstraße, Cuxhavener Straße und der Cuxhavener Landstraße verlassen. Nach dem Ortsende links in „Süderwisch“, rechts in „Dörringworth“ und rechts in „Osterende“. So rollen wir auf dem Radweg „Vom Teufelsmoor zum Wattenmeer“ durch Lüdingworth zu den Toren von Altenwalde. Nachdem wir die Schienen gekreuzt haben, rechts und auf dem Radweg „Cux2“ zurück nach Cuxhaven, wo die Tour am Bahnhof endet.

Gegen Ende der Rundtour kommen wir an **Schloss Ritzebüttel** vorbei, das in einem weitläufigen Park eingebettet ist. Die stolze Backstein-Anlage, die von Kanonen bewacht wird, diente einst den Amtmännern als Wohnung. Heute gilt Ritzebüttel als der älteste und besterhaltene Bau der Norddeutschen Backsteingotik.

Kartentipp:
ADFC Regionalkarte Cuxhaven / Bremerhaven
1:75.000, ISBN 978-3-96990-085-7, 9,95 €
Digital für Smartphones und Tablets: www.fahrrad-buecher-karten.de/kartenapp

42 Natur pur an der Elbe

Von Lauenburg nach Hitzacker

Der Naturschutzbund Deutschland (NABU) initiierte den Radweg „Naturerlebnis Elbe". Wir teilen dieses Erlebnis gerne und schauen uns zudem noch historische Orte an.

111Touren Info:

117 km, weitgehend flache Rundtour mit einigen kleineren Steigungen meist über Radwege und Nebenstraßen, Kürzung möglich. Perfekte Rad-Wegweisung.
Start / Ziel: Bahnhof Lauenburg
Info: www.lauenburg.de

Los geht´s am Bahnhof **Lauenburg**. Infos zur Stadt finden Sie in Tour 9. Vom Bahnhof radeln wir aufs andere Elbeufer, um diesem flussaufwärts zu folgen. Bei dieser Tour gibt es gleich zwei Rad-Wegweisungen, denn der **NABU-Radweg** ist in weiten Teilen identisch mit dem **Elbe-Radweg**. Auf detaillierte Wegbeschreibungen kann daher verzichtet werden.

Am Wegesrand liegen das **Naturschutzgebiet Havekost** sowie Radegast mit seiner **Dorfkirche** und dem alten **Pfarrwitwenhaus**. Es folgt eine Passage durch das **Naturschutzgebiet Elbdeichvorland bei Bleckede mit Vitico**. Die Kleinstadt Bleckede wird durch **Fachwerkbauten** und das **Schloss** bestimmt. Im Schloss gibt es ein **Info-Zentrum** zu den umliegenden **Schutzgebieten**.

Tipp: Ein etwa 8 km langer Abstecher führt uns zum **Findlingsgarten Bleckede-Breetze**. In der gepflegten **Parkanlage** können wir uns über die steinzeitlichen Zeugen der Ur-Elbe informieren.

Weiter geht´s über unseren Radweg nach Neu Darchau. Hier kann die Tour mit Benutzung der Fähre verkürzt werden! Der Radweg verläuft hügelig, dafür mit Aussicht, durch weitere Naturschutzgebiete via Drethem (mit einer **Fachwerkkirche**) bergauf durch Klötzie hinauf zum Kniepenberg. Ein Aufstieg zum **Aussichtsturm** bietet sich wirklich an. Wir radeln hinunter nach Tießau und weiter nach Hitzacker.

Dank der Lage auf einer **Insel** in der Jeetzemündung wurde der Ort schon früh bewehrt. Heute erwartet uns eine wundervolle **Altstadt**, die mit dem **alten**

Hitzacker ist der „Wendepunkt“ unserer Tour

Aus feinstem Fachwerk: Boizenburgs Rathaus

Zollhaus, der **St.Johannis-Kirche** und (gleich bei der Einfahrt) der **Drawehner Torschenke** ihre Höhepunkte findet. Vom nahegelegenen **Weinberg** haben wir alles gut im Blick, auch die **Riesenkastanie**. Wissenswertes zur Region vermitteln das **Heimatmuseum Walther Honig** und das **Archäologische Zentrum Hitzacker**.

Weiter geht´s mit der Fähre ans andere Elbufer und auf unserem Radweg nun flussabwärts. Von unserem Weg nach Darchau können wir einen Abstecher zur Stixer Wanderdüne unternehmen. Wir radeln durch ehemaliges DDR-Sperrgebiet via Popelow und Stiepelse zum Belecker Fähranleger, wo wir einen alten **DDR-Wachturm** sehen. Durch ein weiteres Naturschutzgebiet erreichen wir Boizenburg.

Das völlig frei stehende **Fachwerk-Rathaus** markiert die Mitte dieses hübschen Salzhändler-Ortes, der eine hohe Museumsdichte besitzt: Es gibt hier das **„Erste deutsche Fliesenmuseum“**, ein **Heimatmuseum** und das **Elbbergmuseum**.

Weiter geht´s von Boizenburg auf dem Radweg zurück nach Lauenburg, das wir rasch erreicht haben.

Kartentipp:

ADFC-Regionalkarte Hamburg und Umgebung 1:75.000,
ISBN 978-3-96990-192-2, 10,95 €

Digital für Smartphones und Tablets: www.fahrrad-buecher-karten.de/kartenapp

43 Eine Dorfrepublik an der Elbe

Von Hitzacker über Dörmit

111 Touren Info

45 km, Rundtour meist auf befestigten Radwegen bzw. Straßen/Wegen, keine größeren Steigungen, Wegweisung als Elbe-Radweg

Start / Ziel: Bahnhof Hitzacker

Info: www.hitzacker.de

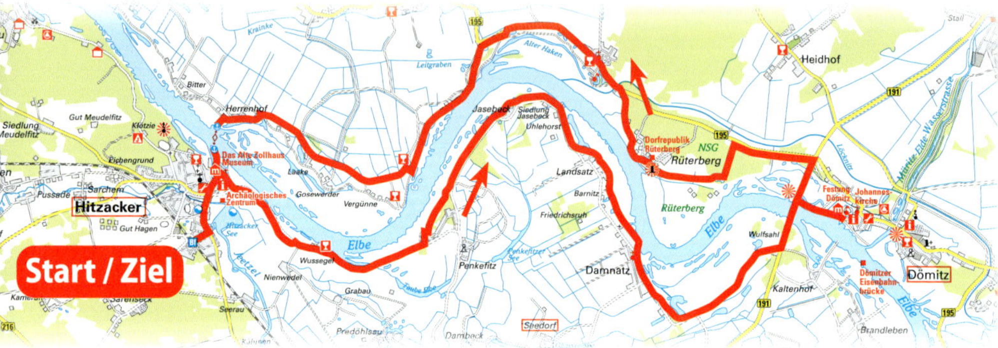

Der Elbe-Radweg ist seit vielen Jahren der beliebteste Flussradweg Deutschlands, was nicht zuletzt daran liegt, dass er oftmals an beiden Ufern entlang verläuft. Genau das nutzen wir auf dieser kleinen Radtour, denn im ersten Teil rollen wir an einem Ufer entlang von der herrlichen Altstadt Hitzackers ins ebenso schöne Dömitz. Dann geht's an der anderen Seite auf bester Trasse wieder retour.

Was für eine grandiose Lage: Die **Altstadt** von Hitzacker liegt auf einer kleinen **Insel**, die von den Flüssen Jeetzel und Elbe umspült wird. Hier finden wir prachtvolle Fachwerkhäuser, die sich um das **Alte Zollhaus** gruppieren. Das wurde bereits 1589 errichtet und gilt daher als ältestes Gebäude der Stadt. Seit 1986 gibt es hier ein **Museum**, das die Geschichte der Menschen dieser Stadt nachzeichnet.

Tipp: Eine Fläche von rund 15.000 qm bedeckt das **Archäologische Zentrum** Hitzacker, in dem wir mehr darüber erfahren, wie man hier in der Bronzezeit lebte. Besonders spannend sind die historischen Gebäude, bei denen die Reetdächer fast bis auf den Boden reichen. Von diesen rekonstruierten Wohnstallhäusern gibt es gleich drei auf dem Gelände.

In Hitzacker können wir auch etwas für unsere Gesundheit tun, denn 2010 erhielt die Stadt den offiziellen Status eines **Kneipp-Kurortes**, nachdem es den Titel eines **Luftkurortes** bereits seit 1990 innehatte. Im Kurgebiet können wir uns nach der Tour den Wellness-Angeboten widmen oder das Kneipp-Becken besuchen.

Los geht´s am Bahnhof von Hitzacker, den wir geradeaus über die Bahnhof- und dann links auf der Dannenberger Straße verlassen. Ein paar hundert Meter hinter der Brücke rechts in die Marschtorstraße. So gelangen wir auf den Elbe-Radweg, der uns stets

Die fünfeckige Flachlandfestung gibt es schon seit dem 16. Jh.

in Ufernähe durch Wussegel, Strachauer Rad, Jasebeck, Landsatz, Barnitz und Damnatz zur B 191 bringt, mit der wir nach links die Elbe überqueren. Die Ortsmitte von Dömitz liegt etwas rechts von der Brücke.

Die knapp 3.000 Einwohner zählende Stadt Dömitz nimmt uns mit auf eine Reise in längst vergangene Tage: Unübersehbar wird hier die Elbe von der Ruine einer **Eisenbahnbrücke** überspannt. Sie wurde bis zum Zweiten Weltkrieg intensiv genutzt und verfiel danach, weil hier einst die innerdeutsche Grenze verlief.

Tipp: Nur wenige Pedalumdrehungen hinter Dömitz liegt das **Naturschutzgebiet Löcknitztal-Altlauf**. Der kleine Abstecher lohnt sich so richtig, wenn wir auf die seltenen Binnendünen steigen, denn von hier ist die Aussicht einfach herrlich.

Das zweite imposante Bauwerk von Dömitz ist die im 16. Jh. angelegte **Flachlandfestung**. Der fünfeckige Grundriss ist bis heute ebenso perfekt nachvollziehbar, wie die Kasematten und Bastionen. Die Festung beschützt eine **Altstadt**, die rund um das Rathaus von zahlreichen **Fachwerkhäusern** gebildet wird. Zwischen deren Dächern ragt die **Johanneskirche** empor, die aus Backsteinen geformt wurde.

Weiter geht´s von Dömitz, das wir wieder zur Brücke hin verlassen. Dieses Mal folgen wir dem Elbe-Radweg entlang des rechten Ufers via Rüterberg, Wehningen, Bohnenburg, Wilkenstorf und Laake nach Herrenhof. Hier nutzen wir die Fähre, um wieder zurück nach Hitzacker zu kommen, wo die Tour am Bahnhof endet.

Der kleine Ort Rüterberg bekam im Jahre 1989 einen Eintrag in die Geschichtsbücher, als von den Einwohnern die „**Dorfrepublik Rüterberg**" ausgerufen wurde. Grund waren die Demütigungen, die sie während der DDR-Zeiten erfahren mussten. An die Zeit der Teilung erinnert ein Denkmal – genau an der Stelle, wo einst die Grenze verlief.

Kartentipp:

ADFC Regionalkarte Elbe/Wendland

1:75.000, ISBN 978-3-96990-098-7, 9,95 €

Digital für Smartphones und Tablets: www.fahrrad-buecher-karten.de/kartenapp

44 Tour durchs Moor

Von Aschendorf nach Bourtange

Unsere Tour führt uns durch lange Moorkolonien bis hinter die niederländische Grenze. Von dort geht es wieder zurück nach Aschendorf, wo die Ems schon von den Gezeiten geprägt ist.

111Touren Info:

37 km, flache Rundtour auf Rad- und Feldwegen an Straßen und Kanälen.
Start / Ziel: Bahnhof Aschendorf
Info: www.papenburg-tourismus.de
www.rhede.de

Los geht´s vom Bahnhof Aschendorf links in die Große Str. Hinter der Ampel an der Kirche vorbei durch den Ortskern rechts in die Rheder Str., ab Ortsende auf den Deich. Über die Brücke gelangen wir zum Kreisverkehr in Rhede.

Direkt am Weg liegt das **Landwirtschaftsmuseum** im ehemaligen Hof Panster-Hunfeld. Gezeigt werden die alten Geräte, aber auch die damaligen Lebensverhältnisse.

Aschendorf gehört heute zu Papenburg. Aus eigenständigen Zeiten stammen noch die **St.Amandus-Kirche** mit zwei kostbaren **Taufbecken** und das **Gut Altenkamp** mit Rokoko-Fresken und einem herrlichen **Park**.

Weiter geht's ein Stück zurück, rechts in die Emsstr. und vor der Kirche rechts in die Kirchstr. Nach 800 m geht es links über die Neurheder Str. und 4,3 km durch eine ehema-

Jenseits der Grenze und sehr beeindruckend: Bourtange

lige **Moorsiedlung**. In einer Linkskurve halbrechts (Vorstrich). Der Feldweg biegt vor der Grenze scharf nach links und wir überqueren die Grenze sofort nach rechts. Dahinter bringt uns ein Radweg nach Bourtange.

Ende des 16.Jhds. führte hier einer der wenigen sicheren Wege durch das **Bourtanger Moor**. Grund genug also, eine **Festung** anzulegen, die aber mit dem Rückgang des Moores im 19.Jhd. an Bedeutung verlor. In den 1960er Jahren wurde die Festung zu altem Leben erweckt, was uns heute ein **historisches Flair** rund um den **Marktplein** beschert, an dem sich eine lange Pause lohnt.

Weiter geht´s über Bischopsweg, Muntserse Poort und **3 Zugbrücken** aus der Festung zur Grenze. Über die Bourtanger Str. geht es 3,9 km geradeaus nach Heede, wobei sich ein Abstecher am **Heeder See** vorbei lohnt.

Tipp: Kurz vor Heede führt die Pinnincksallee zur **1000-jährigen Linde**, die einst zur Schärpenburg gehörte. Die Burg ist zerstört, der Ort schreit aber förmlich nach einer Rast.

Weiter geht´s auf der Hauptstr., links in die Marschstr., rechts in die Emsstr. und auf dem Treidelpfad bis zum **Emswehr**, das zum Schutz vor Sturmfluten erbaut wurde. Wir radeln über Wehr und Kanal, danach retour auf den Treidelpfad. Vor dem 1. Schleusentor der Doppelschleuse Herbrum rechts zur B 70 und am **Haus Nienhaus** vorbei. Nach 200 m fahren wir links auf die Hüntestr., weiter geradeaus auf der Rheder Str. zur Große Str. und zurück über den Hinweg am **Gut Altenkamp** entlang zum Bahnhof.

Kartentipp:
ADFC-Regionalkarte Emsland/Grafschaft Bentheim 1:75.000,
ISBN 978-3-96990-108-3, 9,95 €
Digital für Smartphones und Tablets: www.fahrrad-buecher-karten.de/kartenapp

45 Barocker Ems-Glanz

Von Papenburg nach Meppen

Besonders vielseitig ist unsere Tour in den Süden der Ems: Nach den schmucken Papenburger Kanälen tauchen wir ein in die Wälder des Geestrückens, ehe wir am Jagdschloss Clemenswerth vorbei nach Meppen kommen.

111Touren Info:

64 km, weitgehend flache Streckentour auf Radwegen und Nebenstraßen.
Start: Bahnhof Papenburg
Ziel: Bahnhof Meppen
Info: www.papenburg-tourismus.de
www.meppen.de

In der **Alten Drostei**, dem ältesten Haus der Papenburgs, ist das Museum untergebracht, in dem der Weg von der ersten Fehnkolonie zur modernen Stadt gezeichnet wird. Auch **Hafenrundfahrten** und der **Zeitspeicher** bieten Infos zur Geschichte. An unserem Weg liegt die **Meyers Mühle**, während **alte Schiffe** das **Freilichtmuseum** markieren.

Los geht´s vom Bahnhof Papenburg über die Bahnhofstr. zum Hauptkanal und diesem folgend am wuchtigen Rathaus, der St.Antonius-Kirche und der Brigg Friederike (von hier Besichtigungen der Meyer-Werft) vorbei. Nach 700 m biegen wir links ab und fahren links vom Kanal Wiek zur Bockwindmühle und zum DIZ (Infos zur Nazi-Zeit). Am Ende des Kanals rechts und am Mittelkanal bis Obenende. Nun folgen 7,5 km schnurgerade Tour am Splittingkanal entlang bis Surwold-Börgerwald. Am Aussichtsturm vorbei kommen wir zum Erholungsgebiet „Surwolds Wald".

Tipp: Vom 32m hohen **Aussichtsturm** schweift der Blick bis zur **Meyer-Werft**. Nebenan bieten **Sommerrodelbahn**, **Märchenwald** und **Biergarten** Abwechslung.

Weiter geht's auf dem Emslandradweg (ELR) nach Börger. An JH und Großsteinzeitgrab „Steenhus" vorbei über „Am Hünenstein" und

Museum auf dem Wasser

Sögeler Str. radeln wir nach Werpeloh. An der Kreuzung links „Zum Wildberg" und rechts durch den Park erreichen wir das exotische Batak-Haus. Auf der Hauptstr. geht es nach Sögel.

Die Perle unter den Herrensitzen im Emsland ist das barocke **Jagdschloss Clemenswerth**. Wer sich dem Charme entreißen kann, entdeckt den herrlichen Park mit sternförmigen **Alleen** und **Pavillons**. Etwas versteckt liegt in der Nähe der **Heimathof** mit historischen Hofgebäuden.

Weiter geht´s vom Schloss über den rechtsseitigen Pfad, auf der Straße rechts, an der Feuerwehr links und vorm **Ludmillenhof** rechts auf die Berßener St, links auf die Sparkeler Str., nach 3,6 km an **Gut Spraeklerwald** vorbei nach Groß Stavern. Durch die Mühlenstr., nach 1,6 km links zur **Wassermühle Bruneforth**. In der Nähe liegt ein Großsteingrab.1,5 km später links ab nach Klein Stavern und weiter nach Apeldorn. Von hier können wir auf der beschilderten Straße oder durchs Feld und am Ufer der Nordadde entlang nach Meppen zum Bahnhof radeln.

Die einst stark befestigte Stadt lebte u.a. von der Emsschifffahrt.

Von der Glanzzeit zeugen das **Rathaus** am **Markt**, die **Gymnasial**- und die **Propsteikirche**. Alles zur Historie erfahren wir im **Stadtmuseum Arenbergische Rentei**.

Kartentipp:
ADFC-Regionalkarte Emsland/Grafschaft Bentheim 1:75.000,
ISBN 978-3-96990-108-3, 9,95 €

Digital für Smartphones und Tablets: www.fahrrad-buecher-karten.de/kartenapp

46 Gelegenheit zum Boxenstopp

Von Cloppenburg über Thülsfeld

111 Touren Info

40 km, Rundtour meist auf befestigten Radwegen bzw. Straßen/Wegen, keine größeren Steigungen, teils Wegweisung als Boxenstopp-Route, Cloppenburger Radtour bzw. als Radroute der Megalithkultur

Start / Ziel: Bahnhof Cloppenburg

Info: www.cloppenburg.de

Im Oldenburger Münsterland folgen wir einem Teil der „Boxenstopp-Route". Die hat mit Formel 1 natürlich nichts zu tun. Vielmehr ist es eine 340 km lange Rundtour, die auf ihrer Route ausgewiesene Hofläden, Raststationen mit ländlicher Einkehr und Übernachtung und vieles mehr erschließt. Das macht neugierig – also machen wir uns auf die Pneus Richtung Thülsfelder Talsperre.

Schon zur Bronzezeit soll durch das heutige Stadtgebiet von Cloppenburg ein **Fernweg** verlaufen sein, der von der Ems zur Weser führte. Es entwickelten sich zwei Siedlungen, die später zusammenwuchsen. Es gab auch eine Burg, von der aber nur noch wenige Ruinen im Park zu entdecken sind. Da sind **Schloss Cloppenburg** und das **Amtsgericht**, die direkt daneben liegen, deutlich besser zu finden.

Tipp: Das überregional bekannte **Museumsdorf Cloppenburg** liegt nur wenige Kurbelumdrehungen außerhalb der City. Ein Besuch ist Pflicht, denn es ist eines der ältesten Freilichtmuseen von ganz Deutschland. Wir entdecken eine prachtvolle Fachwerk-Hofanlage, ein Fachwerk-Brauhaus, eine Ross-, eine Kappen- und eine Bockwindmühle sowie zahlreiche weitere historische Gebäude, so dass die Zeit im Nu vergeht.

Die Innenstadt von Cloppenburg hat sich zu einer beliebten **Shoppingmeile** mit einem weiten Einzugsgebiet entwickelt. Hier finden wir zu Füßen der barocken **Kirche St. Andreas** reichlich Cafés und Gaststätten, um nach der Tour wieder zu Kräften zu kommen.

Das Museumsdorf nimmt uns mit auf eine Zeitreise

Der erste Teil unserer Tour führt meist am Ufer des Flüsschens **Soeste** entlang. Ihre Reise beginnt in der Nähe von Cloppenburg, wird von der Talsperre unterbrochen und vereinigt sich schließlich nach 72 km mit dem Nordlohe-Barßeler Tief.

Tipp: Die **Thülsfelder Talsperre** hat sich zu einem echten Besuchermagnet entwickelt, was auch am Feriengebiet Dwergte und am großen Campingplatz zu erkennen ist. Wir sollten unsere Badesachen dabeihaben, denn es gibt gleich mehrere **Strände**, die vom DLRG bewacht werden. Wir baden in „historischem Gewässer", denn die Soeste wird an dieser Stelle schon seit 1927 aufgestaut.

Die Region rund um die Talsperre Thülsfeld wurde, wie das Gewässer selbst, unter **Naturschutz** gestellt. Mehr dazu erfahren wir auf dem **Erlebnispfad**.

Los geht´s am Bahnhof von Cloppenburg, den wir geradeaus über die Bahnhofstraße verlassen, auf der wir auch hinter dem Kreisel bleiben. Zu Beginn der Einkaufszone (**Knotenpunkt** 20) geradeaus in die Mühlenstraße, nach gut 100 m am **Knotenpunkt** 59 links und dann stets am Flüsschen Soeste entlang. So gelangen wir auf die Radroute der Megalithkultur, die uns aus Cloppenburg heraus und via Ambühren, **Knotenpunkte** 21, geradeaus 22, 1, 31 und dann auch als Boxenstopp-Route bzw. Cloppenburger Radtour zur Talsperre führt, an deren Ende Thülsfeld liegt (**KP** 39).

Weiter geht´s von Thülsfeld am anderen Ufer der Talsperre entlang auf der Boxenstopp-Route bzw. der Cloppenburger Radtour über den **Punkt** 33, durch Dwergte (52), Molbergen (55) und Vahren (46) zurück nach Cloppenburg (**KP** 53), wo die Runde über den **Knotenpunkt** 20 und dann rechts am Bahnhof endet.

Bei Dwergte haben wir nochmals die Gelegenheit zur Abkühlung, wobei sich der kleine **Dwergter Badesee**, der direkt an der Ferienanlage gelegen ist, deutlich schneller erwärmt, als die große Talsperre.

Kartentipp:

ADFC Regionalkarte Oldenburger Land

1:75.000, ISBN 978-3-87073-970-6, 9,95 €

Digital für Smartphones und Tablets: www.fahrrad-buecher-karten.de/kartenapp

47 Im großen Moor

Von Vechta über Barnstorf

111 Touren Info

44 km, Rundtour meist auf befestigten Radwegen bzw. Straßen/Wegen, so gut wie keine Steigungen, teils Wegweisung mit Knotenpunkten bzw. Hunteradweg

Start / Ziel: Bahnhof Vechta

Info: www.vechta.de

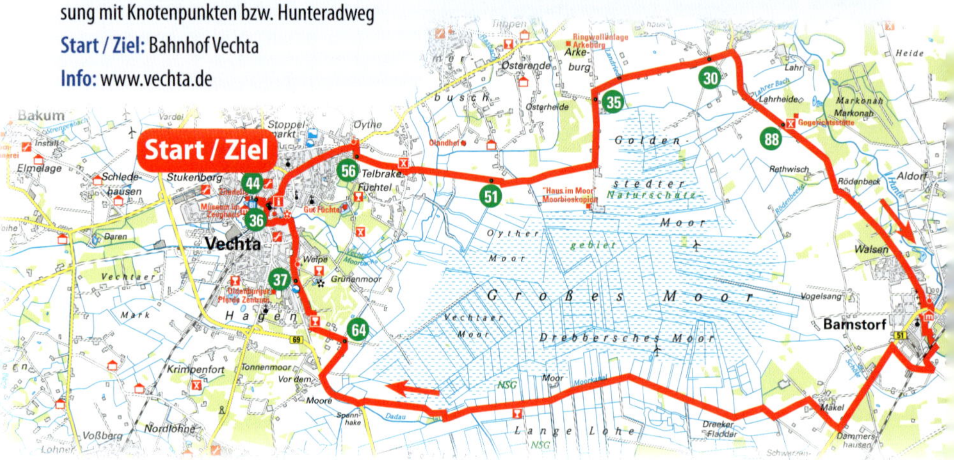

Moore haben immer etwas Mystisches: Es ist feucht und oft nebelig, Moore verschlingen Tiere und Menschen und geben sie Jahrhunderte später konserviert wieder her. Diese und viele weitere Gerüchte und Fakten sind über Moore bekannt. Unsere Tour führt über weite Strecken durch das Große Moor zwischen Vechta und Barnstorf. Ob es wirklich so mystisch wird?

Vechta blickt auf eine lange Geschichte zurück, die 1070 mit der **Grafschaft Ravesberg** begann. Inzwischen ist Vechta eines der wichtigsten industriellen Zentren des nördlichen Münsterlandes.

Tipp: Der **Zitadellenpark** ist ein sichtbares Zeugnis für die einstige Wehrhaftigkeit von Vechta. Zwar wurde die 1666 errichtete Zitadelle nie von den Schweden beschossen, wie es auf einer Plastik dargestellt ist, doch durch die Teilrekonstruktionen werden wir auf eine Zeitreise mitgenommen. Auch das **Castrum Vechtense** mit Burgturm und das **Museum im Zeughaus** erzählen uns mehr von der Historie der einst imposanten, sternförmigen Anlage.

Rund um den schönen Stadtbrunnen finden wir schöne Gebäude, von denen viele mit **Fachwerk** bzw. Backstein gefertigt wurden. Dazu zählen auch das **ehemalige Postamt** und die Propsteikirche St. Georg. Das Wahrzeichen Vechtas ist allerdings ein fünfeckiges Festungsgebäude von 1705 über dem Moorbach, das **Kaponier** genannt wird.

Los geht´s am Bahnhof von Vechta (**Knotenpunkt 44**), den wir geradeaus über die Querstraße hinweg auf der Straße „Neuer Markt" verlassen. Mit rechts-links-links erreichen wir den **Knoten 36** und fahren weiter geradeaus auf der Großen Straße, links Bremer Tor, rechts Bremer Straße und später Oyther Straße heraus aus der Stadt. In Oythe rechts und am

Castrum Vechtense – hölzerne Zeugen längst vergangener Tage

Knotenpunkt 56 links. Am **Knoten** 51 geradeaus, im Feld an der T-Kreuzung links, am **Knoten** 35 rechts, hinter 30 wieder rechts auf die Barnstorfer Straße, bei 88 geradeaus und mit dem Hunteradweg hinein nach Barnstorf.

Unweit unseres Weges zeugen die **Ringwallanlage Arkeburg** und eine **Gogerichtsstätte** davon, dass die Region schon vor vielen Jahrhunderten besiedelt war. Das gilt auch für das Großsteingrab an den Walsener Teichen, bei denen sich ein Naherholungsgebiet entwickelte.

Tipp: Ein Stichweg bringt uns zum „**Haus im Moor**", das mitten im Goldenstedter Moor liegt. Ein **Erlebnispfad** bringt uns die fragile Natur in diesem Hochmoorgebiet näher.

Barnstorf wurde mit einer außergewöhnlichen Natur gesegnet: Die **Hunte** fließt durch den Ort, der inmitten der **Naturparks** Dümmer, Wildeshauser Geest und dem Großen Moor liegt. Als Fotomotive dienen in Barnstorf u.a. die spätromanische **Backsteinkirche St. Veit** und das **Keunecke-Haus** von 1784. Es gilt als eines der ältesten Gebäude der Region.

Weiter geht´s von Barnstorf, das wir ein kurzes Stück am Fluss entlang auf dem Hunteweg verlassen. Nachdem wir die Hunte parallel zu den Gleisen überquert haben, verlassen wir wieder den Hunteweg und fahren an der Querstraße links, dann folgen wir dem Radweg an der Osnabrücker Straße (B51) nach links. In Dammershausen zweigen wir rechts in die Kamp- und wenig später links in die Klinkerstraße ab. Auf den nächsten Kilometern folgen wir dem Moorkanal, bis wir auf die B69 treffen, deren Radweg wir nach rechts folgen, um bei nächster Gelegenheit rechts abzubiegen und über die **Knoten** 64, 37 und 36 in Vechta die Runde am Bahnhof zu beenden.

Wir rollen am **Moorkanal** entlang, haben einen erstklassigen Blick auf das Große Moor und sind beeindruckt von der Weite der Region. Genau genommen setzt sich das **Große Moor** aus insgesamt 25 kleineren Moorgebieten zusammen, von denen rund 640 ha. als Naturschutzgebiet ausgewiesen wurden, weil es als Landschaft eine gesamteuropäische Bedeutung besitzt.

Kartentipp:
ADFC Regionalkarte Osnabrücker Land / Oldenburger Münsterland
1:75.000, ISBN 978-3-96990-022-2, 9,95 €
Digital für Smartphones und Tablets: www.fahrrad-buecher-karten.de/kartenapp

48 Feuchtes Vergnügen – trockene Tücher

Osnabrücker Land – von Bramsche nach Alfhausen

Aus der Tuchmacherstadt Bramsche führt unsere Tour ins Wassersport-Eldorado des Alfsees. Über Kloster Malgarten geht es am Mittellandkanal entlang zurück.

111Touren Info:

48 km, flache Rundtour meist über Nebenstraßen und Radwege.
Start / Ziel: Bahnhof Bramsche
Info: www.bramsche.de

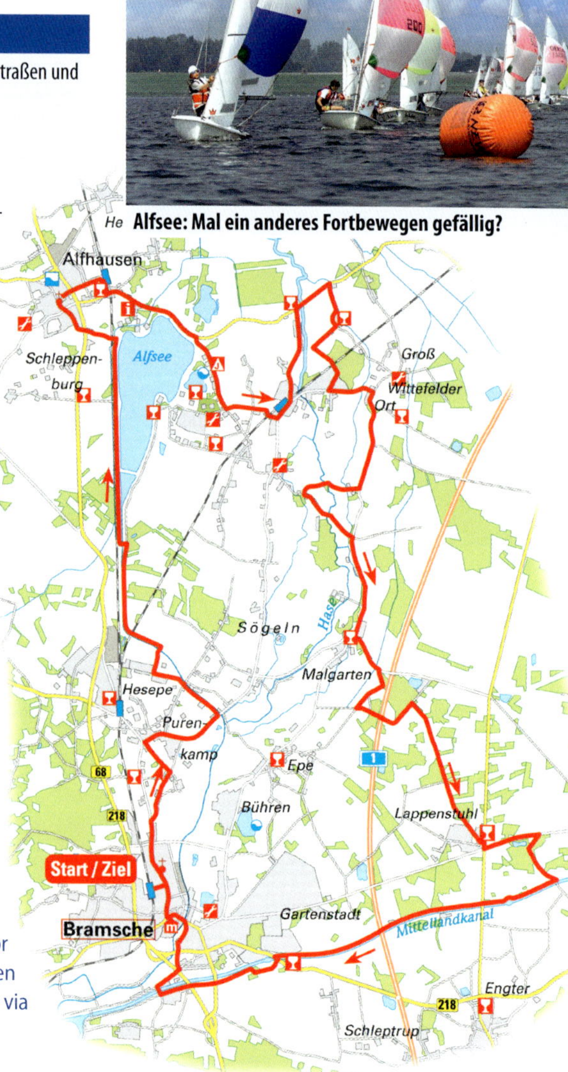

Alfsee: Mal ein anderes Fortbewegen gefällig?

Als drittgrößte Stadt im Osnabrücker Land hat die Bramscher **Innenstadt** rund um die **St.Martin-Kirche** viel Abwechslung zu bieten. Gesehen haben muss man das **Tuchmacher-Museum**, in dem wir alles über dieses Handwerk erfahren.

Los geht´s vom Bahnhof Bramsche über Bahnhof- und Lindenstr., Riesterweg, Moor- und Sögeler Str. zum Hase-Kanal. Stets in dessen Nähe kommen wir zum Alfsee.

Als großes Regenwasser-Rückhaltebecken erbaut, dient der **Alfsee** Zugvögeln als Rastplatz und Menschen als Erholungsstätte. Der **Ferien- und Erholungspark Alfsee**, an dem wir später vorbeiradeln, lässt kaum einen Wunsch offen.

Weiter geht´s am Ufer des Sees. Vor dessen „Nordkurve" verlassen wir den Deich nach links über die Bahngleise via

Im Kloster Malgarten finden wir ausreichend Ruhe

Flötteweg nach Alfhausen mit seiner **Johanniskirche**, die einen **Bentheimer Taufstein** ihr Eigen nennt. Wer abkürzen will, fährt einfach am Ufer weiter. In Alfhausen biegen wir hinter der Kirche rechts in die Alte Schulstr., auf dem Weg „Bahnofsesch" zum Bahnhof, rechts/links unter der Brücke hindurch zurück zum Alfsee. Über die Westerfeldstr. wird der **Erholungspark** erreicht. Über die Barlager Str. erreichen wir Rieste, weiter am Bahnhof und am Gasthaus vorbei, dann via Neuenkirchener- und Von-Pallandt-Str. gelangen wir zum Kloster Lage.

Durch ein **altes Tor** und an der Gaststätte **„Alte Küsterei"** vorbei geht es zum Kloster, das im 13.Jhd. als Kommende der Johanniter gegründet wurde. Im Inneren der Klosterkirche hängt ein überlebensgroßes **Eichenkruzifix**.

Weiter geht´s auf der Lager Allee und weiter über Sunderstr., Große Wittefelderort zu **Rohde´s Heuerhaus**. Im Garten stehen um das restaurierte Haus herum in Form geschnittene Büsche und Bäume. Dahinter passieren wir nach 1,4 km einen **Fachwerkhof**, radeln über Feldwege und die Hase hinweg durch einen Wald und links auf die Maschortstr.. Weiter über Riester- und Wittefelder Allee erreichen wir das Kloster.

Malerisch am Haseufer liegt **Kloster Malgarten.** Trotz der vielen Wirren in der Region blieb das Kloster eine „katholische Insel", wovon die barocke **Kirche St.Johannes** zeugt.

Weiter geht´s über die Wittefelder Allee, vor der A1 rechts, im Bogen links über die A1, 800 m später rechts auf den Malgartener Damm und über Vördener-, Alte Heerstr. und Auf der Luhr zum Mittellandkanal, der uns zurück nach Bramsche führt.

Tipp: Ein Abstecher führt am **Mittellandkanal** entlang nach **Kalkriese**. Hier tobte die **Varusschlacht** zwischen Römern und Germanen. Der **archäologische Park** lässt diese Geschichte auferstehen.

Kartentipp:
ADFC-Regionalkarte Osnabrücker Land 1:75.000,
ISBN 978-3-96990-022-2, 9,95 €

Digital für Smartphones und Tablets: www.fahrrad-buecher-karten.de/kartenapp

49 Großstadtflair im Grünen

Von Osnabrück nach Sutthausen

In der Altstadt Osnabrücks wurde mit dem Westfälischen Frieden Geschichte geschrieben. Genauso historisch ist die Altstadt, die wir in Richtung Natur verlassen.

111Touren Info:

47 km, meist flache Rundtour mit wenigen Hügeln über Nebenstraßen und Radwege.
Start / Ziel: Bahnhof Osnabrück
Info: www.osnabrueck.de

Der preußische **Hauptbahnhof** bildet den sehenswerten Auftakt für eine Runde durch die Innenstadt. **Pernickelmühle, Dom St.Peter, St.Marienkirche**, der **Marktplatz** mit alten **Kaufmannshäusern** und natürlich das **Rathaus des Westfälischen Friedens** (hier wurde das Miteinander der Konfessionen festgeschrieben) sind Ziele erster Klasse, die das Losradeln deutlich verzögern dürften.

Los geht´s vom Bahnhof über Mörserstr., Haarmannsbrunnen, Herrenteichswall und Hase-Brücke zur Pernickelmühle. Die Hasestr. bringt uns zum **Dom**, über den **Markt** gelangen wir zum **Rathaus.** Hinter der Bierstr. zweimal rechts in Loh-, links in die Hasestr., wieder links in den Vitihof und geradeaus in die Stüwestr. Unser weiterer Streckenverlauf ist wie folgt: Wachsbleiche, Hase-Ufer-Weg (für 1,4 km), Römereschstr., Kiefernweg, 200 m auf einem Schotterweg, entlang der Hase und den

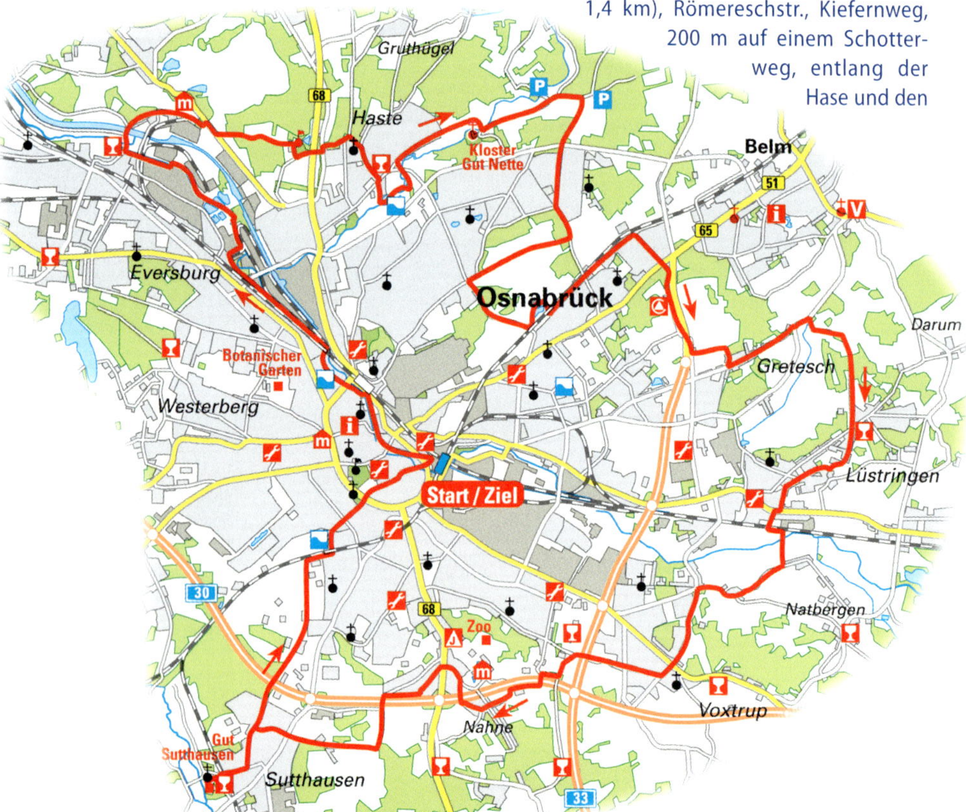

In der Stadt des Westfälischen Friedens

Bahngleisen, Von-Kerssenbrock-Allee, über den Kanal, rechts in den Süberweg, hinter der Disko links in den Honeburger Weg zum **Gut Honeburg**, das einst als Wasserburg erbaut wurde. Hinter „Im Hone" geht es über einen Hügel über Hardinghaus-, Bramstr., Insterburger Weg am Nettebad vorbei zum Östringer Weg und zur **Nackten Mühle**. Auch zur **Wassermühle Nettetal** ist es nicht weit.

Auf dem freien Feld, weit weg von Bergen und Wäldern, stand diese Mühle, die fortan **„nackte Mühle"** genannt wurde. Heute ist es ein „technisch-ökologischer Lernort".
Die **Wassermühle Nettetal** wurde aus historischen Baustoffen originalgetreu restauriert - heute wird in den Steinmahlgängen Biogetreide gemahlen.

Weiter geht´s den Schildern ORT (Osnabrücker Rundtour) folgend. Wer abkürzen mag, kann zwischendurch auf der B 51 direkt zurück ins Zentrum radeln. Nach Unterqueren der Autobahn biegen wir links in Daumeyers Weg. Über Gretescher Weg, Balmer Str., Stadtweg, Ziegeleistr., Mindener Str. und Hasewinkel erreichen wir die Gleise, hinter denen wir links einem Schotterweg folgen, der in eine Teerstraße durch die **Bauernschaft Düstrup** mündet. Am Kreisel links am **Gut Sandfort** und einer **Bruchsteingärtnerei** vorbei, weiter über Meller Str., Am Mühlenkamp und nach 1,3 km hinter der Autobahn links bis zur Brüningsquelle. Bei unserer Tour durch Langenkamp, Schäferskamp, Nahner Landwehr, Im Nahner Feld, Wiesentalstr., Herrmann-Ehlers-Str. und Middenkamp kreuzen wir auf unserem Weg zum **Forsthaus** noch mehrmals die Autobahn. Die Radroute TS (Teuto-Senne) bringt uns an Bahngleisen entlang vorbei an **Freibad** und **St.Johannis-Kirche** zurück zum Bahnhof.

Tipp: Am Forsthaus lockt ein kurzer Abstecher zur **Sutthauser Mühle** mit einer kleinen romanischen Kirche. Die Mühle bietet heute Platz für Berufsbildende Schulen in kirchlicher Trägerschaft. Das Gasthaus zählt zu den schönsten **Gartenlokalen** der Region.

Kartentipp:
ADFC-Regionalkarte Osnabrücker Land 1:75.000,
ISBN 978-3-96990-022-2, 9,95 €

Digital für Smartphones und Tablets: www.fahrrad-buecher-karten.de/kartenapp

50 Ein Meer mitten im Land

Von Wunstorf um das Steinhuder Meer

Rund um das Steinhuder Meer radeln wir vorbei an geschützter, ruhiger Natur und genießen die Blicke hinüber zur Schloss-Insel. Ein Abstecher zum Saurierpark versetzt uns einige Millionen Jahre zurück.

111Touren Info:

43 km, flache Rundtour meist über Radwege.
Start / Ziel: Bahnhof Wunstorf
Info: www.wunstorf.de

Wunstorf geht aus einem 871 erwähnten **Kanonissenstift** hervor. Die heute zu sehende **Stiftskirche** ist ein Mix aus unterschiedlichen Stilrichtungen. An der **Marktkirche** hängt ein **eiserner Korb**, in dem lange Zeit der Skalp eines Brandstifters gezeigt wurde, um andere abzuschrecken.

Los geht´s vom Bahnhof Wunstorf den Rad-Schildern „Steinhuder Meer-Dümmer See" folgend unter dem Busbahnhof her, dann über Blumenauer Str. und Lutherweg, am Bahndamm rechts, über den Bach, links durch die Bahnunterführung sowie auf der Stiftstr. durch das Zentrum von Wunstorf. Aus der Fußgängerzone rollen wir bei nächster Gelegenheit hinunter in die Senke der Westaue, durch einen Wald bis zur Brücke und schließlich den Schildern folgend nach Steinhude.

In Norddeutschland wird jeder „blaue Fleck" auf der Karte „Meer" genannt, so wie man dort nicht ans Meer, sondern an die „See" geht. Wo wir nun den zweiten Teil des See-Namens geklärt haben, können wir uns dem ersten Teil widmen. Dies lohnt sich, denn in den **Gaststätten in Seenähe** lässt sich angenehm rasten. Das **Heimatmuseum** erklärt alles

Am Steinhuder Meer lohnt das Segel setzen

Wissenswerte zur Region, auch zur Entstehung der beiden künstlichen Inseln, von denen eine zum Baden dient und die andere das private Schloss Wilhelmstein beherbergt. Auf dieser Insel wurde auch der **Steinhuder Hecht**, ein U-Boot-Vorläufer, getestet.

Weiter geht´s den dunklen Holz-Wegeweisern folgend rund um den See – ein „Verfransen" ist kaum möglich.

Tipp: Von Winzlar aus bietet sich ein Abstecher zum Rehburger Berg an. Hier wurden 250 **Fußabdrücke von Dinosauriern** gefunden, die teils 130 Mio. Jahre alt sind. Nicht nur für Kinder ist der **Saurierpark** ein lohnenswertes Ziel!

Weiter geht´s in Ufernähe den Schildern folgend vorbei an einem großen Sandstrand, an der mit Ferienhäusern bebauten Düne „Weißer Berg" durch ein Naturschutzgebiet nach Großenheidorn. Von hier aus ist es nur noch ein kurzes Stück zurück über Kleinenheidorn nach Wunstorf.

An der Hauptstr. von Großenheidorn können wir im **150 Jahre alten Gasthaus** Küker einkehren.

Kartentipp:
ADFC-Regionalkarte Hannover u. Umgebung 1:75.000,
ISBN 978-3-96990-025-3, 9,95€

Digital für Smartphones und Tablets: www.fahrrad-buecher-karten.de/kartenapp

51 Ein Fest der Farben – mal mit Federn, mal mit Blüten

Von Soltau über Walsrode

111 Touren Info

66 km, Rundtour meist auf befestigten Radwegen bzw. Straßen/Wegen, hügeliger, etwas anstrengender Verlauf, aber keine größeren Steigungen, teils Wegweisung als Leine-Heide-Radweg, Hohe-Heide-Radweg, Deutsche Fachwerkstraße bzw. als Lüneburger Heide Radweg

Start / Ziel: Bahnhof Soltau

Info: www.soltau.de

Die Lüneburger Heide ist völlig zurecht eine der beliebtesten Urlaubsregionen Deutschlands. Die liebliche, hügelige Landschaft wird unterbrochen von wunderschönen kleinen und größeren Ortschaften, dichten Wäldern und weiten Heideflächen. Das Highlight dieser Tour ist aber ohne Frage der wunderschöne Vogelpark Walsrode.

Farbenfroh empfängt uns das Ensemble von **Rathaus** und dem gegenüber gelegenen **Norddeutschen Spielzeugmuseum**. Auch das regionale Museum im ehemaligen Pastorenhaus liegt gleich in der Nähe. Hier erfahren wir mehr über die Geschichte von Stadt, Menschen, Handwerk und Gewerbe. Wenn wir uns auch die Kirche St. Johannis angesehen haben, widmen wir uns der **Fußgängerzone**, deren Mitte der Heiratsbrunnen markiert.

Los geht´s am Bahnhof von Soltau, den wir nach rechts über „Am Bahnhof" verlassen, um direkt links auf den Radweg entlang der Walsroder Straße abzubiegen. In der City rechts in den Georges-Lemoine-Platz. Ab hier folgen wir dem Leine-Heide-Radweg bzw. den Radwegen Deutsche Fachwerkstraße oder Lüneburger Heide über die Bahnschienen nach Tetendorf und weiter auf hügeliger Strecke mit einigen kurzen Steigungen durch Dorfmark und Bad Fallingbostel nach Walsrode.

Wunderbare Fachwerk- und Backsteinhäuser schmücken unseren Etappenort Dorfmark. Die Ortsmitte ziert der **Dorfbrunnen „Grefel Dorjen"** auf dem Marktplatz.

Walsrode lockt uns mit vielen Attraktivitäten

Tipp: Durch den hügeligen Verlauf kann die Kondition schonmal zur Neige gehen. Für diesen Fall bietet es sich an, in Dorfmark, Bad Fallingbostel oder Walsrode in die **Bahn** zu steigen und zurück nach Soltau zu fahren.

Erst 2002 bekam Fallingbostel das Prädikat „Bad" verliehen, was der langen Geschichte der Stadt als anerkanntem **Luftkur- und Kneippkurort** Rechnung trug.

Weiter geht´s von Walsrode, das wir auf der Poststraße und am Vogelpark vorbei verlassen. Der Hohe-Heide-Radweg geleitet uns vorbei an Benefeld, Jarlingen und Kettenburg nach Visselhövede. Wir verlassen den Ort über die Mühlenstraße und fahren über Eitze und Frielingen zurück nach Soltau, wo wir den Bahnhof ansteuern, um die Tour zu beenden.

In Walsrode verschnaufen wir am idyllischen **Klostersee** oder in einem der Cafés und Gaststätten in der Innenstadt. Das etwas abseits gelegene **Heidemuseum** ist eines der ältesten deutschen Freilichtmuseen. Wir finden eine Hofanlage, die um das typische Niedersachsenhaus alle Nebengebäude, wie Backhaus, Fachwerkscheune, Treppenspeicher (mit Bienenmuseum) zeigt, und noch vieles mehr.

Tipp: Die zahlreichen Statuen eines Tukan haben uns in Walsrode schon mehrfach darauf aufmerksam gemacht: Der **Vogelpark Walsrode** gehört unbedingt auf unser Tagesprogramm! Ein Rundgang durch den blühenden Garten Eden führt zu den wahren Stars des Parks: Das sind die unterschiedlichen Vögel, darunter „altbekannte", aber auch sehr exotische Artgenossen. Einige von ihnen werden in der vielleicht besten **Flugshow** des Nordens präsentiert. Mit viel Witz und Charme werden die gefiederten Akrobaten präsentiert – teils wird es durch die riesigen Flügelspannen richtig dunkel!

Überregional bekannt ist der **Heidepark Soltau** mit der größten Holzachterbahn der Welt und vielen weiteren Fahrgeschäften wie Wildwasserbahn, Hänge-Loopingbahn, oder Geisterbahn. Ein Besuch ist tagesfüllend!

Kartentipp:
ADFC Regionalkarten Rotenburg (Wümme)
1:75.000, ISBN 978-3-87073-673-6, 8,95 €
Lüneburger Heide 1:75.000, ISBN 978-3-96990-009-3, 9,95 €
Digital für Smartphones und Tablets: www.fahrrad-buecher-karten.de/kartenapp

52 Auf der Route des Heide-Express

Von Celle über Winsen (Aller)

111 Touren Info

55 km, Rundtour meist auf befestigten Radwegen bzw. Straßen/Wegen, hügeliger Verlauf, aber keine größeren Steigungen, teils Wegweisung als Aller-Radweg, Lüneburger Heide-Radweg bzw. als Deutsche Fachwerkstraße

Start / Ziel: Bahnhof Celle

Info: www.Celle.de

Die südliche Lüneburger Heide beschert uns eine hügelige und sehr abwechslungsreiche Tour. Nachdem wir im wunderbaren, historischen Celle gestartet sind, geleitet uns die Aller nach Winden. Nachdem wir die Grauen deutscher Geschichte verarbeitet haben, geht es neben der Trasse des Heide-Express wieder retour nach Celle.

Die **Residenzstadt** Celle bietet unglaublich viel Sehenswertes. Dies beginnt mit dem **Alten Reithaus**, von dem auch der französische Garten zu erreichen ist und setzt sich mit dem pompösen **Herzogschloss** fort. Auch dem Theater wurde neues Leben eingehaucht, dem Können des hauseigenen Ensembles ist in einem der ältesten erhaltenen **Hoftheater** beizuwohnen. Gleich gegenüber finden wir das **Bomann-Museum**, in dem Landesgeschichte und die Geschichte der Stadt lebendig werden.

Tipp: Besuchenswert ist auch das **„Erste 24-Stunden-Museum der Welt"**, das zu jeder Tages- und Nachtzeit Begegnungen mit Kunst ermöglicht. Übrigens: Wer das ganze Museum sehen mag, muss am Tag und bei Nacht kommen!

In der Altstadt von Celle ergeben wir uns den Eindrücken, denn uns umgibt herrliches **Fachwerk.** Viele Gebäude wurden 1601 bis 1603 errichtet und mit **Schnitzereien** und lateinischen Bibelsprüchen verziert. Natürlich müssen wir uns auch das **Rathaus** im Stile der Weserrenaissance und die1308 geweihte Stadtkirche St. Marien ansehen. Vom 75 m hohen **Turm** haben wir eine einmalige Aussicht auf das Ensemble darunter.

Los geht´s am Bahnhof von Celle, den wir nach rechts über den Bahnhofsplatz verlassen, um direkt rechts mit der Bahnhofstraße die Schienen zu unterqueren. Die ersten paar Kilometer verlaufen neben der B214, die wir dann nach rechts („Am Sportplatz") verlassen können. Die Schilder des Aller-Radwegs weisen uns den Weg vorbei an Hambüren I und Oldau nach Winsen (Aller).

Das Herzogsschloss ist das Prunkstück der schönen Stadt Celle

Winsen (Aller) ist ein anerkannter **Luftkurort**, der von der Natur verwöhnt ist. Es gibt die größte Seenlandschaft der Lüneburger Heide, dazwischen Wälder und Heideflächen. In **Gut Sunder**, einem Herrenhaus aus dem 16. Jhd. bekommen wir im NABU-Info-Zentrum Hintergrundwissen über die Teich- und Moorlandschaft geliefert. Neu aufgebaut wurde „Dat Grote Hus" von 1795, während die Bockwindmühle als Wahrzeichen der Stadt gilt.

Weiter geht´s von Winsen, das wir entlang der Waller Straße den Schildern des Lüneburger Heide-Radwegs folgend verlassen. Durch Walle gelangen wir nach Bergen-Belsen, wo wir rechts abzweigen und nach Offen weiterradeln. Eversen, Altensalzkoth Scheuen und Groß-Hehlen liegen auf unserem Weg zurück nach Celle, wo wir von der B3, hinter den Schienen rechts abbiegen und die Tour am Bahnhof beenden.

Etwas abseits von Winsen liegt der **Winser Museumshof**, eine typische Hofanlage aus dem 17. bis 19. Jhd. Und bei Wietze erzählt das Deutsche Erdölmuseum davon, dass hier tatsächlich einmal Öl gefördert wurde.

Kartentipp:
ADFC Regionalkarte Lüneburger Heide
1:75.000, ISBN 978-3-96990-009-3, 9,95 €
Digital für Smartphones und Tablets: www.fahrrad-buecher-karten.de/kartenapp

Tipp: Für die **Gedenkstätte Bergen-Belsen** brauchen wir starke Nerven. Es steht auf dem Gelände des ehemaligen Kriegsgefangenen- und Konzentrationslagers und berichtet schonungslos über die Gräueltaten zwischen 1941 und 1945. Zehntausende von Menschen, wurden hier unter menschenverachtenden Umständen gefangen gehalten. Unter ihnen war auch das 15jährige Mädchen Anne Frank, dessen Tagebuch nach dem Krieg veröffentlicht und in der ganzen Welt als erschütterndes Dokument des Rassenwahns bekannt wurde. Wie Anne Frank verloren unzählige Menschen in Bergen-Belsen ihr Leben.

Unser Rückweg verläuft genau neben der Trasse der Museumsbahn namens **„Heide-Express"**. Auf der ehemaligen Strecke zwischen Bleckede und Lüneburg verkehren heute historische Schienenfahrzeuge.

53 Hier geht´s rund

Von Gifhorn nach Wolfsburg

Dass in Wolfsburg die größte Autofabrik Deutschlands steht, ist weithin bekannt. Dass sich aber im Mühlenpark von Gifhorn die meisten Museums-Mühlen in ganz Europa befinden, überrascht. Mit einer Tagestour lässt sich beides miteinander verbinden.

111Touren Info:

46 km, Rundtour meist auf befestigten Radwegen bzw. Straßen/Wegen, keine größeren Steigungen, gute regionale Wegweisung, Verkürzung möglich!
Start / Ziel: Gifhorn, Großraumparkplatz an der Schottischen Mühle
Info: www.gifhorn.de

Die prunkvolle Vergangenheit Gifhorns wird uns am tollen **Schloss** vor Augen geführt. Doch auch die übrige Innenstadt mit Altem Rathaus, dem **Höferschen Haus** und weiteren Fachwerkbauten weiß uns zu begeistern. An der Hauptattraktion Gifhorns startet unsere Radrunde: Im 1980 eröffneten **„Internationalen Mühlen-Freilichtmuseum"** strahlen 16 großartige Mühlen um die Wette, darunter Mühlen aus Portugal, Griechenland, Spanien und Holland. Das Gelände ist sagenhafte 16 ha groß. In einer Ausstellungshalle gibt es Modelle verschiedener Wasser- und Windmühlen zu sehen. Ebenfalls auf dem Mühlengelände befinden sich die russisch-orthodoxe Holzkirche des Heiligen Nikolaus mit einigen wertvollen Ikonen und das **Kulturinstitut „Die Brücke"**. Die bis zu 27 m hohen insgesamt 8 Kuppeln sind teilweise vergoldet und einem altrussischen Kloster nachempfunden.

Tipp: Der „Zickenaugust" ist das Maskottchen des alljährlich stattfindenden **Altstadtfestes** von Gifhorn. Die Stadt war auch lange als „Zickenstadt" bekannt, was noch heute am „zickigen" **Denkmal** in der Fußgängerzone deutlich wird.

Zeit, dass sich was dreht im Mühlenmuseum

Los geht´s vom Parkplatz aus entlang der Lüneburger Straße stadtauswärts an der weiß getünchten Mühle vorbei. An der nächsten Ampelkreuzung rechts Richtung Wolfsburg auf den Radweg an der B 188. Es gibt ungetrübten Radelspaß, auf wechselnden Straßenseiten an Neuhaus vorbei nach Dannenbüttel, hier ist es etwas eng. Am Kieswerk und Beversee vorbei gelangen wir zur Unterquerung des Elbe-Seitenkanals und weiter nach Osloß.

Tipp: Familien mit Kindern, die die Tour abkürzen möchten, können hinter der Unterführung die Räder nach oben zum Kanal schieben. Auf dem **Treidelpfad** den Kanal entlang. Hinter den Seen müssen wir wieder herab und können neben der Straße zurück nach Gifhorn.

Das Örtchen Osloß weiß mit einigen **Fachwerkhäusern** zu gefallen, die in unterschiedlichen Farben daher kommen.

Weiter geht´s von Osloß für eine kurze Strecke auf dem Mehrzweckstreifen bis zu einer Ampelkreuzung, an der wir unsere Tour rechts nach Gifhorn verkürzen können. Die lange Tour führt über Warmenau, Kreuzheide und Tiergartenbreite nach Alt-Wolfsburg. Wir rollen vor der Autostadt her, passieren den Kanal und biegen rechts ab, Oststraße, Kanalquerung, Stellfelder Straße und dann durch das VW-Werk zur Nordstraße. Hier links und geradeaus zurück nach Gifhorn. Von der Ortsmitte aus folgen wir den Schildern „Mühlenpark" zurück zum Startpunkt.

Tipp: Nicht nur für Kinder interessant ist das **Phaneo** in Wolfsburg, Wissenschaft mit 250 interaktiven Experimentierstationen begreifbar gemacht. Imposant ist **Schloss Fallersleben** mit Zwiebelturm, Ziergiebeln und Heimatmuseum. Und ja: Hoffmann von Fallersleben, dessen berühmtestes Werk die deutsche Nationalhymne ist, stammt tatsächlich von hier. Ein Besuch der Autostadt mit ihren markanten Autotürmen und dem (VW-) **Automuseum** gehört immer zum Pflichtprogramm.

Kartentipp:

ADFC Regionalkarte Braunschweig und Umgebung 1:75.000,
ISBN 978-3-96990-124-3, 10,95€

Digital für Smartphones und Tablets: www.fahrrad-buecher-karten.de/kartenapp

54 Wo sich schon der Herzog bildete

Von Braunschweig über Wolfenbüttel

111 Touren Info

34 km, Rundtour meist auf befestigten Radwegen bzw. Straßen/Wegen, eine größere Steigung mit rund 50 Hm, sonst keine größeren Steigungen, teils Wegweisung als Weser-Harz-Heide-Radfernweg

Start / Ziel: Hauptbahnhof Braunschweig

Info: www.braunschweig.de

Aus der quirligen und spannenden Großstadt Braunschweig rollen wir hinaus zum Bürgerpark. Nachdem wir hier durchgeatmet haben, geht's am Fluss Oker entlang nach Wolfenbüttel, das viele Sehenswürdigkeiten bereithält. Mit einer kräftigen, aber nicht allzu schwierigen Steigung radeln wir dann „über´s Land" wieder retour.

Braunschweig kann nicht nur auf eine lange Geschichte zurückblicken, sondern auch darauf stolz sein, inzwischen die zweitgrößte Stadt Niedersachsens zu sein.

Tipp: In der Innenstadt finden wir den **Braunschweiger Löwen**, der auf den Burgplatz blickt. Das Wahrzeichen der Stadt erinnert an die Zeit Heinrichs des Löwen.

Braunschweig ist eine tolle Symbiose aus historischen und modernen Gebäuden. Die City ist daher in **fünf „Traditionsinseln"** aufgeteilt, die um die Gotteshäuser liegen: **Dom**, Aegidienkirche, Magnikirche, Martinikirche und Michaeliskirche. Hier verlieren wir uns in wunderbaren Ansichten, denn das **Altstadtrathaus**, die vielen Fachwerkhäuser und das **Happy-Rizzi-Haus** sind nur einige der Highlights.

Los geht´s am Hauptbahnhof von Braunschweig, den wir vom Berliner Platz aus auf der Seite des Bahnhofs entlang der mehrspurigen Straße nach links verlassen. Nach wenigen Metern geradeaus über die breiten Straßen hinweg und wenig später nochmals geradeaus über die mehrspurige Straße. Direkt dahinter links, am Südteich entlang und hinter dem Sportplatz noch vor der Unterführung rechts. Nachdem wir die Oker überquert haben links und schon sind wir auf dem Weser-Harz-Heide-Radfernweg, der uns bequem nach Wolfenbüttel bringt.

Eine der Braunschweiger Traditionsinseln

Wolfenbüttel empfängt uns mit einer wunderschönen **Altstadt**, die noch bestens erhalten ist, weil es nur wenig Kriegsschäden gab. Den Ortsmittelpunkt markiert der **Stadtmarkt**, wo wir auch **Herzog August** mit seinem Pferd entdecken. Eine weitere Berühmtheit der Stadt war Lessing – ihm zu Ehren steht vor dem Lessinghaus auch ein Denkmal, das **Nathan den Weisen** ehrt, den wir aus den Werken des Dichters kennen. Der vielleicht schönste Bereich liegt an der Oker – gerne spricht man hier von **Klein-Venedig**. Ansehen müssen wir uns auch **Schloss Wolfenbüttel**, das zweitgrößte Schloss Niedersachsens.

Tipp: Herzog Julius zu Braunschweig-Lüneburg begann einst, während des Studiums Bücher zu sammeln. So wurde die **Herzog August Bibliothek** bis zum 17. Jahrhundert zur größten Bibliothek nördlich der Alpen und auch das „8. Weltwunder" genannt.

Etwas südwestlich der Stadt liegt das ehemalige **Bergwerk Asse**, das in die Schlagzeilen kam, als hier ein unterirdisches Endlager für atomare Abfälle erprobt wurde.

Kartentipp:
ADFC Regionalkarte Braunschweig & Umgebung
1:75.000, ISBN 978-3-96990-124-3, 10,95 €
Digital für Smartphones und Tablets: www.fahrrad-buecher-karten.de/kartenapp

Weiter geht´s von Wolfenbüttel, das wir vom Kornmarkt aus über die Reichsstraße/Holzmarkt nach links über die Breite Herzogstraße verlassen. Am Kreisel geradeaus, geradeaus auf die B79, rechts in die Räubergasse und dann auf dem ansteigenden Radweg und hinter dem Kleingartenverein rechts hinaus aus der Stadt. Atzum, Apelnstedt und Hötzum liegen auf unserem Weg zurück nach Braunschweig. Hier folgen wir hinter der Autobahn links den Radwegen entlang der B1 und (links-links) der B248 zum Hauptbahnhof, wo unsere Tour endet.

Auf unserem Rückweg liegt der Ort Apelnstedt, dessen Mitte durch einen einstigen Versammlungsplatz, den sogenannten „**Linden-Thie**" markiert wird. Wenn wir bei der Kirche genau hinsehen, entdecken wir einen **7-strahligen Stern** mit der Zahl 1455 auf einem Stein. Dies erinnert daran, dass hier in diesem Jahr die erste Kirche entstand.

55 Am Nordrand des Harz´ entlang

Von Bad Gandersheim nach Goslar

111 Touren Info

42 km, Streckentour meist auf befestigten Radwegen bzw. Straßen/Wegen, anstrengende Tour mit mehreren Steigungen, größtenteils Wegweisung als Europaradweg R1 bzw. als Radweg Deutsche Einheit

Start: Bahnhof Bad Gandersheim

Ziel: Bahnhof Goslar

Info: www.bad-gandersheim.de

Eine anstrengende Tour erwartet uns, was auch nicht überraschend ist im Harz, dem nördlichsten deutschen Mittelgebirge. In einem stetigen Auf und Ab kurbeln wir durch eine wunderbare Landschaft und haben zwischendurch immer wieder etwas zu sehen. Mal sind es tolle Aussichten, mal historische Gebäude und die ein oder andere Hexe „läuft uns auch über den Weg".

Die heilende **Sole** tief aus der Erde sorgte dafür, dass Gandersheim als „Bad" geadelt wurde. Schon im Jahre 881 wurde das Stift Gandersheim geweiht, was wir an der romanischen Kirche **St. Anastasius und St. Innocentius** nachvollziehen können.

Tipp: Das **Museum Portal zur Geschichte** ist zweigeteilt und daher doppelt interessant: In der Gandersheimer Stiftskirche wird der lang verschollene Kirchenschatz gezeigt und in der Klosterkirche Brunshausen geht es um Textilien, Kunstwerke und Frauen aus der Stiftsgeschichte.

Von der Kirche ist es nicht weit in die **Altstadt** mit dem Fachwerkhaus Bracken, das bereits 1473 errichtet wurde. Es ist das älteste von vielen **Fachwerkhäusern**, die sich an den Gassen entlang ziehen. Das **Historische Rathaus** wurde im Stile der Renaissance gebaut, wobei die alte Moritzkirche an dieser Stelle einbezogen wurde.

Los geht´s am Bahnhof von Bad Gandersheim, den wir nach rechts über die Bahnhofstraße verlassen. An deren Ende rechts und direkt hinter der Unterführung links in „Hohenhöfen" weiter. Bei nächster Gelegenheit links unter den Gleisen her und weiter auf der Marienstraße. An der nächsten Kreuzung biegen wir rechts in die Braunschweiger Straße ein und haben Anschluss an den R1 bzw. Radweg Deutsche Einheit. Via Wol-

Strahlend in jeder Hinsicht – der Marktplatz von Goslar

perode, Bilderlahe, Seesen, Bornhausen und Neuekrug kommen wir mit deutlichen Steigungen nach Langelsheim.

Auf einem Teil unserer Strecke folgen wir den Schildern des **Harz-Rundweges**, der auf 310 km eine große Runde durch das Mittelgebirge zieht. Als Logo dient eine fliegende Hexe. Nicht nur der Brocken, sondern der gesamte Harz gilt als „Hochburg der Hexen". In der **Walpurgisnacht** finden daher in vielen Orten große Feste statt.

Tipp: Ein kleiner Abstecher führt nach Mechtshausen, wo der berühmte **Dichter Wilhelm Busch** im Pfarrhaus seine letzten Jahre verbrachte. Hier gibt es heute ein **Museum** und vor der Kirche finden wir die vielleicht berühmtesten seiner Schöpfungen: **Max und Moritz**.

Wir sind auf der Deutschen Fachwerkstraße unterwegs, daher können wir uns auch in Langelsheim auf einige gut erhaltene **Fachwerkhäuser** freuen.

Weiter geht´s von Langelsheim mit Hilfe der Schilder des R1 bzw. Radweg Deutsche Einheit über Herzog Juliushütte nach Goslar, wo unsere Tour am Bahnhof endet.

Goslar ist ein erstklassiges Tourziel, denn rund um den **strahlenförmig gepflasterten Marktplatz** finden wir viele Gaststätten mit bestem Blick auf die Häuser der **Altstadt**. Diese wurde von der UNESCO unter Schutz gestellt und hält noch einige Fotomotive bereit, wie das gotische **Rathaus** mit seinem Huldigungssaal, Kaiserworth (das ehemalige Gildehaus), viele **Fachwerkhäuser**, Kaiserringhaus, Marktkirche St. Cosmas, Werderhof oder Bäckergildehaus.

Die Geschichte Goslars reicht weit zurück: Schon 979 wurde an dieser Stelle der Sitz einer **Kaiserpfalz** erwähnt, die seinerzeit für den reisenden König als „Unterkunft" gebaut wurde.

Außerhalb der Stadt liegt das ebenfalls als UNESCO-Weltwerbe geschützte **Erzbergwerk Rammelsberg** mit einer mehr als 1000-jährigen Bergbaugeschichte.

Kartentipp:
ADFC Regionalkarte Göttingen / Oberes Leinetal
1:75.000, ISBN 978-3-96990-060-4, 9,95 €
ADFC E-Bike Karte Harz 1:75.000, ISBN 978-3-96990-106-9, 9,95 €
Digital für Smartphones und Tablets: www.fahrrad-buecher-karten.de/kartenapp

56 Lügenbaron, Rattenfänger und andere Gestalten

Von Holzminden nach Hameln

Verträumte Landschaften, alte Dörfer, prächtige Schlösser und die Münchhausenstadt Bodenwerder prägen die Tour zwischen der Industrie- und Handelsstadt Holzminden und dem Weserrenaissance-Juwel Hameln. Die Weser wird zwischen den felsigen Muschelkalkbergen zu vielen Richtungswechseln gezwungen.

111Touren Info:

52 km, nahezu flache Streckentour mit einer kurzen Steigung; auf Nebenstraßen und Radwegen, perfekte Rad-Wegweisung.
Start: Luther-Kirche Holzminden
Ziel: Rattenfängerhalle Hameln
Info: www.hameln.de

Das Zentrum Holzmindens wird vom baumgesäumten **Marktplatz** markiert, an dem sich die **Luther-Kirche** und **sehenswerte Fachwerkbauten** empor recken. Hausberg Holzmindens ist der **„Monte Bello"**, der kahlköpfige, 503 m hohe **Köterberg**.

Los geht´s: Von der Luther-Kirche über Kirchstraße, Neuen Weg, Steinbreite, Rehwiese, Lindenallee und Im niederen Felde aus dem Ort hinaus in die Natur. In Ufernähe bis Bodenwerder.

In dem kleinen Städtchen ist der phantasievolle Geschichtenerzähler **Münchhausen** allgegenwärtig. Der einstige Stammsitz derer von Münchhausen dient heute als **Rathaus**. Klar, dass es hier auch ein **Erinnerungszimmer** mit der **Kanonenkugel** und auf dem Vorplatz einen **Münchhausenbrunnen** gibt.

Weiter geht´s auf dem rechten Ufer neben dem **Heiligenberg** her, am **Schloss Hehlen** (anderes Ufer) vorbei, das nur auf den ersten Blick

Im beschaulichen Weserbergland…

eher schmucklos wirkt. Durch das hübsche Dorf **Hajen** mit seiner romanischen Dorfkirche nach Grohnde mit dem beliebten **Fährhaus.** Kurz vorm Ziel liegt die **Domäne Ohsen** mit einer **Burg**, die einst als Wasserburg auf einer Weserinsel errichtet wurde.

Tipp: Über die **Weserbrücke** bei Ohsen erreichen wir mit einem lohnenswerten Abstecher über den beschilderten Emmertal-Radweg das **Schloss Hämelschenburg**, bei dem sich eine Führung lohnt. Die **Schlosskapelle** gilt als eine der ältesten protestantischen Kirchen des Landes.

Weiter geht´s an einer gut erhaltenen **Windmühle** vorbei nach Hameln.

Die **historische Altstadt** Hamelns ist vom Radweg bequem zu erreichen, aufgrund der Touristenscharen sollte das Sightseeing aber besser per pedes erfolgen. Ganze Busladungen von Touristen folgen dem Flötenspiel durch die Stadt und horchen der Rattenfängersage. Vergessen SIE aber nicht, die wahre Geschichte zu erfahren! Mit Kindern folgen Sie den aufgemalten **Ratten** und lernen mit aufgestellten Tafeln alles Wissens- und Sehenswerte. Es geht vorbei an **Rattenkrug, Bürgerhus, Lückingschem Haus, Hochzeitshaus** und **Marktkirche.**

…ist Münchhausen allgegenwärtig

Kartentipp:
ADFC-Regionalkarte Weserbergland
1:75.000, ISBN 978-3-96990-190-8, 10,95 €
Digital für Smartphones und Tablets: www.fahrrad buecher-karten.de/kartenapp

57 Gesunde Runde um den Doktorsee

Von Rinteln zum Kloster Möllenbeck

Der Weser-Radweg gehört seit vielen Jahren zu den beliebtesten Fernradwegen der Republik. Wenn Rinteln nicht zufällig ein Etappenziel ist, bleibt es oft bei einer kurzen Stippvisite. Schade, denn die kleine Fachwerk-Stadt an der Weser bietet nicht nur ein historisches Zentrum, sondern auch Badeseen und weitere Sehenswürdigkeiten „vor der Tür". Höchste Zeit, dass wir uns dies einmal ansehen!

111Touren Info:

13 km, Rundtour meist auf befestigten Radwegen bzw. Straßen/Wegen, keine Steigungen, regionale Wegweisung.
Start / Ziel: Rinteln
Info: www.rinteln.de

Die Innenstadt von Rinteln ist toll: In der kleinen **Fußgängerzone** laden uns Cafés und Biergärten zur Einkehr ein. Und die Straßen werden gesäumt von schmucken alten **Fachwerkhäusern**. Besonders schöne finden wir z.B. in der Schulstraße. Wer eher auf Backstein steht, besucht die Ritterstraße, denn hier stehen besonders viele Häuser in diesem Stil. Das reich verzierte **Rathaus** müssen wir uns ausgiebig ansehen, ebenso den in Fachwerk gehaltenen **Prinzenhof** und die **Jakobikirche**.

Im Mittelalter wurde Rinteln mit einer Stadtmauer zu einer richtigen Festung ausgebaut. Nach dem Schleifen der Wehranlagen ist davon heute nichts mehr übrig. Allerdings können wir den Verlauf noch heute an der **Parkanlage Blumenwall** nachvollziehen, denn hier lag einst der nordwestliche Teil der alten Festungsanlage.

Tipp: Wer mag, kurbelt von der Innenstadt hinauf zum sogenannten **Klippenturm**. Der Aussichtsturm lugt seit 1889 neugierig aus dem dichten Grün der Luhdener Klippe heraus. Wer es bis hierher geschafft hat, bewältigt dann auch noch gerne die 103 Stufen bis zur Plattform.

Los geht´s an der Weserbrücke von Rinteln, die wir über den Pferdemarkt verlassen. So gelangen wir zum Weser-Radweg, der uns am Ufer entlang und rund um den Doktorsee herum führt. An der Querstraße („Am Doktorsee) rechts, wenig später links „Am Kloster". So gelangen wir zielgenau zum Kloster Möllenbeck.

Aufregende Innenstadt...

Herrlich: Zunächst blicken wir rechts auf die Weser, dann radeln wir mitten durch die kleine Seenlandschaft, wobei der **Doktorsee** links von uns liegt. Er entwickelte sich wegen seiner guten Infrastruktur zu einem beliebten Ausflugsziel, wobei allein das Freizeitgelände eine Fläche von 152 ha umfasst. Bis 1960 wurde hier Kies abgebaut, wobei mehrere Seen entstanden, von denen einer Zugang zur Weser hat. Übrigens: Wir befinden uns hier genau auf der Grenze zu Nordrhein-Westfalen! Wer Ende Juli hier ist, kann das **Sommerfest** besuchen, dessen Krönung das Höhenfeuerwerk „Doktorsee in Flammen" ist.

Weiter geht´s vom Kloster Möllenbeck zunächst wieder auf dem Weg zurück, den wir herkamen. An der Weggabelung rechts und an der nächsten Querstraße wieder rechts. So kommen wir wieder zurück in die Stadtmitte von Rinteln.

An jeder Stelle, wo wir heute den Anblick des **Klosters Möllenbeck** genießen, stand schon lange ein Kloster. Der heutige Bau entstand zwischen 1478 und 1505. Dazu gehört auch die große **Klosterkirche** mit ihren markanten spitzen Türmen. Die evangelisch-reformierte Kirche ist heute Eigner der Anlage und sieht sich stets weltoffen. Wer zur rechten Zeit hier ist, bekommt das beim **Irish Folk Festival** oder beim Konzert „Möllenbeck rockt!" zu sehen und zu hören. Atemberaubend klingt auch die **Orgel** der Kirche, die 1909 unter Einbeziehung der alten Pfeifen neu gestaltet wurde.

...und tiefenentspannendes Kloster

Kartentipp:
ADFC-Regionalkarte Weserbergland
1:75.000, ISBN 978-3-96990-190-8, 10,95 €

Digital für Smartphones und Tablets: www.fahrrad-buecher-karten.de/kartenapp

58 Ein Heringsfängermuseum – so weit weg von der See?

Von Minden über Petershagen

111 Touren Info

71 km, Rundtour mit Möglichkeit zur Verkürzung, meist auf befestigten Radwegen bzw. Straßen/Wegen, so gut wie keine Steigungen, Wegweisung als Weser-Radweg

Start / Ziel: Bahnhof Minden

Info: www.minden.de

Der Weser-Radweg ist seit vielen Jahren einer der beliebtesten Flussradwege des Landes. Auf unserer Rundtour genießen wir ihn doppelt, denn wir rollen an einem Ufer hin, dann auf dem anderen retour. Storchennester und viele weitere Attraktionen gestalten die Route abwechslungsreich.

Bereits im Jahre 800 wurde Minden gegründet und später zum Bischofssitz, zur **Festungsstadt** und zu einer Verwaltung des Fürstentums ausgebaut. Klar, dass wir diese Geschichte noch hautnah in der tollen **Altstadt** erleben können.

Tipp: Im Mindener **Museum** erfahren wir mehr über die spannende Historie der Stadt. Auch über die Entwicklung des Kaffee-Unternehmens **„Melitta“**, das bis heute seinen Firmensitz hier in Minden hat, wird berichtet.

Ein Bummel durch die Mindener Altstadt wird zum Ausflug in die **Weserrenaissance**, denn viele Gebäude wurden in dieser Epoche errichtet. Besonders schön sind die Fachwerkhäuser in der „Fischerstadt“ und in der „**Museumszeile**“. Wenn wir genau hinsehen, entdecken wir auch Reste der alten Festung, die einst aus Mauern, Türmen und Toren bestand. Das wichtigste Bauwerk der Stadt ist der Dom **St. Gorgonius und St. Petrus**, der 800 durch Karl den Großen gegründet wurde.

Los geht´s am Bahnhof von Minden, den wir nach links über die Bahnstraße verlassen, um direkt Anschluss an den Weser-Radweg zu haben. Dieser führt uns vorbei an Leteln, Wietersheim, Frille, Lahde, Jössen, Windheim, Dören, Ilvese, nach Heimsen. In Hoppenberg nutzen wir die Brücke, um nach Schlüsselburg aufs andere Ufer zu wechseln. Dort rollen wir wieder auf dem Weser-Radweg via Müsleringen, Buchholz, Großenheerse und Ovenstädt nach Petershagen.

Burg Schlüsselburg wurde wohl nicht schlüsselfertig gebaut

Der Ort Schlüsselburg empfängt uns mit seinem **Scheunenviertel**. Hier steht ein Fachwerkhaus neben dem andern – einfach toll! Nicht minder imposant ist die 1335 erbaute **Burg Schlüsselburg**, die auf dem Mindener Wappen verewigt wurde.

Tipp: Die 71 km dieser Tour verlaufen zwar flach, können ungeübte Radler aber schnell an ihre Grenzen bringen. Daher sollte in Erwägung gezogen werden, die Weser bereits in Petershagen mittels **Brücke** oder in Windheim mittels **Fähre** zu überqueren. Letztere Option verkürzt die Tour auf rund 46 km.

Im Petershagener Ortsteil Heimsen stehen wir erstaunt vor dem **Heringsfängermuseum**, denn die Nordsee ist von hier ja noch weit entfernt. Die Kleinbauern der Region waren im 18. Jahrhundert sehr arm. Daher heuerten sie auf holländischen Heringskuttern an. Auf diese Geschichte blickt das Museum, das auch in schönen Fachwerkgebäuden untergebracht ist.

Petershagen bietet sich für eine Rast an, denn es gibt im Ortskern schöne Einkehrmöglichkeiten, viele davon mit Blick auf schmucke **Fachwerkfassaden.** Direkt an der Weser erhebt sich **Schloss Petershagen**, wo das Fürstentum Minden einst seine Verwaltung unterhielt.

Weiter geht´s von Petershagen auf dem Weser-Radweg vorbei an Heisterholz nach Minden. Hier nutzen wir mehrere Brücken, um über Weser und Mittellandkanal zurück zum Mindener Bahnhof zu gelangen, an dem die Tour endet.

Gegen Ende der Tour rollen wir am **Wasserstraßenkreuz Minden** vorbei – oder besser gesagt „genau darüber". Hier wird der Mittellandkanal über die Weser hinweg geführt. Auf 13 m Höhe „schweben" die Schiffe über eine 400 m lange Trogbrücke. Um das zu erreichen, sind gleich mehrere Schleusen erforderlich – ein Meisterwerk der Wasserbaukunst!

Kartentipp:

ADFC Regionalkarte Bremen-Minden-Mittelweser

1:75.000, ISBN 978-3-96990-049-9, 9,95 €

Digital für Smartphones und Tablets: www.fahrrad-buecher-karten.de/kartenapp

58 Im Lipperland

Von Höxter nach Schieder-Schwalenberg

Die Tour führt uns durchs Grubetal, vorbei an der **Abtei Marienmünster**, zum lippischen Maler- und Trachtenstädtchen Schwalenberg, von dort in den Schwalenberger Wald und um den Köterberg herum zurück ins Wesertal.

111Touren Info:

56 km, Rundtour mit mehreren Steigungen auf Radwegen und asphaltierten Straßen, nur im Schwalenberger Forst Waldwege.
Start/Ziel: Bahnhof Höxter
Info: www.hoexter.de

Höxter, eine der ältesten Städte Norddeutschlands, hat eine Menge Sehenswertes zu bieten. In der **Altstadt** finden wir das **historische Rathaus**, **die Dechanei, die Kilianikirche** und viele weitere Prachtbauten.

Los geht´s vom Bahnhof Höxter links unter der Bahnunterführung her und rechts über die Weserpromenade. Dem R1 folgend kommen wir via **Wallanlagen** und **Kriegerdenkmal** zum Bollerbach. Weiter auf dem R1 über Lütmarsen, Ovenhausen und Eilversen hinunter nach Vörden.

In Vörden sollten sie sich Zeit nehmen für das gut erhaltene **Schloss**, das auf einem Burggelände errichtet wurde und über einen wunderschönen **Park** verfügt.

Weiter geht´s dem R1 folgend durch den Ort, nach gut zwei Kilometern links. Später biegen wir nach rechts ab, radeln an einem **Wegkreuz** vorbei unter mächtigen **Linden**, dann durch Felder und Äcker und sehen nach einem kurzen Anstieg und einer Rechtskurve bereits die **Benediktinerabtei Marienmünster** vor uns.

Toller Turm am Rathaus von Höxter

Malkasten in ein Tal, wo wir auf den Radweg 12 stoßen, dem wir nach rechts folgen. Hinter dem Forsthaus rechts und nach etwa 500 m Anstieg wieder rechts. Wir folgen dem Weg bis zur B239 und kommen via Rischenau, Biesterfeld, Niese, Fürstenau und Brenkhausen zum **Kloster Brenkhausen**.

Das ehemalige **Benediktinerinnenkloster** von 1246 steht komplett unter Denkmalschutz.

Die **Abtei** wurde 1228 gegründet. Nach der teilweisen Zerstörung im Dreißigjährigen Krieg folgte der Wiederaufbau. Besonders sehenswert sind der **Barockaltar**, das **Chorgitter** sowie die **Orgel**.

Tipp: Unser weiterer Weg führt uns den Hinweisschildern **„Café Waldblick"** folgend zu einem Café, das mit seinem Standort mitten im Grünen auf dem **Klosterareal** förmlich nach einer verdienten Pause schreit.

Weiter geht´s vom Café aus links in den Forstweg. Wir treffen auf die Kreisstraße, der wir nach rechts folgen, und kommen an einem kleinen Teich vorbei, der immer wieder Reiherbrutstätte ist. Nach etwa 500 m erreichen wir den Weiler Oldenburg. Nach der folgenden rauschenden Abfahrt (10%) kommen wir nach Kollerbeck, durchradeln den Ort Richtung Schwalenberg, folgen der Niese und gelangen in den Kreis Lippe.

Schwalenberg reizt mit seiner **historischen Altstadt** und den **Fachwerkbauten**. Einer dieser Bauten ist das **Rathaus** von 1579. Hoch über dem Städtchen thront die **Höhenburg**. **Weiter geht´s** über den Marktplatz via **Hotel**

Die Anstrengungen werden durch die Abtei entschädigt

Der **Altar** in der Klosterkirche ist ein besonders sehenswertes Werk der Barockkunst.

Weiter geht's dem Radweg HX 3 folgend zurück zum Bahnhof von Höxter.

Kartentipp:
ADFC-Regionalkarte Ostwestfalen 1:75.000,
ISBN 978-3-96990-020-8, 9,95 €

Digital für Smartphones und Tablets: www.fahrrad-buecher-karten.de/kartenapp

60 Höhepunkte im Land der lippischen Rose

Von Paderborn nach Detmold

111 Touren Info

41 km, Streckentour, meist auf befestigten Radwegen bzw. Straßen/Wegen, in der Mitte eine langgezogene Steigung mit rund 200 Hm, aber keine größeren Steigungen, Wegweisung als Römer-Lippe-Route, bzw. Senne-Radweg

Start: Hauptbahnhof Paderborn

Ziel: Bahnhof Detmold

Info: www.paderborn.de

Mit einer kräftigen Steigung rollen wir durch das Lipperland und können uns auf erstklassige Sehenswürdigkeiten entlang der Strecke freuen, von denen eine „hoch auf dem Berg" liegt.

In Paderborn wurde 777 ein Reichstag unter Karl dem Großen abgehalten. Später entwickelte sich Paderborn zu einem der wichtigsten deutschen **Erzbistümer** und zur **Universitätsstadt**.

Tipp: An den **Paderquellen** gehen die „Waschfrauen ihrer Arbeit nach". Aus 200 Quellen strömt hier das Wasser. Die Reise der Pader ist nach nur 4 km zuende, wenn sich die Wogen mit der Lippe vermischen. An den Paderquellen steht der **Hohe Dom** St. Maria, St. Liborius und St. Kilian, mit seinem imposanten **Westturm**. Fotografieren müssen wir auch das **Dreihasenfenster** – ein Meisterwerk der Steinmetzkunst.

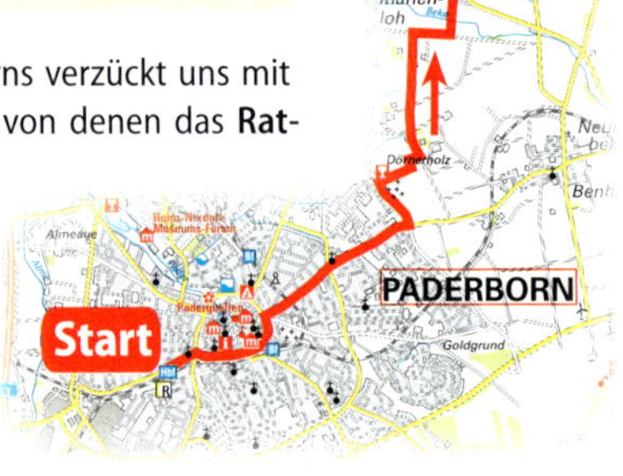

Die Innenstadt Paderborns verzückt uns mit historischen Gebäuden, von denen das **Rathaus** mit seinen drei Giebeln das auffälligste ist. Vor der Abfahrt widmen wir uns dem **Theodorianum**, einem Gymnasium, das zu den ältesten Schulen im deutschen Sprachraum gehört.

Los geht´s am Hauptbahnhof von Paderborn, den wir nach rechts verlassen, um wenig später rechts dem Radweg am Le-Mans-Wall zu folgen, der später zum Liboriberg

„Kraftort" Externsteine

und zum Busdorfwall wird. Hier sind wir bereits auf dem Römer-Lippe-Radweg, an deren Schildern wir uns nun orientieren können. An der Ampelkreuzung rechts in die Driburger Straße, sofort links in den kleinen Reismannweg und an dessen Ende rechts/links in die Benhauser Straße, die uns aus der Stadt hinaus bringt. Am Ortsende links in den George-Marshall-Ring ist Bad Lippspringe den Schildern der Römer-Lippe-Route folgend rasch erreicht.

Der **heilklimatische Kurort** Bad Lippspringe kommt uns genau recht, um Luft zu tanken vor dem anstrengenden Teil der Tour. Wie der Name vermuten lässt, finden wir im Ort die **Quelle** der Lippe. In ihr spiegeln sich die Reste der alten Burg Lippspringe.

Weiter geht´s von Bad Lippspringe auf der Römer-Lippe-Route bzw. auf dem Senne-Radweg mit kräftiger Steigung via Schlangen, Kohlstädt, Holzhausen-Externsteine und Berlebeck nach Detmold. Wir verlassen die Römer-Lippe-Route auf der Hermannstraße nach rechts (statt links) und erreichen den Bahnhof, wo die Tour endet.

Die 35 m hohe Felsengruppe der **Externsteine** spiegelt sich malerisch im kleinen See. Es wird gerne von einem „Kraftort" gesprochen, wobei die Wahrnehmungen der Besucher von körperlicher Erschöpfung bis hin zu neuer Energie, ja sogar Euphorie, reichen. Die Steine müssen wirklich etwas Besonderes sein, denn schon unsere Urahnen hatten hier eine **Kultstätte**.

Auf unserer weiteren Tour können wir weitere Stopps einlegen, wie im **Vogelpark Heiligenkirchen** oder in der **Adlerwarte**, wo die Herrscher der Lüfte bei Flugshows ihr Können zeigen.

Tipp: Der Aufstieg hat es in sich, doch die Belohnung ist einzigartig: Der **Herrmann** ist mit imposanten 27 m (mit Sockel 54 m) die **höchste Statue Deutschlands**! Sie zeigt den Cheruskerfürsten Arminius, genannt Herrmann, der im Jahre 9 n. Chr. die germanischen Stämme zusammenführte. So gelang es, den Römern eine entscheidende Niederlage beizubringen.

Detmold ist das ideale Tourziel, denn in der **Fußgängerzone** gibt es zahlreiche Einkehrmöglichkeiten. Gesäumt wird sie von prachtvollen **Fachwerk- und Bürgerhäusern**. In der Mitte steht das **Fürstliche Residenzschloss**, umgeben von einem Park. Sehenswert sind auch das Landesmuseum und das **LWL-Freilichtmuseum**, Deutschlands größtes Freilichtmuseum.

Kartentipp:
ADFC Regionalkarte Ostwestfalen
1:75.000, ISBN 978-3-96990-020-8, 9,95 €
Digital für Smartphones und Tablets: www.fahrrad-buecher-karten.de/kartenapp

61 Drahtesel und Pferde

Von Everswinkel nach Warendorf

Für Pferdefreunde ist diese Ecke des Münsterlandes ein Begriff. Rund um Warendorf radeln wir auf Radwegen und ruhigen Nebenstraßen an berühmten Gestüten vorbei.

111Touren Info:

33 km, flache Rundtour auf Nebenstraßen und Radwegen.
Start / Ziel: Kirche Everswinkel
Info: www.everswinkel.de
www.warendorf.de

Die Kirche von Everswinkel besticht durch ihre farbenfrohen **Gewölbemalereien**. Nicht weit davon finden wir restaurierte **Spieker**, die früher als Getreidespeicher, aber auch als **Wehranlage** und **Wohnstatt** in Kriegszeiten dienten.

Los geht's an der Kirche von Everswinkel zur Post und links in die Vitusstr. Nach 100 m wieder links („Am Magnusplatz") und rechts durch die Fußgängerpassage am Rathaus vorbei. Hier stoßen wir auf die Warendorfer Straße, auf die wir nach links abbiegen, den Schildern über die **Knotenpunkte** 22, 13 und 90 folgen und nach einige Kilometer in ruhiger Natur Müssingen erreichen. Dort biegen wir rechts ab („Alter Münsterweg") und gelangen geradeaus Richtung **Knotenpunkt** 1 auf den Heumarkt von Warendorf. Die Laurentiusstr. bringt uns zur gleichnamigen Kirche.

An der Stelle der heutigen **Laurentiuskirche** entstand um 800 im sächsischen Waratharpa eine der Urpfarreien des Münsterlandes. Im Inneren ist vor allem die Passion Christi am

Gehören zusammen: Pferde und Warendorf

Hochaltar zu bewundern. Unweit der Kirche finden wir rund um den **Marktplatz** alte **Bürgerhäuser**, die zum Verweilen auf dem Platz einladen.

Tipp: Für Pferdefreunde gibt es die Gelegenheit, von hier einen Abstecher zum nördlich der Ems gelegenen **NRW-Landesgestüt** zu unternehmen, wo sich auch der Sitz des **Deutschen Olympia-Komitees für Reiterei** befindet. Das Getümmel bei den alljährlichen **Hengstparaden** ist nicht nur für Pferdenarren ein Erlebnis.

Weiter geht's auf die Ems zu (**Knoten** 57), deren Ufer wir nach rechts folgen und über die **Knoten** 77, 81 und 53 Freckenhorst erreichen.

Das hübsche Örtchen mit seinen **Fachwerkhäusern** entstand aus einem Kloster. Dies wurde an der Stelle erbaut, wo ein Schweinehirt eine Erscheinung hatte. In der kreuzförmigen **Pfeilerbasilika** finden wir den schönsten **Taufstein** des Münsterlandes.

Weiter geht's von der Kirche über die Stiftsbleiche zum **Knoten** 36. Die Schilder über die **Knoten** 10, 17 und 65 bringen uns zurück nach Everswinkel und mit drei Mal rechts abbiegen zu unserem Startpunkt, der Kirche.

Kartentipp:
ADFC-Regionalkarte Münsterland 1:75.000,
ISBN 978-3-96990-084-0, 9,95 €

Digital für Smartphones und Tablets: www.fahrrad-buecher-karten.de/kartenapp

62 Im Radfahrer-Paradies

Von Havixbeck nach Münster

An den Wirkungsstätten der größten westfälischen Dichterin vorbei erreichen wir die Radel-Metropole Münster. Nach viel Natur außerhalb der Stadt gibt es hier viel zu sehen.

111Touren Info:

43 km, nahezu flache Rundtour auf Nebenstraßen und Radwegen.
Start / Ziel: Haus Havixbeck in Havixbeck
Info: www.havixbeck.de
www.muensterland-tourismus.de

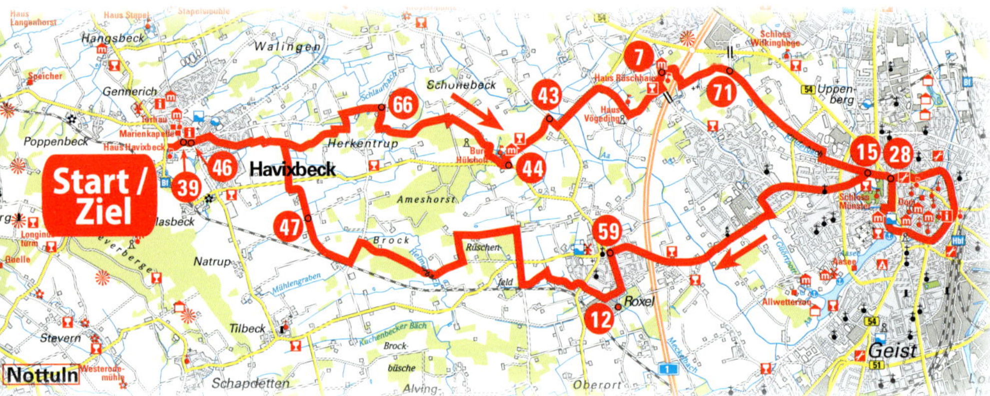

Haus Havixbeck ist ein stolzes Renaissance-Herrenhaus aus Sandstein. Seit über 400 Jahren wird es von der Familie von Twickel bewohnt, so dass uns nur die Außenansicht bleibt. Wer Sandstein aus der Nähe sehen mag, radelt ins Zentrum, denn rund um die **Kirche**, die mit ihren **Spiekern** (Speichern) eine Anlage bildet, gibt es viele Häuser aus diesem Material.

Los geht's von Haus Havixbeck auf der „100-Schlösser-Route", die uns durch wundervolle Natur über die **Knotenpunkte 39**, **46**, **66** und **44** zur **Burg Hülshoff** geleitet.

Am 10.Januar 1797 wurde hier Annette von Droste zu Hülshoff geboren, wobei damals keiner ahnte, dass sie hier fast 30 Jahre wohnen und zur größten Dichterin Westfalens werden würde. Ein **Museum** vermittelt alles Wissenswerte darüber. Allein die prachtvolle **Wasserburg** und der **Park** lassen die Zeit im Nu verfliegen.

Weiter geht's auf der „100-Schlösser-Route" über den **Knoten 43** zum **Haus Vögeding**.

Tipp: Der architektonisch ausgefallene Bau ist mit Führungen zu besichtigen. Auch in diesem von einer Gräfte umflossenen **Rüschhaus** lebte die Dichterin einige Jahre.

Weiter geht's – Sie ahnen es – auf der „100-Schlösser-Route" über die **Knoten 7**, **71** und **28** zum Grüngürtel der Promenade.

Der 4,5 km lange Ring um **Münsters Altstadt** entstand aus der mittelalterlichen **Befestigung**, von der heute nur noch wenig erhalten ist. Der **Turm** am Wegesrand ist ein „Was-

Münsterland: Das ist Radelland…

serbär", der den Wasserstand in den Gräben ausgleichen sollte. An **Zwinger**, **Erbdrostenhof** und **Lambertikirche** vorbei erreichen wir den **Prinzipalmarkt** mit seinem **Rathaus**.

Dem gegenüber liegt am Ende des Michaelisplatzes der **Dom**. Als dieser und ein **Kloster** (Monasterium) gegründet wurde, war auch der Stadtname geboren. Auch das **bischöfliche Palais**, die **Überwasserkirche** und das **Schloss** sollten wir gesehen haben – allerdings reicht die Zeit wohl kaum aus, alle Schätze dieser wundervollen Stadt zu erkunden.

…und Schlösserland

Weiter geht's vom Schloss über die **Knoten** 28 und 15 in die Einsteinstraße und treffen über die **Knoten** 59, 12 und 47 geradeaus wieder auf die Schilder der „100-Schlösser-Route". Diesen nach links folgend gelangen wir wieder auf dem gleichen Weg zurück zum Haus Havixbeck.

Kartentipp:

ADFC-Regionalkarte Münsterland 1:75.000,

ISBN 978-3-96990-084-0, 9,95 €

Digital für Smartphones und Tablets: www.fahrrad-buecher-karten.de/kartenapp

63 Münsterland oder Ruhrgebiet?

Von Haltern am See über Olfen

111 Touren Info

43 km, Rundtour meist auf befestigten Radwegen bzw. Straßen/Wegen, so gut wie keine Steigungen, Wegweisung hauptsächlich über Knotenpunkte

Start / Ziel: Bahnhof Haltern am See

Info: www.haltern-am-see.de

Wasser prägt diese Radtour – und zwar in unterschiedlichen Begebenheiten: Zunächst radeln wir zwischen der mäandernden Lippe und dem Wesel-Datteln-Kanal entlang, dann folgen wir ein Stück der „Alten Fahrt". Auf der Rückfahrt blicken wir über die Wogen von Hullerner und Halterner Stausee. Obendrein werden noch zahlreiche Sehenswürdigkeiten geboten!

Der „späte Neandertaler" hinterließ rund um Haltern bereits seine Spuren. Auch später siedelten die Menschen hier in Ruhe und Frieden, bis die **Römer** versuchten, Germanien zur römischen Provinz zu machen. Später gab es in Haltern die Stadtrechte und die **Händler** der Stadt unterhielten beste Kontakte zur Hanse, was Wohlstand bedeutete. Inzwischen hat sich Haltern zu einem beliebten **Naherholungs- und Ferienort** entwickelt.

Tipp: Erstaunlich: Einer der strategisch wichtigsten und größten Eckpfeiler des Römischen Reiches war einst das Römerlager Haltern, wobei es entlang der Lippe noch weitere Lager gab. Also gehört der Besuch des **LWL-Römermuseums** von Haltern unbedingt zum Pflichtprogramm – auf unterhaltsame Weise werden hier viele der archäologischen Funde aus der Region ausgestellt.

Die Innenstadt Halterns gruppiert sich rund um das schmucke **Alte Rathaus** mit seinen prächtigen Arkaden. Ansehen müssen wir uns auch das **Alte Pastorat**, den **Siebenteufelsturm** und den Gänsemarkt.

Los geht´s am Bahnhof von Haltern am See, den wir nach rechts über den Bahnhofszufuhrweg verlassen, um direkt rechts unter den Schienen her zu fahren. Die Recklinghäuser Straße bringt uns geradeaus und dann rechts zur Lippe. Hinter der Brücke links und auf dem Römer-Lippe-Radweg (**Knoten** 34, 55) vorbei an Ahsen nach Datteln (**Knoten** 33), wobei wir links des Kanals bleiben, um weiter über die **Knoten** 36 und 50) nach Olfen zu radeln.

Der erste Teil der Tour führt am Ufer des 60 km langen **Wesel-Datteln-Kanals** entlang. Dabei verbindet er den Rhein bei Wesel mit dem Dortmund-Ems-Kanal.

Tipp: Etwas abseits unseres Weges liegen in den Lippewiesen versteckt die Reste der ehemaligen Wasserburg Rauschenburg. Besser zu finden ist die Alte Fahrt des Dortmund-Ems- Kanals, an dem wir entlang radeln. Das gilt auch für die **Kanalbrücke „Alte Fahrt"** über die Lippe – eine Wasserstraße kreuzt die andere – sehr spektakulär!

Die schönen Arkaden des Rathauses

Datteln ist berühmt für sein Wasserstraßenkreuz mit kompliziertem Geflecht aus Kanälen, Schleusen und Sperrtoren. Es gilt als **größter europäischer Kanalknotenpunkt**.

Weiter geht´s von Olfen über die **Knoten** 50, 2, 98 und 32 um die Stadt herum. Am **Knoten** 32 biegen wir rechts in den Alten Postweg, der uns nach Hullern bringt, das wir geradlinig bis zum See durchfahren. Nach links am Südufer des Hullerner und am Nordufer des Halterner Sees entlang biegen wir vor den Bahnschienen links ab und erreichen unseren Startort, wo die Tour am Bahnhof endet.

Der 1985 fertiggestellte **Hullerner Stausee** dient genau wie sein „Nachbarsee" zur Trinkwasserversorgung des Ruhrgebiets. Ein kleiner Abstecher führt zum Damm, von dem wir eine herrliche Sicht auf´s Wasser haben. Von hier ist es auch nicht weit zur **Emkumer Mühle**.

Der 1,3 km lange Staudamm des **Halterner Sees** wurde zwischen 1927 und 1930 errichtet und später deutlich erweitert. Heute bietet eine Wasserfläche von mehr als 3 qkm ausgiebige Möglichkeiten zum Abkühlen und zum Wassersport. Auch einen Sandstrand, der an die Südsee erinnert, finden wir hier.

Kartentipp:
ADFC Regionalkarte Münsterland
1:75.000, ISBN 978-3-96990-084-0, 9,95 €
Digital für Smartphones und Tablets: www.fahrrad-buecher-karten.de/kartenapp

64 Ackerbau, Viehzucht und… Flamingos?

Von Bocholt über Rhede

111 Touren Info

34 km, Rundtour, meist auf befestigten Radwegen bzw. Straßen/Wegen, so gut wie keine Steigungen, teils Wegweisung als Radweg Bocholter Aa, 100-Schlösser-Route bzw. als Flamingo-Route

Start / Ziel: Bahnhof Bocholt

Info: www.bocholt.de

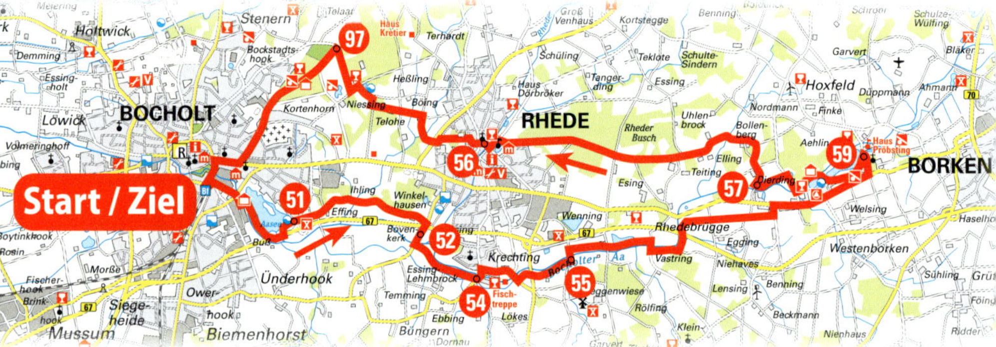

Nachdem wir uns in Bocholt begeistert das Historische Rathaus angesehen haben, rollen wir ganz entspannt um den Aasee herum, bevor es ins weite, flache Land geht. In der landwirtschaftlich geprägten Region ist „Entschleunigung" angesagt, und sogar Flamingos gibt es in der Region in freier Wildbahn – einfach herrlich!

Im 8. und 9. Jh., als Karl der Große seine Kriege gegen die Sachsen führte, wurde auch ein „Boholz" zum ersten Mal in den Geschichtsbüchern erwähnt. Später wuchs die Siedlung zu einer bedeutenden Stadt heran, die zu großem Wohlstand kam, als in zahlreichen Fabriken **Textilprodukte** hergestellt wurden.

Tipp: Das **Textilmuseum** von Bocholt ist einzigartig, denn seit 1989 können wir hier hautnah mit laufenden Maschinen erleben, wie ab 1900 Textilien hergestellt wurden. Besonders beeindruckend sind der Websaal und das Maschinenhaus.

Wenn wir vor dem **Historischen Rathaus** von Bocholt stehen, macht sich Begeisterung breit: Im Stile der niederländischen Renaissance entdecken wir zahllose filigrane Details, von denen die Arkaden und die Schaufassade sicherlich Höhepunkte sind. Rund um das Rathaus entdecken wir mehrere Kirchen, den wuchtigen **Wasserturm**, **Haus Woord** und viele weitere schmucke Gebäude.

Los geht´s am Bahnhof von Bocholt, den wir nach rechts verlassen, um direkt wieder rechts in die Industriestraße einzubiegen. Wir queren die Kreuzung schräg links und radeln parallel am Ufer des Flüsschens Pleystrang bzw. dem Aasee entlang. Die Schilder der

Leinen los zur Tretboot-Tour

100-Schlösser-Route bzw. später (ab **Knoten** 51) des Radwegs Bocholter Aa weisen uns den Weg via **Knoten** 52, 54, 55 und 57 nach Hoxfeld. Bevor wir jedoch den **Knoten** 57 erreichen, biegen wir rechts in die Bochholter Straße und fahren eine Schleife zum Pröbstinger See (**Knoten** 59). Über die Flamingo-Route und den **Knoten** 57 und 56 erreichen wir Rhede.

Wir rollen durch eine **landwirtschaftlich geprägte Region**. Weite Felder, auf denen Nutzpflanzen wachsen oder Kühe grasen, bestimmen rund um Bocholt das Bild.

Haus Pröbsting ist eine Augenweide – inmitten eines weiten Gartens erhebt sich würdevoll das strahlend weiße **Wasserschloss**. Seit 2000 werden die großen Räumlichkeiten als Klinik genutzt.

Dieser „Wendepunkt" der Tour ist für uns von Bedeutung, denn wir rollen zunächst am Ufer des idyllischen **Pröbstingsees** entlang und haben dann die Möglichkeit, uns im Badesee abzukühlen. Wer mehr Action sucht, findet die auf dem Erlebnisspielplatz und im **Kletterwald**.

Tipp: Nur wenige Minuten sind es vom Haus Pröbsting bis ins Zentrum von Borken, das uns rund um den **Marktplatz** mit vielen historischen Fassaden empfängt. Der auffällige **Kuhmturm** erzählt aus der Zeit, in der es hier eine Stadtbefestigung gab.

Die **Pfarrkirche St. Gudula** bestimmt das Stadtbild von Rhede, denn der 77 m hohe Kirchturm und die gotische Halle ragen weit aus dem Häusermeer heraus. Das schönste Fotomotiv aber ist **Schloss Rhede**. Das Herrenhaus mit seinen zwei Flügeln wird malerisch von Gräften umschlungen, die eingebettet sind in einen weitläufigen Park.

Weiter geht´s von Rhede zurück nach Bocholt zum **Knoten** 97, links in die Wiener Allee, am Kreisel geradeaus und am Ende der Straße rechts. Über den Ring nach links steuern wir den Bahnhof an, um die Runde zu beenden.

Nördlich von Bocholt liegt das Naturschutzgebiet **Zwillbrocker Venn** – kaum zu glauben, aber hier haben wir die Möglichkeit, von zwei Türmen aus **Flamingos** zu beobachten, die hier mit vielen anderen Wasservögeln zusammenleben. Etwa 40 Tiere sind es, die sich hier im nördlichsten Brutgebiet der Welt wohlfühlen.

Kartentipp:
ADFC Regionalkarte Niederrhein Nord
1:75.000, ISBN 978-3-96990-017-8, 9,95 €

Digital für Smartphones und Tablets: www.fahrrad-buecher-karten.de/kartenapp

65 Kunst und Kultur am Niederrhein

Von Kleve nach Kalkar

Wir radeln durch die Heimat großer Künstler – kein Wunder, dass Burgen, Schlösser und großartige Landschaft unseren Weg säumen.

111Touren Info:

52 km, flache Rundtour mit einer leichten Steigung, meist über Wirtschaftswege und Nebenstraßen.
Start / Ziel: Schwanenburg Kleve
Info: www.kleve.de

Vom **Schwanenturm** der gleichnamigen **Burg** bietet sich ein einzigartiger **Panoramablick** über Kleve und die Natur. In der Stadt locken **Museum Haus Koekoek** (Kunst und Heimat), **alte Villen** und das **Alte Kurhaus**. Dieser Prachtbau wird von herrlichen barocken **Gartenanlagen** und einem **Amphitheater** ergänzt.

Los geht´s vom Park der Niederrheinroute folgend vor dem Denkmal rechts in die Fußgängerzone (Schlossstr., rechts über Große- und links über Kavariner-, Minoritenstr. und Tiergartenstr. vorbei am Alten Kurhaus. Gegenüber des Parks links in die Wasserburgallee folgen wir dem Weg 1, an dessen Ende rechts, gleich wieder links in den Wald und weiter über die Straße nach Rindern mit seinem **barocken Herrenhaus** und der **Pfarrkirche**. Auf dem landschaftlich reizvollen **Drususdeich** am **Herrenhaus Gut Hogefeld** vorbei nach Düffelward. Via Wardhausen und Griethausen am Rheinufer entlang auf Weg 2.

Ein Magnet: das Schloss Moyland

Nach 3 km rechts Richtung Emmericher Eyland, wieder 2,5 km später scharf nach rechts. Den Schildern folgend kommen wir vorbei an Wissel und seinen Dünen nach Kalkar.

Die **Doppelturmbasilika** von Wissel ist ebenso wenig zu übersehen wie die **8 m hohen Dünen**, die der Wind aus Flugsand aufgetürmt hat. In deren Nähe bietet der **Wisseler See** die Möglichkeit für ein erfrischendes Bad. Der **mittelalterliche Kern** Kalkars wird von einer Mauer bzw. einem Wall umgeben und vom Leybach umflossen. Die Mitte bildet der von **Treppengiebelhäusern** umstandene **Marktplatz** mit seinem **Rathaus**.

Tipp: Aus dem Schnellen Brüter machte ein niederländischer Unternehmer den Freizeitpark **„Kernwasser-Wunderland"**.

Weiter geht´s an der **Lohwindmühle** mit ihrem alten Backofen vorbei, dann rechts über Brücke und Grabenstr. auf den Kalkarer Marktplatz. Diesen verlassen wir über die Altkalkarer Str. Links in der Jan-Joest-Str. finden wir die **St.Nikolai-Kirche** mit ihren kostbaren **Schnitzaltären**. Am Ende der Altkalkarer Str. überqueren wir die B 57 und folgen der Niederrheinroute nach **Schloss Moyland**.

Von überall her kommen die Gäste, um das großartige **Schloss** mit seinen **Gartenanlagen** zu bestaunen – nehmen auch wir uns Zeit dafür und für die **Kunstsammlung** im Schloss.

Weiter geht´s entweder einfach parallel der B 57 zurück nach Kleve oder aber schöner über Püttmannskath, Adrianshof, Hasselt, Schneppenbaum, Qualburg und Haus Freudenberg.

Kartentipp:
ADFC-Regionalkarten Niederrhein Nord 1:75.000,
ISBN 978-3-96990-017-8, 9,95 €

Digital für Smartphones und Tablets: www.fahrrad-buecher-karten.de/kartenapp

65 Radpilgerfahrt

Von Geldern nach Kevelaer

Jene Stadt, die der niederländischen Region Gelderland den Namen gab, ist Start unserer „Pilgertour": Feinschmecker pilgern zu den Spargelfeldern, Christen zum Marienwallfahrtsort Kevelaer.

111Touren Info:

50 km, flache Rundtour, meist über Wirtschaftswege und Nebenstraßen.
Start / Ziel: Marktplatz Geldern
Info: www.geldern.de

Im Laufe der Jahre wechselten die Besitzer Gelderns häufiger als in anderen Städten der Region, so gehörte es lange Zeit zur niederländischen Provinz Gelderland. So überraschen nicht die **alten Gebäude** wie die **Pfarrkirche St.Maria-Magdalena**, die **Heilig-Geist-Kirche**, der **Mühlenturm** oder der **Drachenbrunnen** auf dem **Marktplatz**.

Los geht´s vom Marktplatz über die Südgasse durch einen Park. An der T-Kreuzung rechts auf den Hof einer Getränkefabrik. Vor

deren Betriebsgelände links auf die Niederrheinroute. Deren Schildern folgen wir durch den **Spargelort Walbeck** an der erhöht stehenden **Steprather Mühle** vorbei und weitere Kilometer durch ruhige Natur.

Tipp: Hinter Walbeck liegt etwas abseits ein **Gedenkstein** für Major Dr. Klein-Walbeck, der den Spargelbau hierher brachte. Ebenfalls in der Nähe liegen die niederländische Grenze, das quadratische **Schloss Walbeck** und eine **Freizeitanlage**.

Weiter geht´s über den Verbindungsweg 44 durch Felder an Haus Steprath mit seinem 4-eckigen **Wachturm** vorbei via Twisteden und Wemb in die beschilderte Ortsmitte von Kevelaer.

Das Ziel der Pilger: Die Gnadenkapelle

Rund 800.000 Menschen pilgern seit 1642 jedes Jahr in diesen Marienwallfahrtsort, genauer gesagt zur **Gnadenkapelle**. Daneben wurden zwei weitere **Wallfahrtskirchen** erbaut, von denen eine einen besonders wertvollen **Altar** beherbergt. Eine Weiterfahrt ohne eine berühmte Kevelaer-Kerze geht fast gar nicht! Eher „Irdisches" sehen Sie im **Museum** für Volkskunde und den anderen Bereichen der **Innenstadt**.

Weiter geht´s auf der Niederrheinroute über Wetten mit seiner **Turmwindmühle** der Niers (Fluss) folgend zum Schloss Haag.

Das von Wassergräben umgebene **Schloss** ist eines der bedeutendsten Bauwerke des Niederrheins. Friedrich der Große, Napoleon I, Zar Nikolaus I und Kaiser Wilhelm I. waren prominente Gäste.

Weiter geht´s über die Niederrheinroute am Krankenhaus vorbei über ruhige Wohnstraßen ins Zentrum von Geldern.

Kartentipp:
ADFC-Regionalkarten Niederrhein Nord 1:75.000,
ISBN 978-3-96990-017-8, 9,95 €

Digital für Smartphones und Tablets: www.fahrrad-buecher-karten.de/kartenapp

67 Grüne Industriekultur

Von Essen-Katernberg zur Zeche Zollverein

Von „Schönste Zeche der Welt" bis „Eiffelturm des Ruhrgebiets" reichen die Umschreibungen des Weltkulturerbes Zeche Zollverein. Unsere Radeltour zeigt uns weitere Zechen und herrliche Ausblicke.

111Touren Info:

22 km, nahezu ebene Rundtour mit einer Steigung, meist über Radwege.
Start / Ziel: Bahnhof Essen-Katernberg
Info: www.zeche-zollverein.de

Los geht´s vom Bahnhof-Treppenabgang die Schonnebeckhofe querend. Links-rechts über Bullmannaue, Haldenstr., Arendahls Wiese erreichen wir den Schildern folgend auf der „Route der Industriekultur" **das „Erfahrungsfeld der Sinne"** und die **Zeche Zollverein.**

Schon 1920 gehörte die **Zeche** mit **zehn Schächten** zu den größten Bergwerken der Region. Danach entstand das heutige Aussehen, das für die Zechenarchitektur richtungsweisend war. Das **Doppelkopffördergerüst** ist heute eines der Markenzeichen des Ruhrgebiets. Zum **Weltkulturerbe** gehört auch die fast 1 km lange **Kokerei** mit **304 Koksöfen.** Um alles zu verstehen, nehmen wir am Besten an der 2-stündigen Führung teil, zu der eine Anmeldung erforderlich ist.

Tipp: In der ehemaligen **Maschinenhalle auf Schacht 3/7/10** zeigt uns der Parcours des **„Erfahrungsfelds der Sinne",** wie die Naturgesetze auf unseren Körper wirken.

Weiter geht´s auf dem Emscher Park Radweg, der uns an weiteren Zechengeländen und parallel zu den Bahngleisen zum nächsten Höhepunkt führt.

An der **Halde Rheinelbe** können wir sehen, wir sich die Natur Industriefläche zurück erobert. Oben ragt die **„Himmelsleiter"** empor, eine 30 m hohe **Megalithskulptur.**

Weiter geht´s am Fuße der Halde auf dem Emscher Park Radweg zur blauen Brücke. Hier geben wir Acht, dass wir den Abzweig über die Brücke nicht verpassen. Dahinter in spitzem Winkel links und auf dem Radweg zum **Wissenschaftspark Rheinelbe**. An der Hauptstr. links, der abknickenden Vorfahrt folgend und weiter auf der Leithestr. verlassen wir kurz vor dem Krankenhaus links die Straße und radeln weiter auf dem Emscher Park Radweg durch den **Rheinelbepark**. Die Schilder leiten uns ein Stück durch ruhige Natur. An einer Querstraße radeln wir links unter der Brücke her. Auf verwinkelten, teils holprigen Wegen erreichen wir den Revierpark Nienhausen.

Markenzeichen: Zeche Zollverein…

…und Halde Rheinelbe

Der 30 ha große **Park** markiert die Grenze zwischen Essen und Gelsenkirchen. Er gilt als eine der ältesten Grünanlagen des Reviers und hält einen gut ausgestatteten **Freizeit- und Erholungsbereich** für uns parat.

Weiter geht´s durch den Park und eine Straße querend zu den Bahnschienen. Nun radeln wir einfach parallel der Schienen weiter, erst rechts, dann links davon, queren eine andere (Ex-)Bahnlinie und biegen danach links rechts ab auf den Radweg nach Altenessen / Markt. Auf der ehemaligen Trasse einer Güterbahn radeln wir vorbei an **Zeche Carl** und dem **Malakowturm.** Dahinter gelangen wir wieder auf unseren Emscher Park Radweg, der uns zurück zur Zeche Zollverein bzw. zum Bahnhof Katernberg bringt.

Kartentipp:
ADFC-Regionalkarte radrevier.ruhr West
1:50.000, ISBN 978-3-96990-043-7, 9,95 €

Digital für Smartphones und Tablets: www.fahrrad-buecher-karten.de/kartenapp

68 Schlösser und Ruhrauen

Von Mülheim nach Essen

Abwechslungsreicher könnte eine Radtour nicht sein: Immer in Nähe der Ruhr radeln wir vom Wassermuseum durch ruhige Natur, die sich mit imposanten Schlössern und Villen abwechselt.

111Touren Info:

30 km, flache Streckentour meist über Radwege.
Start: Bahnhof Mülheim-Styrum
Ziel: Bahnhof Essen-Kupferdreh
Info: www.muelheim-ruhr.de
www.essen.de

Los geht´s vom Bahnhof Styrum über Hauskamp-, Limburg-, Eberhard- und Burgstr. zum Schloss Styrum.

Als **Hofgut** erbaut, wurde das Anwesen später zum **Schloss Styrum** ausgebaut. 1890 erwarb der Großindustrielle August Thyssen die Anlage, um sie den Familien seiner Generaldirektoren als Wohnung zur Verfügung zu stellen. 1960 ging das Schloss per Schenkung in Stadtbesitz über. Auch der nahe **Wasserturm** wurde von Thyssen zur Versorgung des Eisenwerks gebaut. Heute gibt es hier auf 14 Ebenen im **Aquarius Wassermuseum** alles Wissenswerte über das feuchte Nass zu entdecken.

Weiter geht´s auf dem Weg über die Ruhr und durch das ehemalige Gartenschau-Gelände zum **Schloss Broich**.

Das **Schloss** bildete einst das Zentrum der **Gartenschau** und beherbergt das **Heimatmuseum**. Im nahen **Wasserturm** können wir bei der **„Camera Obscura“** einen begehbaren Fotoapparat betreten und eine 360°-Aufahme der Region sehen.

Weiter geht´s am Europapavillon mittels Brücke über die Duisburger Str. und auf dem „Rundkurs Ruhrgebiet“ hinunter ins Ruhrtal. Es folgen **idyllische Kilometer** bis Kettwig. Wir unterqueren die Brücke, biegen nach rechts und schieben das Rad die Treppe hinauf. Auf der Landsberger Str. geht es über die Ruhr, hinter der Brücke rechts auf den Promenadenweg und wieder hinunter an die Ruhr.

Die **alte Weberstadt Kettwig** mit ihren gut erhaltenen **Bürger- und Fachwerkhäusern** ist heute ein Stadtteil von Essen.

Weiter geht´s am Fluss entlang. Vor Werden verlassen wir den Radweg hinter der Unterquerung der Ruhrtalstr.

Das Einfamilienhaus der Familie Krupp

Wir radeln geradeaus, an der Ampel links und geradeaus auf dem Radweg Richtung Kupferdreh entlang des Baldeneysees. Der Bahnhof wird über die Fußgängerbrücke und rechts auf der Prinz-Friedrich-Str. erreicht.

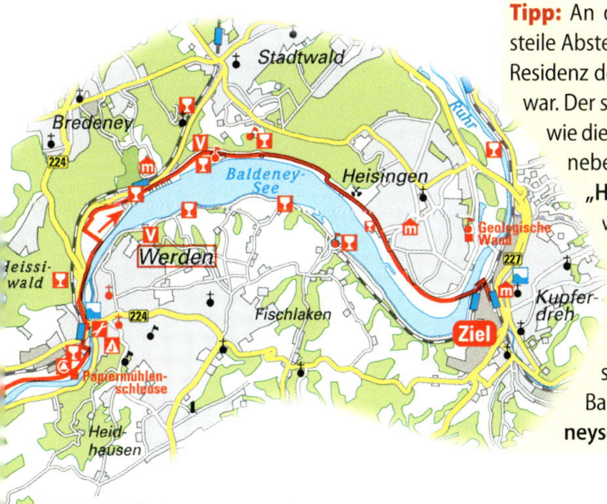

Tipp: An der **Regattastrecke** beginnt der steile Abstecher zur **Villa Hügel**, die bis 1945 Residenz der Großindustriellenfamilie Krupp war. Der schlossartige Bau ist heute ebenso wie die **Parks** zugänglich und beherbergt neben **Wechselausstellungen** in der **„Historischen Sammlung Krupp“** viele Informationen zur Familien- und Firmengeschichte. Wer nach dem Auf- und Abstieg müde ist, kann sich im sauberen Wasser des „Lago di Baldolino“ (**Baldeneysee**) erfrischen.

Kartentipp:

ADFC-Regionalkarte radrevier.ruhr West

1:50.000, ISBN 978-3-96990-043-7, 9,95 €

Digital für Smartphones und Tablets: www.fahrrad-buecher-karten.de/kartenapp

69 Die Ratte vom Pott

Von Hattingen nach Herbede

Die Tour verbindet den Mythos des Ruhrgebiets von Kohle und Stahl mit der einer gemütlichen Fahrt entlang der Leinpfade. Das traditionsreichste Hüttenwerk der Region liegt direkt am Weg.

111Touren Info:

29 km, flache Rundtour meist über Nebenstraßen und Radwege.
Start / Ziel: Bahnhof Hattingen
Info: www.verkehrsverein-hattingen.de

Los geht´s am Bahnhof Hattingen auf der Bahnhofstr. und links auf der Bochumer Str.. Hinter der Ruhrbrücke biegen wir rechts auf den Leinpfad entlang der Ruhr, auf dem früher die Pferde liefen, die die Lastkähne zogen. Bei 6,8 km biegen wir links in eine Allee (hier fehlen Schilder!), um weiter auf dem Leinpfad zum **Kemnader See** zu kommen.

Erst 1979 wurde dieser jüngste von vier Ruhr-Stauseen fertiggestellt. Heute ist er als Erholungsort für **Badende, Segler, Surfer** und **Ruderer** nicht mehr wegzudenken. Wer mag, fährt mit dem **Fahrgastschiff „MS Kemnade"**.

Weiter geht´s am Nordufer des Sees entlang. Hinter dem **Abenteuer-Schwimmbad** queren wir die Autobahn, um danach auch die Ruhr zu überqueren.

Tipp: Wer vor der Ruhrbrücke der »Route der Industriekultur« folgt, findet die **Zeche Nachtigall** mit einem Besucherstollen und einem Kohleschiff sowie das **Muttental**, in dem die Kohle früher an der Erdoberfläche abgebaut werden konnte (hin und retour ca. 8,5 km).

Weiter geht´s hinter dem Mühlengraben rechts und auf der Kaiserroute entlang des Südufers. Die schönen **Ausblicke** über den See finden in der **Wasserburg Haus Kemnade** mit ihrem Rittersaal den Höhepunkt: Rechts über die

Mal die Perspektive wechseln

Fußgängerbrücke, nachher links auf den Rundkurs Ruhrgebiet. Später geradeaus auf der Brockhauser Str., ehe wir die Ruhr überqueren. Direkt hinter der Brücke links Richtung Heinrichshütte und zurück ans Ruhrufer, dessen Verlauf wir nun bis zum Campingplatz folgen. Nach Überquerung der Museumsbahn geht es auf der Werksstr. zum **Westfälischen Industriemuseum Heinrichshütte.**

Zur besten Zeit fanden hier über 10.000 Menschen Arbeit – 1987 war endgültig Schluss, so dass wir heute das Gelände in Form eines Museums betrachten. Kinder folgen der „Ratte" bis zum **Hochofen 3**, die Arbeit der Werker wird in **Bildern** eindrucksvoll wiedergegeben.

Weiter geht´s nach Unterquerung der Hüttenstr. rechts im spitzen Winkel auf dieselbe hinauf. Über August-Bebel-, Martin-Luther- und Bahnhofstr. gelangen wir zurück zu unserem Startpunkt.

Nicht entgehen lassen dürfen wir uns **den mittelalterlichen Stadtkern Hattingens** mit mehr als **150 restaurierten Fachwerkhäusern**, dem superschmalen **Bügeleisenhaus**, dem **Zollhaus** und dem **Rathaus**.

Kartentipp:
ADFC-Regionalkarte radrevier.ruhr Ost
1:50.000, ISBN 978-3-96990-044-4, 9,95 €
Digital für Smartphones und Tablets: www.fahrrad-buecher-karten.de/kartenapp

70 Die donnernden Hämmer

Von Gevelsberg nach Hagen

In der Region um Hagen küssen sich das Bergische Land, das Sauerland und das Ruhrgebiet – wir bekommen dies mit der häufigen Präsenz von Industrie zu spüren. Aber genau die Industrie ist es, die uns im Freilichtmuseum soviel Freude bereiten wird. Hinter dem Museum wird es anstrengend, aber landschaftlich sehr beschaulich, ehe es an der heilenden Kluterthöhle vorbei zurück geht.

111Touren Info:

37 km, Rundtour, größtenteils auf bzw. neben Straßen, zwei teils anstrengende Steigungen.
Start / Ziel: Hauptbahnhof Gevelsberg
Info: www.hagen.de

Los geht´s vom Bahnhof auf die B 8 (Hagener Straße) Richtung Hagen. Vor Haspe liegt weiter links die ehemalige **Wasser-Ritterburg Rocholz**. In Haspe bleiben Sie entweder neben der Bundesstraße, die den Ort umrundet, oder sie radeln durch das **hübsche Örtchen** geradeaus. Später hinter der zweiten Bahnunterführung rechts den Bergischen Ring hinauf. Am Ende der nachfolgenden Abfahrt kommen wir an den Kirchplatz.

Im Zentrum von 5 Tälern und durchflossen von Ennepe und Volme siedelte sich in **Hagen**

Faszinierende Technik bietet das Freilichtmuseum

die Tuch-, Papier- und Stahlindustrie an. In den letzten Jahren wandelte es sich von der „grauen Maus" zur **Einkaufsstadt**. Sehenswert sind die **Johanniskirche** und das **Osthaus-Museum**. Osthaus war um 1900 herum Mäzen vieler Künstler, was dem Museum erstaunliche Exponate einbrachte.

Weiter geht´s von der Kirche auf der Frankfurter Straße durch Oberhagen und auf der Eilper Straße durch Eilpe mit dem **Stadtmuseum**. Hinter der Eisenbahnbrücke links in die Selbecker Straße („Halver"). Leicht bergan ist der „Knaller" der Tour schnell erreicht.

Das **Westfälische Freilichtmuseum** besteht aus mehr als 50 **historischen (Fachwerk-) Fabriken**, in vielen wird heute unter damaligen Bedingungen produziert. **Dampfhämmer** betäuben das Gehör, **Schmiede** schüren die Esse, **Bäcker** verbreiten Wohlgeruch... hier gibt es für jeden etwas zu sehen (und zu probieren).

Weiter geht´s auf der Selbecker Straße zunächst seicht, hinter Selbecke stark ansteigend. Nach kurzer Abfahrt und erneutem Anstieg entschädigt die Aussicht für die Mühen. Oben radeln wir rechts Richtung Ennepetal, das nach teils steiler Abfahrt erreicht wird.

In der **Kluterthöhle**, der längsten Naturhöhle Deutschlands, gibt es ein anerkanntes **Heilklima** gegen Asthma. Parallel zu unserer Hauptstraße stehen in der Voerder Straße **Fabrikantenvillen**.

Weiter geht's über die Neustraße und die Kölner Straße zurück nach Gevelsberg.

Kartentipp:
ADFC-Regionalkarte radrevier.ruhr Ost
1:50.000, ISBN 978-3-96990-044-4, 9,95 €

Digital für Smartphones und Tablets: www.fahrrad-buecher-karten.de/kartenapp

71 Sauerländer Tälerfahrt

Von Hohenlimburg nach Altena

Eine Schlösser- und Burgentour durch industriegeschichtliche Flusstäler verspricht diese Tour zu werden. „Sauerland" bedeutet aber auch „schweißtreibende Berge".

111Touren Info:

33 km, bergige Rundtour meist über Nebenstraßen.
Start / Ziel: Bahnhof Hohenlimburg
Info: www.hohenlimburg.net
www.altena.de

Los geht´s am Bahnhof Hohenlimburg auf der Bahnhofstr. über die Bahn. Geradeaus würden wir die imposante Befestigungsanlage **Schloss Hohenlimburg** erreichen. Über die Untere Isenbergstr. folgen wir den Schildern ins Nahmertal.

Wie an vielen anderen Stellen dieser Region, so siedelten sich ab dem 18.Jhd. kleine **Hammerschmieden** und später Großindustrie an, was an den heute leider verlassenen Bauten zu erkennen ist.

Weiter geht´s auf der wenig befahrenen Straße ständig leicht bergauf durch das Nahmerbachtal, ehe wir links zur **Brenscheider Mühle** abbiegen, die eines der schönsten **Mühlen-Ensembles** Westfalens darstellt. Nun geht es für 2 km in teils alpinen Kehren den Berg hinauf, ehe wir rechts auf die L 692 abbiegen. Mit tollen **Ausblicken** kommen wir bis Oevenscheid wieder zu Atem. Dann geht es zwar bergab, bei dem Gefälle ist das aber auch nicht so einfach!

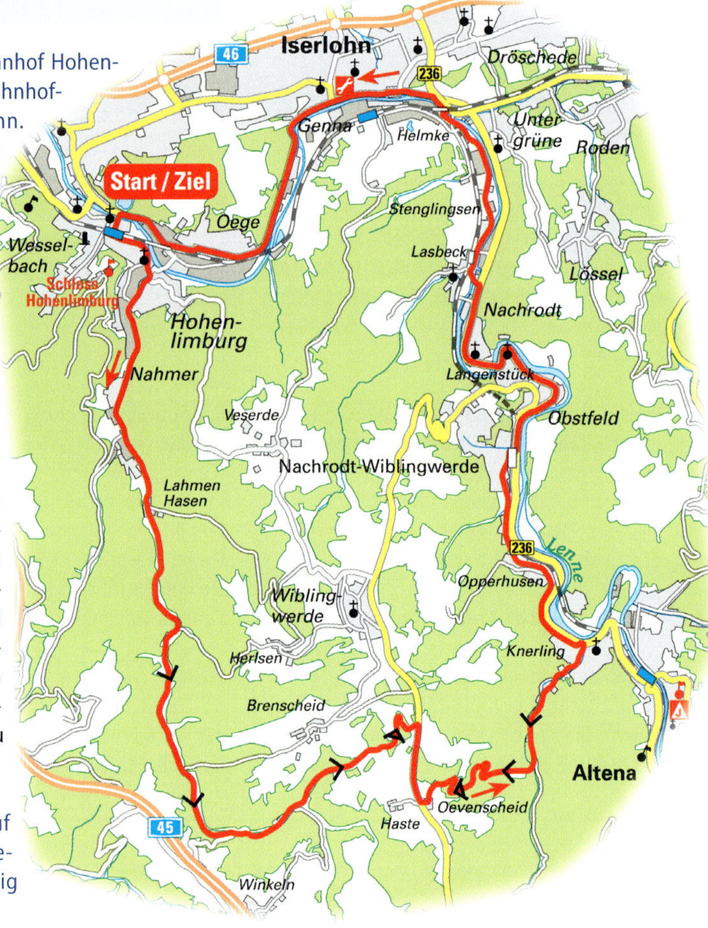

Die Geschichte der Jugendherbergen begann in Altena

Wir sind vor den Toren Altenas. Ein etwa 6 km langer Abstecher führt von hier über eine enge Straße und zum Schluss mit starkem Anstieg zur **Burg Altena**. Die Mühen lohnen sich, denn in dieser großartigen Anlage gibt es das **Museum der Grafschaft Mark** (Rüstungen, Waffen, etc.), das **Schmiedemuseum** und das **Museum Weltjugendherberge**. Letzteres zeugt davon, dass es hier einst die erste Jugendherberge der Welt gab.

Weiter geht´s durch das Lennetal, teils können wir einen Radweg oder kleine Straßen parallel zur Hauptstraße nutzen, oftmals geht es über die Straße via Einsal und Nachrodt. Nach der Lennebrücke unterqueren wir die B 236.

Tipp: Den Schildern über die Untergrüner Str. folgend erreichen wir nach kurzer Zeit (und mit wenig Steigung) die beschilderte **Dechenhöhle**, eine der schönsten und meistbesuchtesten Höhlen Deutschlands. Die **Tropfsteinhöhle** wurde entdeckt, als einem Bahnarbeiter der Hammer in einen Felsspalt fiel.

Weiter geht´s an der **Felsformation „Pater und Nonne"** entlang über Lennedamm und Oeger Str. an Letmathe mit einer hübschen **Ortsmitte** vorbei. In Oege radeln wir rechts auf die Oststr., in Verlängerung Feldstr. und wieder Oeger Str. An der Lennebrücke rechts abbiegend folgen wir den Schildern zurück zum Bahnhof.

Kartentipp:
ADFC-Regionalkarte radrevier.ruhr Ost
1:50.000, ISBN 978-3-96990-044-4, 9,95 €

Digital für Smartphones und Tablets: www.fahrrad-buecher-karten.de/kartenapp

72 Der Sauerlandring – besser als der Ring des Nibelungen

Von Meschede über Eslohe

111 Touren Info

40 km, Rundtour, meist auf befestigten Radwegen bzw. Straßen/Wegen, hügeliger Verlauf mit einer starken Steigung zu Beginn, Wegweisung als Sauerlandring bzw. Knotennetz

Start / Ziel: Bahnhof Meschede

Info: www.meschede.de

Tipp: Etwas außerhalb der Innenstadt liegt die **Abtei Königsmünster**, ein Benediktinerkloster mit Abtei- und Friedenskirche. Noch weiter bergauf finden wir das **Kloster Galiläa**, das 1810 als letztes Kloster Westfalens aufgehoben wurde.

Die Oper „Der Ring des Nibelungen" gilt als eines der aufwändigsten Bühnenwerke der Welt. Unsere Runde auf einem Teil des Sauerlandrings ist da viel weniger aufwändig, denn wir rollen meist auf einer alten Bahntrasse ohne allzu große Steigungen und vor allem abseits des Straßenverkehrs.

Im 9. Jh. war noch die Rede von „Mescedi" oder „Messcede", das etwas vom heutigen Stadtkern entfernt aus einer **karolingischen Wallburg** erwuchs. Dort gründete Emhildis ein **Damenstift**, dessen erste Äbtissin sie wurde. Später wurde Meschede zur Stadt und zu einem bedeutenden **Wirtschaftsstandort**.

Die lange **Fußgängerzone** von Meschede lädt zum Bummeln, Speisen und Rasten ein. Am deren Ende erhebt sich die **Pfarrkirche St. Walburga**, deren Kirchturm aus dem 9. Jh. stammt, als die Kirche noch Mittelpunkt des Stifts war. Vor dem Stiftsplatz stellt der Brunnen **„Kleines Welttheater"** Emhildis und die Stationen des menschlichen Lebens dar.

Los geht´s am Bahnhof von Meschede, den wir nach links auf der Le-Puy-Straße verlassen. Wir überqueren nach rechts auf der Ruhrstraße den Fluss und fahren auf dem Sauerlandring über den **Knotenpunkt** 22 zur 23 . Nun geht es nach rechts knackig den Berg hinauf zum Hennesee, den wir im Uhrzeigersinn umrunden. Zwischen Ferienhäusern und

Kanada? Nein, der Hennesee!

Campingplatz am **Knoten** 27 rechts über den Damm und direkt wieder links. Über die **Knoten** 26 und 45 erreichen wir mit der 44 den Ortsrand von Eslohe.

Die **Hennetalsperre** wurde errichtet, um Meschede und die umliegenden Orte vor Überschwemmungen zu schützen. In den 1950er Jahren musste sie neu angelegt werden, nachdem sie teilweise unterspült war. Inzwischen ist der 213 ha. große Hennesee ein sehr beliebter Urlaubs- und Ausflugsort – es gibt einen erstklassigen Campingplatz und eine große Feriensiedlung.

Weiter geht´s von Eslohe (**Knoten** 44), das wir auf dem Sauerlandring mit einer kleinen Steigung verlassen. Die ehemalige Bahntrasse bringt uns vorbei an Wenholthausen und Berge (**Knoten** 29) nach Wennemen (28). Ab hier folgen wir nach rechts dem Ruhrtal-Radweg zurück nach Meschede (**Knoten** 22), wo die Tour am Bahnhof endet.

Eslohe begrüßt uns mit schönen **Fachwerkhäusern** und mit dem **DampfLandLeute-Museum**. Hier können wir historische Motoren, Lokomotiven und Dampfmaschinen bestaunen. Weiterhin wird darüber berichtet, wie einst im Sauerland gelebt und gearbeitet wurde.

Tipp: Seit 2007 gibt es den 83 km langen **„SauerlandRadring"**. Dieser Radweg für Familien und Genuss-Biker folgt einer alten Bahntrasse und verbindet Schmallenberg, Lennestadt, Finnentrop sowie Eslohe miteinander. Ein Highlight ist der 689 m lange **„Fledermaus-Tunnel"** im Frettertal, der über das Jahr teilweise geschlossen wird, um die gefiederten Freunde nicht zu stören.

Kurz vor Ende der Tour schauen wir uns noch **Schloss Laer** an. 1268 erstmals als Lehnsgut von Stift Meschede erwähnt, wurde es Anfang des 17. Jahrhunderts komplett erneuert. 1669 und im 18. Jh. erfolgten Umbauten zum Herrenhaus und zum Schloss.

Kartentipp:
ADFC Regionalkarte Sauerland
1:75.000, ISBN 978-3-96990-147-2, 10,95 €
Digital für Smartphones und Tablets: www.fahrrad-buecher-karten.de/kartenapp

73 Tolle Aussichten im Hochsauerland

Von Winterberg über Olsberg

111 Touren Info

54 km, Rundtour, meist auf befestigten Radwegen bzw. Straßen/Wegen, in der ersten Hälfte weitgehend Gefälle, die zweite Hälfte mit stets starker Steigung, Alternative möglich, teils Wegweisung als Ruhrtal-Radweg

Start / Ziel: Bahnhof Winterberg

Info: www.winterberg.de

Winterberg ist DER Touristenmagnet im Hochsauerland. Vor allem Mountainbiker lieben die rasanten Abfahrten und Sessellifte. Wir lassen es ruhiger angehen und folgen dem exzellenten Ruhrtal-Radweg bergab bis Olsberg. Zurück geht's per Bahn oder mit anspruchsvollen „Bergwertungen".

Winterberg bietet alles, was wir von einem perfekten Urlaubsort erwarten: **Unterkünfte** vom Campingplatz über Ferienwohnungen bis zum Luxushotel, zahllose Einkehrmöglichkeiten, eine Innenstadt mit Shops und eine Flaniermeile.

Tipp: Im **Kurpark** können wir Konzerten lauschen, Minigolf spielen und einkehren. Hier wird auch der Blick frei auf das **„Oversum"**. Es sieht aus wie ein überdimensionales Ei und beherbergt ein Wellnesshotel, bei dem wir aus allen Zimmern beste Aussichten auf die Berge des Sauerlandes haben. Der Wellnessbereich und das Hallenbad sind auch für Tagesgäste zugänglich.

Rund um die Kirche St. Jakob entdecken wir in der Winterberger Altstadt viele **Fachwerk- und Schieferhäuser**. Ein wenig außerhalb der City steht die **St.-Georg-Sprungschanze**, die für internationale Wettbewerbe genutzt wird.

Los geht´s am Bahnhof von Winterberg, den wir nach links verlassen, um direkt Anschluss an den Ruhrtal-Radweg zu haben. Die „offizielle" Strecke führt am **Knotenpunkt** 55 mit einer kräftigen Steigung nach rechts über Ruhrkopf und Ruhrquelle, die „bequemere" Version geradeaus auf dem Radweg neben der B480 entlang. Beide Varianten führen uns später durch Niedersfeld, Wiemeringhausen und Assinghausen über die **Knoten** 14, 15 und 16 nach Olsberg.

Niedersfeld, Wiermeinghausen und vor allem **Assinghausen**: In diesen Orten schlagen die

Weitblick garantiert!

Herzen der Fachwerkfans höher. Letztgenanntes Dorf gilt als eine der **schönsten Fachwerkgruppen Deutschlands** und erntete dafür schon viele Preise.

Auch toll anzusehen ist das Kropff´sche Haus von Olsberg, das einst für die Unternehmerfamilie Kropff errichtet wurde.

Weiter geht´s von Olsberg, das wir zunächst auf dem Hinweg verlassen (**Knoten** 16 und 15), um mit deutlicher Steigung schräg rechts via Wulmeringhausen, Brunskappel nach Siedlinghausen (**Knoten** 54) zu gelangen. Auf der Sorpestraße verlassen wir Siedlinghausen und kurbeln weiter teils steil bergauf. Durch Altastenberg kommen wir zurück nach Winterberg (**Knoten** 57), wo wir die Tour (Richtung **Knoten** 55) am Bahnhof beenden.

Siedlinghausen blickt auf eine lange Geschichte zurück, die bis 900 zurückreicht. Das **Jagdschloss** wurde im Jahre 1858 für Freiherrn von Fürstenberg errichtet. 1966 wurde es zu einem Wohnhaus umgebaut, so dass es nur noch schwer als Schloss erkennbar ist.

Tipp: In der ersten Hälfte der Tour haben wir die stets abfallende Strecke auf dem **Ruhrtal-Radweg** genossen. Das lässt darauf schließen, dass wir in der zweiten Hälfte ständig bergauf kurbeln müssen. Es ist daher eine Überlegung wert, die Rückfahrt ab Olsberg oder ab Siedlinghausen mit der **Bahn** zu absolvieren.

Ein kleiner Abstecher führt auf´s „Dach des Sauerlands": Der 842 m hohe **Kahle Asten** ist der zweithöchste Berg des Sauerlandes. Hier finden wir eine Rundum- Panoramasicht, Aussichtsturm, Wetterstation und eine Heidelandschaft. Auch die **Lennequelle** ist nicht weit entfernt.

Bei unserer Einfahrt nach Winterberg kommen wir an den touristischen Highlights der Stadt vorbei: Rund um die **„Kappe"** finden wir Panorama-Erlebnisbrücke, Fly-Line, Sommerrodelbahn, Bobbahn, Abenteuerspielplatz, verschiedene Mountainbike-Parcours und vieles mehr.

Kartentipp:

ADFC Regionalkarte Sauerland

1:75.000, ISBN 978-3-96990-147-2, 10,95 €

Digital für Smartphones und Tablets: www.fahrrad-buecher-karten.de/kartenapp

74 Die großen Drei vom Wasserquintett

Von Lennep über Wipperfürth

111 Touren Info

45 km, Rundtour, meist auf befestigten Radwegen bzw. Straßen/Wegen, hügeliger Verlauf mit einigen kleineren Steigungen teils Wegweisung als Panorama-Radweg Balkantrasse, Bergischer Panorama-Radweg, bzw. Alleenradweg Wasserquintett

Start / Ziel: Bahnhof Lennep

Info: www.remscheid-tourismus.de

Das Bergische Land ist recht gebirgig, doch eine ehemalige Bahntrasse sorgt dafür, dass wir auf dieser Tour auf bestem Boden und ohne allzu große Steigungen unterwegs sind. Auf dem Weg liegen wunderbare Altstädte, aber auch kühlende Talsperren.

Lennep gehörte über lange Zeit zur **Hanse**, weshalb es im Bergischen Land eine enorme Bedeutung erlangte. Seinen Namen bekam das **Bergische Land** durch die **Grafen von Berg** – nicht etwa von den bis zu 519 m Bergen.

Tipp: Das **Deutsche Röntgen-Museum** müssen wir uns ansehen! Physiker Wilhelm Conrad Röntgen erblickte am 27.03.1845 in Lennep das Licht der Welt. 50 Jahre später entdeckte er die Wirkung der Röntgenstrahlen, wodurch die Welt der Medizin revolutioniert wurde. Sein Lebenswerk und die damit verbundene Wissenschaft werden hier im Museum verständlich dargestellt.

Rund um das Museum tauchen wir ein in einen Traum des **Bergischen Barock**. In der Altstadt von Lennep schmiegen sich zahlreiche **Schiefer- und Fachwerkhäuser** an die teils engen, gepflasterten Gassen – einfach herrlich! Mittendrin ragt die Pfarrkirche St. Bonaventura empor.

Los geht´s am Bahnhof von Lennep, den wir nach rechts verlassen, um direkt Anschluss an den Panorama-Radweg Balkantrasse zu haben. Bei Bergisch Born trennt sich der Radweg beim **Kontenpunkt** 28, wo wir nach links abbiegen, um über den **Knoten** 30 mit einigen kürzeren Steigungen nach Hückeswagen

Die Bevertalsperre: Eine der Badewannen des Ruhrgebiets

zu fahren. Vom **Knoten** 83 geht es dann über 84 auf dem Alleenradweg Wasserquintett auf ebener Strecke nach Wipperfürth (86).

Wir rollen auf einer perfekt ausgebauten, ehemaligen Bahntrasse. Auf asphaltiertem Untergrund führt der **Panorama-Radweg Balkantrasse** stets mit weiten Aussichten über autofreie Viadukte.

Das über 900 Jahre alte Hückeswagen wird gerne als „Perle des Bergischen Landes" bezeichnet. Zu Recht, denn unterhalb des stolzen zweiflügeligen **Schlosses** erstreckt sich eine schöne Altstadt mit einer großen Anzahl gut erhaltener **Schieferhäuser**.

Weiter geht´s von Wipperfürth, das wir am Parkplatz Ohler Wiesen vorbei über die Straße nach oben verlassen, um die B237 geradeaus zu überqueren. Mit einer kräftigen Steigung auf der Königsberger Straße und links abbiegen in die Straße Großblumberg erreichen wir die Sperrmauer der Neye-Talsperre. Hinter der Mauer geradeaus, an der querenden Straße rechts und am **Knoten** 87 geradeaus. So können wir auf hügeliger Strecke die Bevertalsperre gegen den Uhrzeigersinn umradeln, bevor wir an der B483 links abbiegen und zurück nach Hückeswagen rollen (**Knoten** 83). Vom Kreisel geht es rechts in den Mühlenweg und mit dem Radweg Wasserquintett parallel zur Wupper zurück nach Lennep. Bevor wir die B229 unterqueren biegen wir links ab, fahren ein Stück parallel und später mit der B229 in die Innenstadt. Nach links über die Kölner Straße und rechts Bahnhofstraße gelangen wir wieder zum Lenneper Bahnhof.

Drei Durchgangsstraßen und mehrere Brandgassen, also eine typisch mittelalterliche Stadtplanung, prägen die Stadtmitte von Wipperfürth. Die Brandgassen entstanden nachdem Wipperfürth zwischen dem 14. und dem 18. Jahrhundert 11 mal niederbrannte. Heute genießen wir viele historische Fassaden an den Brandgassen und am **Marktplatz**. Unübersehbar reckt sich die **Kirche St. Nikolaus** aus den Dächern empor.

Tipp: Der vorgesehene Ausflug um die Talsperren ist recht anstrengend. Warum also nicht bis Hückeswagen auf der **Bahntrasse** zurück fahren?

Wir sind abschnittsweise auf dem **„Alleenradweg Wasserquintett"** unterwegs. Der Name verweist darauf, dass es hier zahlreiche Seen, darunter **Wupper-**, **Bever-**, **Neyestausee**, **Kerspe-**, **Lingese** oder **Brucherstausee** gibt.

Kartentipp:
ADFC Regionalkarte Berg. Land / Köln / Düsseldorf
1:75.000, ISBN 978-3-96990-144-1, 10,95 €
Digital für Smartphones und Tablets: www.fahrrad-buecher-karten.de/kartenapp

75 Sehr nett hier, im Naturpark Maas-Schwalm-Nette

Von Heinsberg über Rödgen

111 Touren Info

38 km, Rundtour, meist auf befestigten Radwegen bzw. Straßen/Wegen, in der Mitte hügeliger Verlauf, aber keine größeren Steigungen, teils Wegweisung als Niederrheinroute, als RurUfer-Radweg bzw. über das Knotennetz

Start / Ziel: Bahnhof Heinsberg

Info: www.heinsberg.de

Wir sind in der westlichsten Ecke Deutschlands unterwegs. So nah an der niederländischen Grenze ist es fast schon selbstverständlich, dass wir beste Radel-Bedingungen vorfinden. Entlang der Route entdecken wir malerische Ortskerne und prachtvolle Herrenhäuser.

Erst nach dem Zweiten Weltkrieg wurden in Heinsberg Münzen und eine Römerstraße aus der Zeit 100 n. Chr. entdeckt. Später entstand die erste Siedlung an der Stelle wo sich heute der **Burgberg** erhebt.

Hier in Heinsberg gründete der in Antwerpen geborene Eugen **Verpoorten** im Jahre 1876 eine Fabrik, in der Liköre hergestellt wurden – interessanterweise direkt neben dem Damenstift. Inzwischen werden die alkoholischen Leckereien, darunter der berühmte Eierlikör, in Bonn produziert.

Die lange Geschichte von Heinsberg können wir an vielen Stellen hautnah erleben: Aus dem Mittelalter konnten einige Reste der **Stadtmauer** und zwei **Wehrtürme** gerettet werden. Nachdem wir uns auch das **Torbogenhaus** angesehen haben, widmen wir uns dem **„Selfkantdom"**, wie die dreischiffige Stiftskirche St. Gangolf auch gerne genannt wird.

Los geht´s am Bahnhof von Heinsberg, den wir nach rechts zwischen Ladenzeile und Busbahnhof verlassen, um an der querenden

Hochstraße rechts und wenig später schräg links in die Kempener Straße einzubiegen. Am **Knotenpunkt** ⑪ im Kreisel links und wenig später rechts. So gelangen wir auf die Niederrhein-Route, die uns nach Karken geleitet. An den **Knoten** ⑬ geradeaus, ⑭ rechts, ⑮ geradeaus und in Effeld links. Hinter dem See rechts, an den **Knoten** ⑦① , ⑤⑦, ⑤⑥ geradeaus, bei ⑦⓪ rechts, ⑤⑤ geradeaus, bei ⑨⑤ rechts und wir erreichen Rödgen (⑦⑥).

Tolle Bauwerke begleiten diese Tour an der Landesgrenze

Direkt am Wegesrand liegt **Schloss Effeld**, ein prachtvolles Wasserschloss, dessen älteste Teile aus dem 15. Jh. stammen. Gar nicht weit entfernt steht eine Hofanlage mit drei Flügeln. Das auch **Haus Neuerburg** genannte Anwesen glänzt mit einem Barock-Portal. Für Abkühlung auf der Tour sorgt der kleine **Effelder Waldsee** mit seiner Bademöglichkeit.

Wir tangieren die Gemeinde Selfkant, die Mitglied im „**Zipfelbund**" ist. Was nach einer Delikatesse klingt, ist rein geografisch gemeint: Selfkant ist der westlichste Zipfel Deutschlands, Görlitz der östlichste, Sylt der nördlichste und Oberstdorf der südlichste.

Mit **Schloss Elsum** erreichen wir das nächste wunderschöne Wasserschloss auf unserer Runde. Die Anlage entstand als Motte und wurde später zur Burg bzw. zum Schloss ausgebaut.

Tipp: Nur wenige Pedalumdrehungen neben unserem Kurs liegt die Ortsmitte von Wassenberg, das durch seinen **Bergfried** schon weithin sichtbar ist. Überreste der Stadtmauer, das **Roßtor**, zahlreiche historische Gebäude und mehrere **Türme** machen den Abstecher lohnenswert.

Weiter geht´s von Rödgen, das wir entlang der Rödgener Straße verlassen. Am **Knoten** ⑦⑥ geradeaus, kurz darauf rechts in „Birgeler Bahn" und an den **Knoten** ⑦⑤, ②⑦ und ②⑧ geradeaus, bei ②④ schräg links und bei ②③ rechts. So gelangen wir auf den RurUfer-Radweg, mit dem wir bei Orsbeck den Fluss queren. Bei ②② geradeaus und dann immer entlang der Straße zurück zum Bahnhof von Heinsberg.

Zur Rückfahrt nutzen wir ein Stück vom **RurUfer-Radweg**, der auf seinen 180 km Länge dem Verlauf des Flusses Rur folgt. Die **Rur** ist eine echte Europäerin: Sie beginnt ihre Reise im Hohen Venn auf belgischer Seite, fließt lange durch Deutschland und mündet im niederländischen Roermond in die Maas.

Kartentipp:

ADFC Regionalkarte Niederrhein Süd

1:75.000, ISBN 978-3-96990-172-4, 10,95 €

Digital für Smartphones und Tablets: www.fahrrad-buecher-karten.de/kartenapp

76 Wo einst Karl der Große gekrönt wurde

Von Aachen nach Jülich

111Touren Info:

29 km, Streckentour meist auf befestigten Radwegen bzw. Straßen/Wegen, zu Beginn leicht hügeliger Verlauf, keine großen Steigungen, regionale Wegweisung
Start: Aachen
Ziel: Jülich
Info: www.aachen-tourismus.de

Direkt im Dreiländereck gelegen, zieht Aachen viele Besucher an. Die staunen über den Dom, die Pfalzkapelle, den Domschatz und das Rathaus. Sie kehren in Cafés ein, essen Printen und widmen sich dem Pferdesport. Nachdem auch wir festgestellt haben, was die Anziehungskraft Aachens ausmacht, schwingen wir uns auf die Räder und stellen fest: Auch das Umland hat eine Menge zu bieten!

Aachen kann auf eine lange Geschichte zurückblicken und liegt heute „im Herzen der EU" – genau am **Dreiländereck** von Deutschland, Belgien und den Niederlanden. Dementsprechend besonders ist auch die Mentalität der Aachener, die sich das vermeidlich Beste der Kulturen zu Eigen machten. Dabei blicken sie auf eine lange Historie zurück, die untrennbar mit Karl dem Großen verbunden ist. Er wurde 800 in Rom zum römischen Kaiser und damit zum mächtigsten Herrscher seiner Zeit gekrönt. Zu seiner Lieblingspfalz erkor er Aachen. Die damalige **Königspfalz** lag dort, wo heute der Dom steht. Klar, dass das auch unser erstes Ziel ist: Der Dom umfasst bauliche Highlights aus mehreren Jahrhunderten und beeindruckt uns mit der **Pfalzkapelle**, dem Königsthron, mehreren Altären und natürlich dem **Karlsschrein**.

Beim Bummel durch die weitgehend autofreie Innenstadt kehren wir in eines der Cafés ein und erhaschen Blicke auf viele historische Bauten, deren Höhepunkt das **Rathaus** ist. Hier wird im würdigen Ambiente alljährlich der internationale **Karlspreis** für europäische Verdienste verliehen.

Tipp: Auch für andere Dinge ist Aachen weithin bekannt: Frühstückszutaten von Zentis. Schokosünden von Lindt und Sprüngli, Knabbereien von Bahlsen, edle Kosmetik von Barbor, Printen von Lambertz oder Nobis: Im jeweiligen **Werksverkauf** kann nach Herzenslust geshoppt werden.

In Aachens engen Gassen ist eine Einkehr Pflicht!

Eher weniger bekannt ist, dass Aachen wegen seiner Thermalquellen ein staatlich anerkanntes **Heilbad** ist – nach der Tour können wir hier also bestens regenerieren.

Los geht´s am Aachener Marktplatz, den wir über Büchel, links Kleinköln-, rechts Großköln-, links Sandkaul-, geradeaus Roland- und dann Krefelder Straße verlassen. Nachdem wir die Autobahn gequert haben, erreichen wir Würselen.

Wir radeln vorbei am berühmten Stadion namens „Tivoli", dahinter liegt das **Hauptstadion des CHIO**, dem vermutlich wichtigsten Reitturnier der Welt.

In Würselen lohnt sich ein Stopp bei der schmucken **Pfarrkirche St. Sebastian**.

Weiter geht´s von Würselen via Euchen, Linden-Neusen, Begau, Blumenrath, Hoengen und Schleiden nach Aldenhoven.

Der „**Alte Turm**" zeigt uns, dass auch Aldenhoven auf eine bewegte Geschichte zurückblicken kann. Interessant sind die doppeltürmige **Kirche St. Martin** und die Gnadenkapelle „Zuflucht der Sünder". Bei der ehemaligen Steinkohlenzeche können wir uns im **Bergbaumuseum** weiterbilden.

Weiter geht´s von Aldenhoven vorbei an Bourheim und Neubourheim ins Herz von Jülich.

Die Kleinstadt Jülich ist eine herrliche Symbiose aus alt und neu: Das Zentrum wird eher von modernen Gebäuden geprägt, unter die sich historische Bauten wie der **Hexenturm** oder das Aachener Tor mischen. Der napoleonische **Brückenkopf** ist eine alte Festungsanlage, die geschickt in die komplette Festung Jülich einbezogen wurde. Dazu gehört auch die riesige **Zitadelle**, die schon von außen sehr beeindruckt. 1545 wurde sie als Teil der „idealen Renaissance-Stadt" erbaut. Allein die bis zu 30 m dicken Mauern umfassen eine Länge von 1,2 km. Innerhalb der vierzackigen Anlage stehen vier Bastionen und ein herzogliches **Residenzschloss**.

Kartentipp:
ADFC-Regionalkarte Aachen / Dreiländereck
1:75.000, ISBN 978-3-96990-177-9, 10,95 €
Digital für Smartphones und Tablets: www.fahrrad-buecher-karten.de/kartenapp

77 Meist eine schöne Ruhe, hier an der Ruhr

Von Heimbach über Rurberg

111 Touren Info

36 km, Rundtour, meist auf befestigten Radwegen bzw. Straßen/Wegen, hügeliger Verlauf mit einigen kleineren Steigungen, größtenteils Wegweisung als RurUfer-Radweg

Start / Ziel: Bahnhof Heimbach

Info: www.heimbach.de

Wunderschön bettet sich die Rurtalsperre in die Höhenzüge der Eifel ein. Auf einem gut ausgebauten Radweg umrunden wir den See einmal komplett, haben dabei aber einige Steigungen zu verkraften. Zur Belohnung gibt es immer wieder gute Aussichten und viel zu entdecken.

Heimbach blickt auf eine lange Geschichte zurück, die bis ins Jahr 673 zurück reicht, als hier vom Frankenkönig Theoderich I. Ländereien verschenkt wurden. Die Historie ist eng mit der **Pfarr- und Wallfahrtskirche** verbunden, wo die Gläubigen zur **Schmerzhaften Mutter von Heimbach** pilgern. Unübersehbar wacht seit 1106 Burg Hengebach über den beliebten Urlaubsort am Ufer der Rur. Die Besucher schätzen das kleine Städtchen mit vielen Einkehrmöglichkeiten und sehen sich dabei auch das **Kraftwerk** an, das einst im Jugendstil errichtet wurde.

Heimbach hatte bei dem „**Jahrhunderthochwasser**" im Juli 2021 schwere Schäden zu verkraften – damals gab es tagelang Starkregen, der auch von den Stauseen nicht mehr aufgehalten werden konnte.

Die Burg wacht über Heimbach

Los geht´s am Bahnhof von Heimbach, den wir nach links verlassen, um den Kreisel an der zweiten Ausfahrt auf der Hengebachstraße zu verlassen. Nun rollen wir entspannt am Flussufer (**Knoten** 71) entlang, bis wir mit einer kurzen, aber kräftigen Steigung links hinauf zum Ferienresort kurbeln. Oben am **Knotenpunkt** 86 rechts, dann passieren wir den Staudamm und umrunden den Rurstaussee gegen den Uhrzeigersinn. An den **Kontenpunkten** 87, 21, 22 jeweils geradeaus und wir gelangen nach Rurberg.

Die „Hauptstadt" des Rursees

Rurberg ist so etwas wie die „**Hauptstadt des Rursees**", denn hierher kommen an Sonnentagen viele Ausflügler aus Aachen und dem Köln-Bonner Raum. Auch Urlauber haben diese wunderbare Region als Domizil entdeckt, was wir schon an den vielen Campingplätzen und Feriensiedlungen erkennen konnten.

Tipp: Wer abkürzen mag und das noch mit einer „Kreuzfahrt" verbinden möchte, steigt in Rurberg auf das **Ausflugsschiff** und lässt sich nach Seehof in die Nähe des Staudamms schippern.

Über die Eifel und deren einzigartige Natur können wir uns am „**Nationalparktor Rurberg**" informieren.

Weiter geht´s von Rurberg, das wir am Ufer entlang und über den Damm hinweg (**Knoten 64**) verlassen. Unsere Umrundung des Sees setzt sich mit weiteren Steigungen fort, bis wir bei **Knoten 86** rechts abzweigen und dem Hinweg zurück zum Heimbacher Bahnhof folgen können.

Die **Rurtalsperre** versteckt sich etwas in den teils engen Tälern der Eifel. So ist kaum erkennbar, dass wir am **zweitgrößten Stausee Deutschlands** entlang radeln, wenn man das Stauvolumen zugrunde legt. Die Talsperre dient vor allem der Regulierung des Hochwassers, doch im Speicherkraftwerk wird auch grüner Strom erzeugt.

Tipp: Hinter dem Paulusdamm können wir eine anstrengende, aber sehr lohnenswerte Klettertour unternehmen: Nach einem Stück entlang der Urft-Talsperre geht es hinauf zur **Ordensburg Vogelsang**. Die Nazis wollten in dieser riesigen Anlage Führungskräfte ausbilden. Nach dem Zweiten Weltkrieg zogen erst die britischen, dann die belgischen Besatzungskräfte ein. Inzwischen gibt es hier eine Erinnerungsstätte und ein **Nationalpark-Infozentrum.**

Rechts von unserer Radrunde schlängelt sich die **Urfttalsperre** durch das Nachbartal. Eine mächtige, fast 60 m hohe Mauer staut das Wasser auf einer Fläche von rund 2,16 qkm.

Kartentipp:
ADFC Regionalkarte Aachen / Dreiländereck
1:75.000, ISBN 978-3-96990-177-9, 10,95 €

Digital für Smartphones und Tablets: www.fahrrad-buecher-karten.de/kartenapp

78 Von der Domstadt zur Bundesstadt

Von Köln nach Bonn

Ein perfekt ausgebauter und gut beschilderter Radweg geleitet uns rheinaufwärts. Vom Touristen-Mekka Köln radeln wir vorbei an Hafen- und Chemieanlagen, vor allem aber durch grüne Natur zum Ex-Regierungssitz.

111Touren Info:

39 km, flache Streckentour meist auf Radwegen, perfekte Rad-Wegweisung.
Start: Bahnhof Köln
Ziel: Bahnhof Bonn
Info: www.koeln.de
www.bonn.de

Köln ist DER Touristenmagnet NRWs. Die vielen Menschen können nicht irren: Allein im **Dom** bzw. den umliegenden **Museen** könnten wir uns Tage aufhalten, ohne alles gesehen zu haben. **Schildergasse, Breite Straße** und **Hohe Straße** laden zum Shoppen ein, die Gaststätten am **Alter Markt** zum Verweilen. Ein Bummel durch die **Altstadt**, aus der **Groß St. Martin** emporragt, ist ebenso Pflicht wie der Besuch einer **Kölsch-Kneipe** – aber besser erst nach dem Radeln!

Los geht´s vom Bahnhof hinunter zum Rheinufer. Dazu können wir rechts oder links neben der **Philharmonie** her radeln, wobei der linke Weg recht steil ist und geschoben werden sollte. Am Ufer folgen wir einfach dem Fluss stromaufwärts – der Radweg ist beschildert und führt uns zu Füßen der **Altstadt** vorbei an **Schokoladen-Museum, Olympia-Museum, Rheinauhafen** und **Malakoffturm** unter der **Severinsbrücke** her. Im nachfolgenden **Bayenturm** ist heute das **feministische Archiv** untergebracht. An den **Lagerhäusern** des **Aggrippina-Ufers** entlang unterqueren wir auch die **Eisenbahn**- und die **Rodenkirchener Brücke**.

Der **alte Fischerort Rodenkirchen** wird im Zentrum von **Backstein- und Fachwerkhäusern** geprägt, die sich um die **Kirche St. Maternus** postieren. Etwas abseits finden wir den **Forstbotanischen Garten** und das **Friedenswäldchen**. An unserem Radweg liegt die **Kirche Alt St. Maternus**.

Weiter geht´s den Schildern folgend am Rhein entlang durch den Weißer Bogen, einen ausgedehnten **Auenwald**.

Immer wieder schön: Die Kölner Altstadt

Tipp: Von Köln-Weiß aus bringt uns die **Fähre** in die **Zündorfer Groov**. Neben der spannenden Schiffsfahrt gibt es „drüben" **Spiel- und Sportstätten** und einladende **Gasthäuser**.

Weiter geht´s am Rhein entlang vorbei an Sürth bzw. der Sürther Aue, Godorf und Wesseling. Letztgenannte Orte sind industriell geprägt – immerhin radeln wir an der größten **Raffinerie** Deutschlands vorbei. Nicht nur landeinwärts ist die Petrochemie stark vertreten, was wir daran merken, dass wir den Rhein für einige Zeit verlassen müssen. Die Schilder weisen uns allerdings zuverlässig den Weg um die Hafenanlagen herum, so dass wir über Urfeld, Hersel und Graurheindorf die Bonner **Rheinpromenade** erreichen. Von hier ist es nicht mehr weit (am besten an Oper und Schloss vorbei) zum Bahnhof.

Auch wenn es nicht mehr BundesHAUPTstadt ist – Bonn ist immer noch einen Besuch wert. Die quirlige **Fußgängerzone** verbindet **Kurfürstliches Schloss** (heute Uni), historisches **Rathaus, Münster, Beethovenhaus** und **Bahnhof** miteinander. Weiter rheinabwärts finden wir die **Museumsmeile** und das Erholungsgebiet **Rheinaue**.

Kartentipp:
ADFC-Regionalkarte Köln/Bonn 1:75.000,
ISBN 978-3-96990- 047-5, 9,95 €

Digital für Smartphones und Tablets: www.fahrrad-buecher-karten.de/kartenapp

79 Durch die Heide zur Burg

Von Rösrath nach Troisdorf

Die uralten Landschaftstypen Königsforst und Wahner Heide sind mit den Flüssen Agger und Sülz der Garant für eine naturverbundene Radeltour, die uns mit den Burgen in Spich und Troisdorf versüßt wird.

111Touren Info:

48 km, weitgehend flache Rundtour mit einigen kleineren Steigungen meist über Radwege und Nebenstraßen.
Start / Ziel: Bahnhof Rösrath
Info: www.roesrath.de
www.troisdorf.de

Historische Gebäude, ergänzt durch **moderne Architektur** – so könnte man den Charme Rösraths bezeichnen, das fernab vom Trubel des nahen Kölns an der Sülz liegt.

Los geht´s vom Bahnhof rechts in die Bensberger Str. und dann den Gerottener Weg hinauf. Oben rechts in den Wald abbiegen durch den es dann für lange Zeit geht. VOR der Schutzhütte rechts abbiegen, an der Schutzhütte vorbei und 200 m NACH der Schutzhütte links abbiegen **Kettners Weiher**. Hinter dem Weiher über den Bach und weiter zur L358, hier links und 200 m später über die Straße zum Parkplatz.

Im 50 ha großen **Wildpark Brück** fühlen sich **Wildschweine, Dammwild** und über **40 Vogelarten** wohl. Wissenswertes über die Flora vermittelt der **Waldlehrpfad**.

Weiter geht´s am Parkplatz in den Wald bis zur Siedlung, dann links „Am Wildwechsel" und vorm Schlagbaum rechts hinunter zur L73, dort kurz links, dann rechts in den Kleinfeldchensweg. Am Ortsende von Brück radeln wir den Friedhof-Schildern folgend hinaus nach Rath. Dann rechts in die Lützerather Str. (in der Nähe liegt der **Park** von **Burg Rath**) über den Kreisverkehr in die Rösrather Str. (L284) und dann rechts in die Rather Schulstr., hinter der Autobahn links auf „Auf der Bitze", an der Eiler Str. rechts, hinter dem Wendehammer links über die Autobahn. Über Heumarer-, Jägerstr., St.-Rochus-Str. und Hirschgraben erreichen wir **Gut Leidenhausen**.

Burg Wissem leuchtet uns entgegen

Im **„Haus des Waldes"** finden wir Stücke und Bilder zum Lebensraum Wald, während in der benachbarten **Greifvogelstation** verletzte und junge Vögel aufgepäppelt werden.

Weiter geht´s an der Vogelstation und an der Rennbahn vorbei. Vor (!) der Bahnbrücke links bis auf den Mauspfad (Straße), dem wir unter der Autobahn her folgen. Wir bleiben stets auf der Hauptdurchfahrtsstraße, am 1. Kreisel geradeaus, am 2. Kreisel links, an der Ampel links und vor der Kaserne her hinaus aus dem Ort. Leicht ansteigend geradeaus durch den Kreisel und mittels Unterführung die Straßenseite wechselnd geht es nun deutlich bergauf in den Wald.

Tipp: Hinter dem Waldstadion führt ein Abstecher hinunter nach Spich, wo mit **Haus Broich** eine ehemalige Burg und an der Hauptstraße schöne **Fachwerkhäuser** zu sehen sind.

Weiter geht´s hügelig durch den Wald und den Schildern folgend hinunter nach **Troisdorf.**

Wir werden von **Burg Wissem** empfangen. Vom Wassergraben ist zwar nur noch ein Teich übrig, **Bilderbuchmuseum, Remise, Spielplatz** und **Wildpark** bieten aber auch viel Kurzweil. In der **Fußgängerzone** warten Gaststätten auf hungrige Radler.

Weiter geht´s von Burg Wissem zum Aggerstadion (beschildert) und von dort besonders schön an der Agger längs, bis wir links nach Altenrath hinauf radeln. Von dort geht es via Hasbach wieder hinunter nach Rösrath ins Sülztal.

Kartentipp:

ADFC-Regionalkarte Köln/Bonn 1:75.000, ISBN 978-3-96990- 047-5, 9,95 €

Digital für Smartphones und Tablets: www.fahrrad-buecher-karten.de/kartenapp

80 Fachwerk in Perfektion

Von Olpe nach Kirchen

111 Touren Info

36 km, Streckentour, meist auf befestigten Radwegen bzw. Straßen/Wegen, in der ersten Hälfte eine langgezogene Steigung mit rund 100 Hm, danach ausschließlich Gefälle, Wegweisung als Ruhr-Sieg-Radweg

Start: Bahnhof Olpe

Ziel: Bahnhof Kirchen (Sieg)

Info: www.olpe.de

Im Jahre 2014 wurde die Idee umgesetzt, die beiden beliebten Radwege an Ruhr und Sieg miteinander zu verbinden, wobei teils alte Bahntrassen genutzt werden. Unterwegs entdecken wir in Freudenberg das vielleicht schönste Fachwerkensemble Deutschlands.

Olpe erfuhr eine rasante Entwicklung, als die Eisenindustrie für Wohlstand sorgte. Entlang des Flusses Bigge wurden zahlreiche **Hammerwerke** betrieben, die inzwischen in den Fluten des Sees verschwunden sind.

Tipp: Der Olper Bahnhof liegt am äußersten Ende der **Biggetalsperre**. Von hier aus können wir eine entspannte Runde um eine der größten Talsperren Deutschlands drehen – einen kompletten Tag sollte man dafür aber schon einplanen. In den funkelnden Wogen wird das Trinkwasser für das Ruhrgebiet vorgehalten.

Die **Pfarrkirche St. Martin** ragt aus der Innenstadt empor, in der wir einige Fachwerk- und Schieferhäuser finden. Auf dem Marktplatz vor der Kirche entdecken wir das **Pannenklöpper-Denkmal**, welches an die Gilde der Pfannenschmiede erinnert. Der Hexen- und der **Südturm** erinnern an die Zeit, als Olpe von einer Stadtmauer geschützt wurde.

Los geht´s am Bahnhof von Olpe, den wir nach rechts und direkt am Kreisel nach rechts auf der Stellwerkstraße verlassen, deren Linkskurve wir folgen. Am nächsten Kreisel (**Knotenpunkt** 9) geradeaus und am dritten Kreisel an der ersten Ausfahrt in die Biggestraße. Wir sind bereits auf dem Ruhr-Sieg-Radweg, der uns mit Steigungen durch Rüblinghausen, Saßmicke (7), Gerlingen (6), Rothemühle (5), nach Römershagen bringt.

Kann Fachwerk noch schöner sein?

Wir radeln auf dem **Ruhr-Sieg-Radweg**, der zwei beliebte Radwege miteinander verbindet. Auf unserem Teilstück kommen wir auch an der **Quelle** der Bigge vorbei, die hier seine 45 km lange Reise antritt. Nur wenig später geleitet uns die ehemalige Bahntrasse durch einen alten Eisenbahntunnel.

Weiter geht´s von Römershagen auf dem Ruhr-Sieg-Radweg zum Bahnhof Wildenburg. Ab hier rollen wir links weiter auf einer ehemaligen Bahntrasse, die zudem abschüssig ist. Mit einer letzten Steigung erreichen wir Freudenberg (46). Ab hier radeln wir durch das Tal, mal auf, mal neben der Straße, mal auf einer Bahntrasse. Via Niederfischbach und Fischbacherhütte erreichen wir Kirchen (Sieg), wo die Tour am Bahnhof endet.

Ein „Baudenkmal von internationaler Bedeutung" erwartet uns in Freudenberg: Einen so perfekt erhaltenen Stadtkern mit wunderbaren schwarz-weißen **Fachwerkhäusern** gibt es so kein zweites Mal! Daher müssen wir uns Zeit nehmen, um die teils engen Gassen ausgiebig zu erkunden und die Pracht auf Fotos zu bannen.

Tipp: Eine Runde durch einen **Kurpark** verspricht immer Entspannung, doch in Freudenberg lohnt es sich ganz besonders den Hügel des Kurparks hinauf zu steigen: Hier oben liegt uns die **einzigartige Fachwerk-Pracht der Altstadt** zu Füßen. Ein besseres Fotomotiv finden wir weit und breit nicht!

Niederfischbach präsentiert uns den **„Siegerländer Dom"**, der eine Zeit lang für beide Konfessionen genutzt wurde.

Am Wegesrand liegt **Schloss Junkernthal**. Das schöne Torhaus aus Fachwerk gehörte einst zu einer alten Rentei.

Die wichtigste Sehenswürdigkeit von Kirchen liegt etwas außer- und oberhalb: Der sogenannte **Druidenstein** ist ein einzigartiger Felsen, der wirklich mystisch wirkt. Er entstand, als sich einst Lava durch die Grauwacke arbeitete. Viel spannender sind aber die vielen Sagen, die sich meist um die keltische Druidin Herke ranken.

Kartentipp:
ADFC Regionalkarte Berg. Land / Köln / Düsseldorf
1:75.000, ISBN 978-3-96990-144-1, 10,95 €
Digital für Smartphones und Tablets: www.fahrrad-buecher-karten.de/kartenapp

81 So viele Arten von Ottern – und alle sind soo niedlich!

Von Diesdorf über Hankensbüttel

111 Touren Info

63 km, Rundtour meist auf befestigten Radwegen bzw. Straßen/Wegen, hügeliger Verlauf, aber keine größeren Steigungen, teils Wegweisung als Iron Courtain Trail bzw. Gifhorner Südheide Rundweg

Start / Ziel: Kloster Diesdorf

Info: www.diesdorf.de

Diese Tour zeichnet eine zugegeben etwas krumme „8" auf beiden Seiten des Elbe-Seitenkanals. Auf etwas hügeliger Strecke rollen wir über die einst so scharf bewachte ehemalige innerdeutsche Grenze nach Hankensbüttel. Nach dem Besuch bei Familie Otter geht es abwechslungsreich wieder zurück zum Kloster Diesdorf.

Wir starten unsere Tour im **„Flecken Diesdorf"**, denn so nennt sich die Gemeinde ganz im Westen Sachsen-Anhalts ganz offiziell. Die **Großsteingräber** außerhalb des Ortes verraten, dass die Region schon in der Jungsteinzeit besiedelt war.

Tipp: Etwas außerhalb von Diesdorf liegen an der Molmker Straße zwei weitere lohnenswerte Ziele: An warmen Tagen lockt das **Freibad** zu einer Abkühlung und zu allen Jahreszeiten ist ein Besuch des Freilichtmuseums zu empfehlen. In einem der **ältesten deutschen Museumsdörfer** stehen auf rund 6 ha. verteilt 25 Wohn- und Wirtschaftsgebäude. Nachdem wir uns über das teils harte Leben ab dem 17. Jahrhundert informiert haben, lassen wir uns im **Museumscafé** nieder, während sich die Kinder auf dem Naturspielplatz austoben.

Die 1161 gegründete **Klosterkirche St. Maria und Crucis** von Diesdorf ist weithin sichtbar und damit prädestiniert für den Tourstart. Hier in der Altmark finden wir kaum eine ältere Backsteinkirche. Auf dem Klostergrundstück verzückt uns die **„Alte Darre"**, die einst als Back- und Brauhaus diente.

Los geht´s am Kloster Diesdorf, das wir von der L11 nach rechts über Post- und Bauernstraße verlassen. An der nächsten Kreuzung rechts in den Schadewohler Weg, der direkt schräg links abknickt. Hier folgen wir dem

Beim Kloster Isengarten erfahren wir auch etwas über Heilkräuter

„Iron Courtain Trail" durch Schadewohl bis Dülseberg. Hier verlassen wir den Radweg, zweigen links ab und rollen via Höddelsen, Lüben, Gannerwinkel, (hinterm Kanal links) Wentorf und Alt Isenhagen nach Hankensbüttel. Über Isenhagen und Emmen kommen wir zurück zum Kanal, dem wir nach links folgen. Durch Alt Isenhagen und Wentorf erreichen wir auf dem Gifhorner Südheide Rundweg Wittingen.

Mal schauen, ob wir ein Schiff auf dem **Elbe-Seitenkanal** erspähen – viel befahren ist die Wasserstraße nicht!

Tipp: Reichlich Zeit einplanen müssen wir für das **Otterzentrum**, denn in den weitläufigen Gehegen rund um den Isenhagener See tummeln sich Fischotter, Dachse, Marder, Iltisse und Artverwandte. Besonders interessant sind die **Fütterungen** – die beste Gelegenheit, um die teils scheuen Tiere auch zu sehen. Zusätzlich vermitteln Experimentier- und Lernspiele viel Wissenswertes zu Umwelt- und Naturschutz.

Am Wegesrand liegt **Kloster Isenhagen**, das im Innern der Kirche zwei gotische Schnitzaltäre versteckt. Im Klosterhofmuseum erfahren wir auch, dass die Gewächse aus dem **Kräutergarten** nicht nur zum Kochen, sondern auch zum Heilen benutzt wurden.

Weiter geht´s von Wittingen nach Erpensen, wo wir rechts abbiegen und dem Hinweg zurück zum Kloster Diesdorf folgen.

In der Ortsmitte Wittingen, reckt sich die im 9. Jh. gegründete **St. Stephanus-Kirche** empor. Das kleine Heimatmuseum ist im **Junkerhof** aus dem Jahre 1528, wo einst die Ritter von Knesebeck ihren Stammsitz hatten. Im Ort entdecken wir hübsche **Fachwerkfassaden** und sogar Reste der historischen Wallanlagen. Nicht nur für Biertrinker interessant ist ein Besuch der **Privatbrauerei Wittingen**, die als eine der größten Privatbrauereien Deutschlands gilt.

Kartentipp:
ADFC Regionalkarten Lüneburger Heide 1:75.000, ISBN 978-3-96990-009-3, 9,95 €
Altmark 1:75.000, ISBN 978-3-96990-104-5, 9,95 €

Digital für Smartphones und Tablets: www.fahrrad-buecher-karten.de/kartenapp

82 Unterwegs im Hochharz

Von Wernigerode nach Bad Harzburg

Nördlich des berühmten Brockens führt uns unsere Tour durch den Nationalpark Hochharz. Bei den teils anstrengenden Steigungen ist es gut, dass wir am Ende der Tour einen Kurort ansteuern, um Kräfte zu tanken.

111Touren Info:

23 km, Streckentour meist auf Radwegen mit einigen starken Steigungen.
Start: Bahnhof Wernigerode
Ziel: Bahnhof Bad Harzburg
Info: www.wernigerode-tourismus.de
www.bad-harzburg.de

Der Tourstart fällt schwer, denn Wernigerode zieht uns schnell in den Bann - die **Fachwerkpracht** ist beeindruckend und findet im Viertel um den **Oberpfarrkirchhof** sowie im **Rathaus** ihre Höhepunkte. Über allem residiert das neugotische **Schloss** auf dem Agnesberg. Wer auch die **Liebfrauen- und die Grabkirche St.Silvestri** genossen hat, informiert sich noch im **Harzmuseum**, im **Feuerwehrmuseum** oder im **Museum für Luftfahrt und Technik**.

Tipp: Noch vor dem eigentlichen Tourstart bietet sich ein unsportlicher Abstecher an: Mit der Bahn geht es Richtung Schierke und weiter hinauf mit der dampfenden **Harzer Schmalspurbahn** auf den 1142 m hohen **Brocken**. Auch wenn das Wetter wie so oft nicht mitspielt – ein Besuch des Brockens ist Pflicht!

Los geht´s dem „R1" folgend „zackig" am Ortsrand entlang und in den Wald. Nach entspannter Abfahrt und schweißtreibendem Anstieg erreichen wir am **Schwimmbad** vorbei Ilsenburg.

Schwungvoll rauscht die **Ilse** vom Brocken herab. Grund genug, an dieser Stelle, wo das Gelände flacher wird, eine **Burg** zu errichten. Nach wechselvoller Geschichte ist in ihr heute ein **Schlosshotel** untergebracht. Gegenüber steht die **Klosterkirche**, im Ortskern können wir außer der **Dorfkirche** und der **Fachwerk-Apotheke** das **Hüttenmuseum** besuchen. Der historische Eisengießer-Ort ist seit jeher ein Zentrum der **Ofenplattenherstellung**.

Weiter geht's auf dem „R1" bzw. dem Harz-Radrundweg (weißes Piktogramm) durch das Ilsetal an einem **Spielplatz** vorbei. Bitte aufpassen, denn kurz hinter diesem geht es in spitzem Winkel rechts ab. Stets am Ortsrand entlang geht es wieder aus der Stadt hinaus. Hinter einer Abfahrt und der Überquerung des Ecker (-baches) schnaufen wir durch den Schimmerwald wieder bergauf. Die wohlverdiente Abfahrt kündigt das Ende unserer Tour an. Wir treffen auf die B 6, der wir nach links hinunter nach Bad Harzburg folgen.

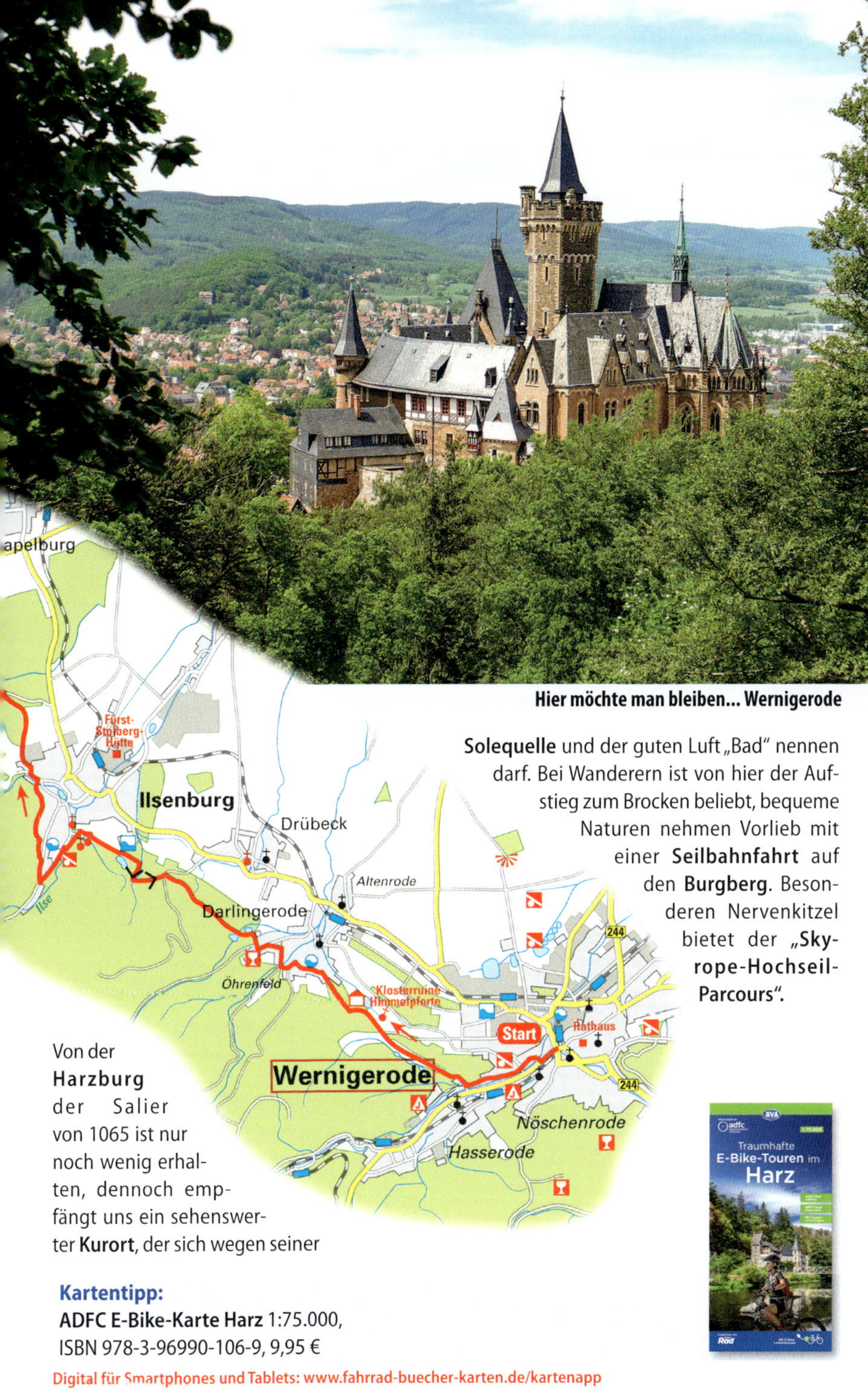

Hier möchte man bleiben... Wernigerode

Von der **Harzburg** der Salier von 1065 ist nur noch wenig erhalten, dennoch empfängt uns ein sehenswerter **Kurort**, der sich wegen seiner **Solequelle** und der guten Luft „Bad" nennen darf. Bei Wanderern ist von hier der Aufstieg zum Brocken beliebt, bequeme Naturen nehmen Vorlieb mit einer **Seilbahnfahrt** auf den **Burgberg**. Besonderen Nervenkitzel bietet der **„Skyrope-Hochseil-Parcours"**.

Kartentipp:
ADFC E-Bike-Karte Harz 1:75.000,
ISBN 978-3-96990-106-9, 9,95 €

Digital für Smartphones und Tablets: www.fahrrad-buecher-karten.de/kartenapp

83 Garantiert ausreichende Kalorienzufuhr nach der Tour

Von Salzwedel über Arendsee

111 Touren Info

60 km, Rundtour meist auf befestigten Radwegen bzw. Straßen/Wegen, keine größeren Steigungen, teils Wegweisung als Altmarkrundkurs sowie als Iron Courtain Trail

Start / Ziel: Bahnhof Salzwedel

Info: www.salzwedel.de

Weite Wälder, Heide und viel Landwirtschaft prägen die Altmark. Es verspricht also, eine sehr naturverbundene Runde zu werden, wenn wir im wunderschönen Salzwedel starten und später einmal um den Arendsee rollen. Auf der Rückfahrt gedenken wir auf dem „Iron Courtain Trail" der dunklen Vergangenheit des Kalten Krieges.

In Salzwedel scheint die Zeit stehengeblieben zu sein: Es erwartet uns ein wunderbares Ensemble mit prachtvollen **Fachwerkhäusern**, das am Bürgermeisterhof seinen Höhepunkt findet. Garniert wird der Altstadt-Charme mit zahllosen **historischen Gebäuden** wie dem ehemaligem **Rathaus**, Neupertor, Wasserturm, Katharinen- oder Marienkirche.

Tipp: Die 1807 gegründete **„Erste Salzwedeler Baumkuchen-Fabrik"** durfte sogar Kaiser und Könige beliefern. Dreimal in der Woche können wir live zusehen, wie dieser kalorienreiche Gaumenschmaus gebacken wird – nach der Tour sind die Baumkuchen auch online bestellbar.

Entgehen lassen sollten wir uns auch nicht den Besuch von Märchenpark und **Duftgarten** und Tierpark in Salzwedel – unsere viel zu knappe Zeit vergeht hier in Salzwedel im Nu!

Los geht´s am Bahnhof von Salzwedel, den wir am Parkplatz vorbei, über die Straße „Kleiner Stengel" und links Ernst-Thälmann-Straße verlassen. An der Ampelkreuzung links in die Schillerstraße und geradeaus aus dem Kreisel heraus. Wir sind hier bereits auf dem Radweg namens „Altmarkrundkurs", der uns via Groß Chüden, Riebau, Mechau, Kaulitz und Schrampe nach rechts ans Ufer des Arendsees bringt, den wir im Uhrzeigersinn umrunden, um den gleichnamigen Ort zu erreichen.

Stilecht gleiten wir in die Altstadt

Mit rund 5 qkm Wasserfläche ist der **Arendsee** der größte See von Sachsen-Anhalt und mit 50 m auch einer der **tiefsten** im gesamten Norden. Ein Blick auf die Karte verrät eine weitere Besonderheit: Der Arendsee ist oval geformt, ohne dass Buchten erkennbar sind. Und dennoch ist er natürlich entstanden, indem der unter ihm liegende Salzstock mehrfach einbrach. Ein Teil des Sees wurde unter **Naturschutz** gestellt, doch es gibt auch an Badestränden die Gelegenheit, ins kühle Nass zu springen. Auch ein Ausflugsschiff gibt es – der Schaufelraddampfer bekam zurecht den Namen **„Queen Arendsee“**.

Mississippi-Flair

Tipp: Fast am Wegesrand liegt der sogenannte **„IMI ATA-See“**. Schon früh entdeckten die Bewohner rund um den Ort Kläden den sehr feinen Sand, der später mit Schwimmbaggern in großem Stile abgebaut wurde. Die Sande gingen u.a. nach Genthin ins Waschmittelwerk. Produziert wurden hier das Waschmittel IMI und das Scheuermittel ATA, dessen wesentlicher Wirkstoff genau dieser Quarzsand aus Kläden war.

Der **Luftkurort** Arendsee (Altmark) profitiert natürlich von seiner Lage am Seeufer, der touristisch bestens vermarktet wird. Zu sehen gibt es auch einiges, wie z.B. das ehemalige Benediktinerinnenkloster mit dem **Kluhturm** oder die Bockwindmühle.

Weiter geht´s von Arendsee zurück nach Schrampe und vor dort auf dem Iron Courtain Trail geradeaus durch die ruhige Natur. Dabei tangieren wir die Orte (Schmarsau,) Volzendorf, Klein Chüden und Ritze, bevor wir rechts wieder nach Salzwedel gelangen, um die Tour am Bahnhof zu beenden.

Auf der Rückfahrt rollen unsere Bikes über den **„Iron Courtain Trail“**. EuroVelo13 beginnt am Schwarzen Meer und endet nach 9.950 km an der Barentssee und zeichnet den Verlauf der ehemaligen Grenze zwischen „NATO“ und „Ostblock“ nach.

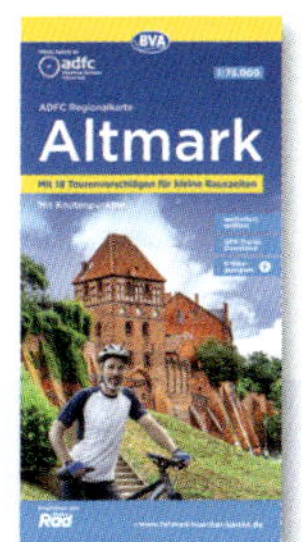

Kartentipp:

ADFC Regionalkarte Altmark

1:75.000, ISBN 978-3-96990-104-5, 9,95 €

Digital für Smartphones und Tablets: www.fahrrad-buecher-karten.de/kartenapp

84 Ab durch die Mitte

Von Oebisfelde nach Haldensleben

111 Touren Info

46 km, Streckentour meist auf befestigten Radwegen bzw. Straßen/Wegen, keinerlei Steigungen, teils Wegweisung als Allerradweg, Iron Courtain Trail bzw. Radweg am Mittellandkanal

Start: Bahnhof Oebisfelde

Ziel: Bahnhof Haldensleben

Info: www.stadt-oebisfelde-weferlingen.de

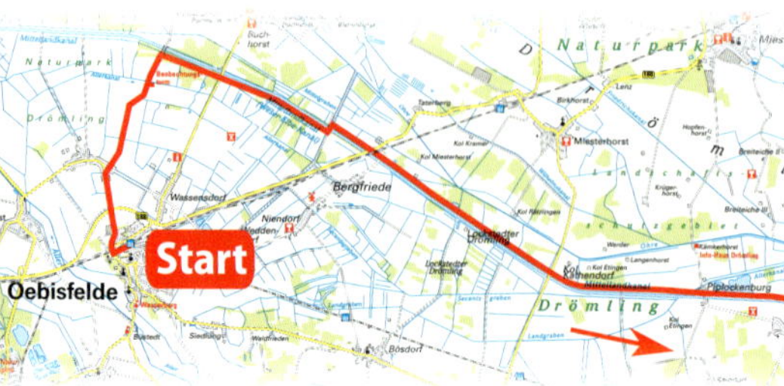

Auf dieser Radtour können wir uns gar nicht verfahren, denn fast die gesamte Strecke verläuft am Ufer des Mittellandkanals entlang. Langweilig wird es aber ganz bestimmt nicht, denn sowohl der Startort Oebisfelde als auch der Zielort Haldensleben empfangen uns mit Sehenswertem.

Schnurgeradeaus führt die Lange Straße vom Rathaus durch Oebisfelde. Zu beiden Seiten wird sie von prachtvollen **Fachwerkhäusern** flankiert. Noch auffälliger ist der Turm der ehemaligen **Wasserbug Oebisfelde**. Die Anlage gilt als **eine der ältesten Sumpfburgen Europas**. Bei der Errichtung wurde die umliegende Sumpflandschaft zum Schutz der Burg genutzt. Die Landschaft namens „Drömling" wurde auf einer Fläche von 340 qkm zum **Biosphärenreservat** erklärt.

Los geht´s am Bahnhof von Oebisfelde, den wir nach rechts über „Am Bahnhof" verlassen, um wenig später rechts mit der Klötzer Straße über die Schienen hinweg zu radeln. Wir rollen auf dem Iron Courtain Trail (bzw. ein kurzes Stück Allerradweg), der uns nach Breitenrode bringt. Hier zweigen wir rechts ab in den Bürgerdamm und erreichen einige Minuten später den Mittellandkanal. Vor dem Kanal rechts, dann stets am Ufer entlang – erst rechts, dann (mit der zweiten Brücke) am linken Ufer, so erreichen wir Calvörde.

Eine sagenhafte Länge von 392 km misst der **Mittellandkanal** und ist damit die längste von Menschenhand geschaffene Wasserstraße Deutschlands. Elbe-Havel-Kanal, Elbe, Weser und Dortmund-Ems-Kanal sind an den Mittallandkanal angebunden. Das sorgt für eine schiffbare Verbindung zwischen Oder und Rhein. Oder auch: Zwischen Polen, Tschechien, den Niederlanden, Belgien und Frankreich. Der 1942 fertiggestellte Kanal ist also ein perfektes Abbild der europäischen Idee!

Tipp: Bei Calvörde können wir einen Abstecher auf die andere Seite des Mittellandkanals unternehmen. Mit einer kleinen Stei-

Garten- und Baukunst

gung wird am Bahnhof Flechtingen vorbei der Luftkurort Flechtingen erreicht. Die Mühen lohnen sich, denn wir werden verzaubert von der wunderschönen **Wasserburg**, die auf einem Grauwacke-Felsen in einem aufgestauten See thront.

Calvörde bietet sich für eine Rast an, denn hier können wir einkehren und uns dabei schöne **Fachwerkhäuser** ansehen. Von der Burg ist zwar nicht mehr viel übrig, dafür aber ist die 1669 gegründete **Löwen-Apotheke** umso beeindruckender.

Weiter geht´s von Calvörde am Kanalufer entlang. Das verlassen wir erst in Haldensleben, wo wir den Bahnhof ansteuern, an dem die Tour endet.

Haldensleben war bereits vor sehr langer Zeit besiedelt, worauf Funde schließen lassen, die man beim Pflügen der Äcker fand. Dass sich der Ort später zu einer „echten" Stadt entwickelte, erkennen wir am **Roland**, der hoch zu Ross mit dem Schwert in der Hand vor dem **Rathaus** auf uns wartet.

Tipp: Auch außerhalb von Haldensleben gibt es eine Menge zu sehen: Im Norden liegen der Pulverturm und **Schloss Detzel**, im Osten in Hillersleben ein **Benediktinerinnenkloster**, im Süden Hundisburg mit **Schloss**, Landschaftspark und Ziegeleimuseum und im Westen das **Großsteingrab** Küchentannen.

Der Besuch von Haldensleben ist wie eine Reise in längst vergangene Zeiten, denn nachdem wir uns die 2,1 km lange **Stadtmauer** angesehen haben, schwelgen wir in historischem Ambiente. Dazu gehören auch die Stadttore, die prachtvollen **Fachwerkgebäude**, das **Kühnsche Haus**, das Repssche Haus und das Gehnrendsche Haus.

Kartentipp:
ADFC Regionalkarte Magdeburg & Umgebung
1:75.000, ISBN 978-3-96990-087-1, 9,95 €
Digital für Smartphones und Tablets: www.fahrrad-buecher-karten.de/kartenapp

85 Von Bischöfen und Ingenieuren

Von Magdeburg zum Wasserstraßenkreuz

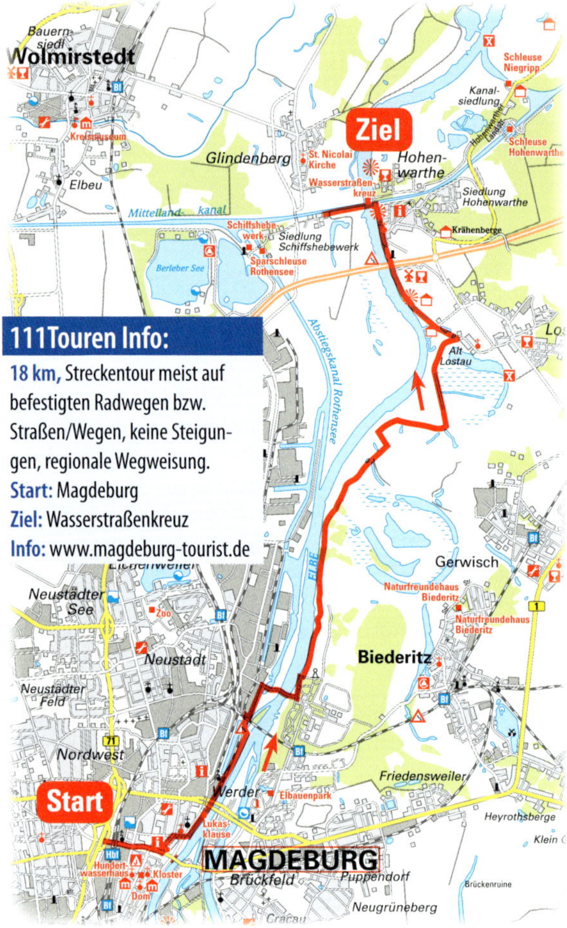

In jedem Jahr gelangen viele Tourenradler über den beliebten Elbe-Radweg nach Magdeburg. Was allen sofort ins Auge fällt, ist der imposante Dom, der sich unweit des Flusses erhebt. Drumherum gibt es noch viele weitere Sehenswürdigkeiten, die wir mit einer kleinen Radtour erkunden möchten. Wer mag, kann auch eine Rad-Runde daraus machen.

111Touren Info:

18 km, Streckentour meist auf befestigten Radwegen bzw. Straßen/Wegen, keine Steigungen, regionale Wegweisung.

Start: Magdeburg

Ziel: Wasserstraßenkreuz

Info: www.magdeburg-tourist.de

Voller Ehrfurcht blicken wir vom Elbufer hinauf auf den **Magdeburger Dom** – so stolz und würdevoll beschützt er die Metropole schon seit Jahrhunderten. Geweiht wurde das Gotteshaus im Jahre 1363. Trotz einiger Plünderungen präsentiert er uns kostbare Kunstschätze, wie die **Alabaster-Kanzel** oder die Skulpturen der klugen und törichten Jungfrauen.

Unweit des Doms blicken wir auf ein völlig anderes Kunstobjekt: Das Genie Friedensreich Hundertwasser schuf hier die **Grüne Zitadelle**. In dem kunterbunten Gebäude können wir sogar übernachten.

Los geht´s unterhalb des Magdeburger Doms am Elbufer, dem wir stromabwärts folgen. Ein gutes Stück hinter der Elbuferpromenade vollziehen wir einen kompletten Bogen, um mit den beiden Brücken auf die andere Uferseite der Elbe zu wechseln. Auf der anderen Seite radeln wir weiter flussabwärts und gelangen zum Herrenkrugpark.

Die **Elbuferpromenade** beginnt an derselben Stelle wie unsere Tour: Vom Domfelsen zieht sie sich über 4 km an der ehemaligen **Stadtmauer** entlang. Verschiedene Plastiken, Brunnen und Gärten haben sie zu einer begehrten Spaziermeile gemacht.

Der Magdeburger Dom dominiert das Elbeufer

Noch viel mehr Grün erwartet uns im **Elbauenpark**, in dessen Mitte sich der **Jahrtausendturm** erhebt. Der 60 m hohe Holzturm wurde 1999 zur Bundesgartenschau installiert und bietet im Innern ein Pendel, das die Rotation der Erde erlebbar macht.

Nur ein paar Pedalumdrehungen später rollen wir durch den **Herrenkrugpark**. Er gehört zum Netzwerk „Gartenträume Sachsen-Anhalt" und ist Magdeburgs älteste Parkanlage. Seit rund 200 Jahren genießen Besucher die üppige Natur und die Ruheoasen. Mutige wagen sich auf den **Herrenrkugsteg**, andere bewundern den gusseisernen Löwen, die Sonnenuhr, die Siegessäule oder die Sandsteinbank „FÜR FAULE".

Weiter geht´s vom Herrenkrugpark auf dem wunderbaren Radweg, der stets in der Nähe der Elbe bleibt. Nachdem wir die A2 gequert haben, rollen wir am Ort Hohenwarthe vorbei, vollziehen wieder einen Bogen und kommen zum Wasserstraßenkreuz, wo unsere Tour endet.

Zum Abschluss der Tour treffen wir auf das **Wasserstraßenkreuz**. Die Elbe, der Elbe-Havel-Kanal, der Mittellandkanal und der Rothenseer Verbindungskanal sind hier zu einem einzigartigen Knotenpunkt verwoben. Höhepunkt dieser Meisterleistung der Ingenieurskunst sind die Schleusen, das Schiffshebewerk und die **Trogbrücke**, die den Kanal über die Elbe führt.

Tipp: Wer aus der Radtour eine Runde machen möchte, radelt ab dem Wasserstraßenkreuz ein Stückchen am Mittellandkanal entlang zum **Barleber See**. Von hier können wir vorbei am Adam- und am **Neustädter See** zurück Richtung Innenstadt radeln. Unser Start-Ort, der Dom, ist bestens ausgeschildert.

Im Norden von Magdeburg entstand eine ganze Reihe von **Seen**, die inzwischen touristisch bestens erschlossen sind. An Barleber und Neustädter See finden die Städter die gesuchte Ruhe und Erholung.

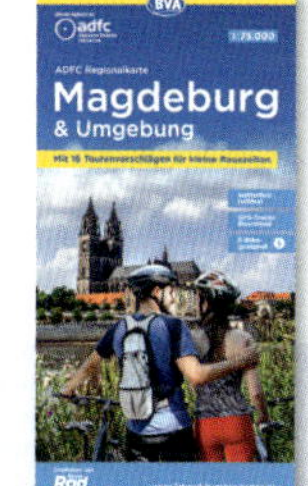

Kartentipp:
ADFC-Regionalkarte Magdeburg und Umgebung
1:75.000, ISBN 978-3-96990-087-1, 9,95 €
Digital für Smartphones und Tablets: www.fahrrad-buecher-karten.de/kartenapp

86 Schachmatt? Bestimmt nicht bei dieser Tour!

Von Halberstadt über Schwanebeck

111 Touren Info

46 km, Rundtour meist auf befestigten Radwegen bzw. Straßen/Wegen, eine kräftige Steigung in der ersten Hälfte, teils Wegweisung als Aller-Harz-Radweg, Holtemmeradweg bzw. als St. Jakobus Pilgerweg

Start / Ziel: Bahnhof Halberstadt

Info: www.halberstadt.de

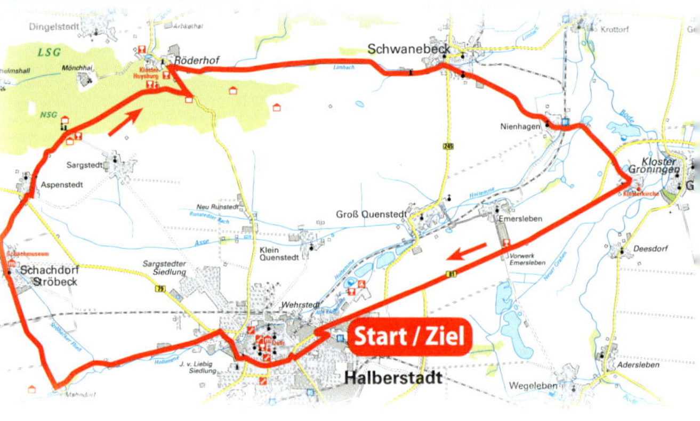

Einige wohlschmeckende Halberstädter Würstchen in die Satteltaschen gepackt und schon geht´s los auf diese Tour am Rande des Harzes, die wir mit einer Steigung auch in den Beinen bemerken werden. Entlang des Weges warten viele Naturerlebnisse, aber auch „klassische" Sehenswürdigkeiten.

Halberstadt bezeichnet sich gerne als **„Ihr Tor zum Harz"** – damit ist die wunderbare Lage dieser Stadt bereits bestens erklärt. Der eher weniger bekannte Fluss namens **Holtemme** sorgt für einen gleichnamigen Radweg und dafür, dass sich hier die ersten Bauern bereits um 5.000 v. Chr. ansiedelten.

Tipp: Was essen wir in Halberstadt? Na selbstverständlich die deutschlandweit bekannten **Halberstädter Würstchen**. Mehr als 24 Stunden werden die Wiener Würstchen über Buchenholz geräuchert und bekommen dadurch ihr einzigartiges Aroma. Rund 1.200 Tonnen dieser mehrfach prämierten Köstlichkeiten werden hier pro Jahr hergestellt.

Nach der Radrunde nehmen wir uns reichlich Zeit, um die wunderschöne **Altstadt** von Halberstadt genießen zu können. Prachtvolle **Fachwerkhäuser** säumen die teils gepflasterten Straßen, die uns zum Domplatz geleiten. Hier wird der Blick frei auf die Liebfrauenkirche und natürlich den **Dom St. Stephanus und St. Sixtus**, der im Stile der Gotik erbaut wurde. Eine Augenweide sind auch die **Dompropstei** und das rekonstruierte Rathaus. Vor dem steht ein stattlicher **Roland**, der dem Glockenspiel lauscht, das mit 25 Glocken arbeitet.

Los geht´s am Bahnhof von Halberstadt, den wir nach links über die Bahnhof- und rechts weiter folgend Richard-Wagner-Straße verlassen. An der Quedlinburger Straße rechts direkt links auf die Friedrich-Ebert-Straße und wieder rechts in die Walther-Rathenau-Straße, deren Radweg wir nun einige Zeit folgen. Wir befinden uns auf dem Aller-Harz-Radweg, mit dem wir links in „Am Wasserwerk" einbiegen, der als Holtemmeradweg nach Mahndorf führt. Hier zweigen wir rechts ab, durchfahren mit dem Aller-Harz-Radweg Ströbeck und kurbeln mit einer kräftigen Steigung nach Röderhof, ehe es bergab nach Schwanebeck geht.

Der Ort Ströbeck wurde bereits um 995 in den Büchern verewigt, als hier ein **Lehensgut** angelegt wurde. Die Gegend ist sehr fruchtbar und zwei wichtige Straßen trugen ebenfalls dazu bei, dass sich ein florierendes Dorf entwickeln konnte, das heute gerne von Touristen besucht wird.

Ein Traum, diese Fachwerkhäuser!

Tipp: Wir sind im **„Schachdorf Ströbeck"** - so darf sich der ins Kulturerbe aufgenommene Ort ganz offiziell nennen. Schon 1515 wurde in Ströbeck Schach gespielt, was 1616 im ersten deutschsprachigen Schachbuch dokumentiert wurde. Mehr über die Geschichte erfahren wir im **Schachmuseum**. Im Ortszentrum entdecken wir zudem ein Schachbrettmuster auf dem Pflaster – hier wird „Lebendschach" gespielt.

Am Wanderparkplatz erreichen wir **Kloster Huysburg**, wo wir unbedingt von den Bikes steigen müssen. Im Jahre 1121 geweiht, begeistert uns die **Klosterkirche** mit einer wertvollen Ausstattung und einer imposanten Orgel.

Weiter geht´s von Schwanebeck auf dem St. Jakobus Pilgerweg bzw. Aller-Harz-Radweg via Nienhagen nach Kloster Gröningen, wo wir den Aller-Harz-Radweg nach rechts verlassen und dann schnurgerade neben der B81 entlang zurück nach Halberstadt radeln, wo die Tour am Bahnhof endet.

Auch das Kloster von Gröningen ist von beeindruckender Größe. Höhepunkt ist die **Klosterkirche St. Vitus**, die bereits 940 geweiht wurde.

Kartentipp:

ADFC Regionalkarte Magdeburg & Umgebung
1:75.000, ISBN 978-3-96990-087-1, 9,95 €
ADFC E-Bike-Karte Harz 1:75.000,
ISBN 978-3-96990-106-9, 9,95 €

Digital für Smartphones und Tablets: www.fahrrad-buecher-karten.de/kartenapp

87 An der „Harz-Grenze"

Von Blankenburg nach Ballenstedt

An der Nordflanke des Ramberges verläuft unsere Tour an den Ausläufern des Harzes auf dem Rad-Harzrundweg. Historische Ortskerne und das sagenumwobene Walpurgis sorgen für viel Abwechslung.

111Touren Info:

38 km, Streckentour meist auf Radwegen mit einigen starken Steigungen. Kürzung möglich.
Start: Bahnhof Blankenburg
Ziel: Bahnhof Ballenstedt
Info: www.blankenburg.de
www.ballenstedt-tourist.de

Unter dem 305 m hohen **Blanken Stein** finden wir Blankenburg mit seinem **großen und kleinen Schloss**. Rund um den **Marktplatz**, an dem auch das **alte Rathaus** steht, gibt es viel zu entdecken. Etwas außerhalb liegt die **Teufelsmauer**, die entstanden sein soll, als der Teufel diese Grenzmauer zu Gottes Reich nicht rechtzeitig fertig bekam.

Los geht´s vom Bahnhof Blankenburg zur Ortsmitte, wo der „R1" bzw. der Harz-Radrundweg (weißes Piktogramm) beginnt. Am **Schloss** vorbei geht es gleich mächtig bergauf, ehe wir nach Wienrode hinunter rollen können. Der R1 führt uns wieder in den Wald, über einen Bach und dahinter in entgegen gesetzter Fahrtrichtung erneut auf einen Berg. Mit über 7% Gefälle erreichen wir Thale.

In Thale steht die in altgermanischem Stil erbaute **Walpurgishalle,** in der die Sage des Göttervaters Vodan wiedergegeben wird. Im Wald lockt das **Harzer Bergtheater** zu Aufführungen mit **Aussicht**. Über dem engen Bode-Tal gelegen, waren **Rosstrappe** (403 m) und **Hexentanzplatz** (451 m, zu beiden führen Lifte) vorgeschichtliche Kultplätze. Heute wimmelt es im Wald von Hexen und Teufeln, die Gäste erschrecken, Goethe zitieren und Geschichten erzählen.

Weiter geht´s auf dem R1 durch Thale um den Bahnhof herum via Hubertusstr., Stecklenberger Allee und Waldrand zunächst abwärts, dann wieder hinauf nach

In Quedlinburg wurde gleich alles unter den Schutz der UNESCO gestellt

Neinstedt. Hier radeln wir zum Bahnhof, überqueren dahinter die Gleise, um dann parallel zu den Schienen auf dem mit „HVR" gekennzeichneten Radweg nach Quedlinburg zu gelangen.

Tipp: Wer abkürzen mag, folgt dem R1 von Neinstedt über Bad Suderode und Gernrode (mit der ehemaligen **Stiftskirche St.Cyriakus** von 983) direkt nach Ballenstedt, spart rund 5 km, verpasst aber **Quedlinburg**.

In Quedlinburg scheint die Zeit stehengeblieben zu sein – im Umfeld des alten, mit Efeu bewachsenen **Rathauses** entdecken wir immer wieder herrliche **Fachwerk-Hausfassaden**. Kein Wunder, dass es hier ein **Fachwerk-Museum** gibt! Das von der **Stadtmauer** umschlossene Ensemble ist heute **Weltkulturerbe**. Gleich mehrere Kirchen laden ebenso wie das **Schlossmuseum** zum Staunen ein.

Weiter geht´s vom Bahnhof über Stresemannstr. und Johannishöfer Trift hinaus aus der Stadt. Der „HVR" führt uns an der Gersdorfer Burg vorbei mit einem Anstieg über die Schierberge hinunter nach Ballenstedt, in dessen **Gärten** wir uns von den Strapazen erholen können. Den Bahnhof erreichen wir, indem wir am Ortseingang links in die Quedlinburger Str. abbiegen.

Kartentipp:
ADFC E-Bike-Karte Harz 1:75.000,
ISBN 978-3-96990-106-9, 9,95 €

Digital für Smartphones und Tablets: www.fahrrad-buecher-karten.de/kartenapp

88 Rund um den Kyffhäuser mit Blick auf Kaiser Wilhelm

Von Berga über Bad Frankenhausen

111 Touren Info

41 km, Rundtour meist auf befestigten Radwegen bzw. Straßen/Wegen, hügeliger Verlauf mit drei spürbaren Steigungen, Wegweisung als Kyffhäuser-radweg

Start / Ziel: Bahnhof Berga

Info: www.berga.de

Oben auf dem maximal 473 m hohen Kyffhäusergebirge grüßt uns Kaiser Wilhelm, doch die Fahrt nach oben erfordert eine gute Kondition. Also folgen wir „nur" dem Kyffhäuserradweg einmal rund um das Mittelgebirge, haben aber auch da viel zu sehen!

Ab dem 16. Jh. bestimmten die Grafen von Schwarzenberg und die Grafen zu Stolzenberg gemeinsam die Geschichte von Berga. Die stolze **Petri-Pauli-Kirche** von 1898 wacht heute über das **alte Schulgebäude** und die **Gemeindeverwaltung**, die aus Fachwerk gefertigt wurde. Auch unser 1877 errichteter **Start-Bahnhof Berga-Kelbra** ist beachtenswert, denn es ist ein seltener Keilbahnhof.

Los geht´s am Bahnhof von Berga, den wir nach links verlassen, um dem Radweg entlang der B85 nach links zu folgen. In Kelbra verlassen wir die B85 geradeaus in die Tilledaer Straße und fahren am Ortsende links auf den Radweg, der als Kyffhäuser-Radweg einer alten Bahntrasse folgt und uns nach Tilleda bringt. Den Ort verlassen wir mit den Radwege-Schildern entlang der Ernst-Thälmann-Straße. Durch Ichstedt und Udersleben erreichen wir Bad Frankenhausen.

Kelbra blickt auf eine lange Geschichte zurück: Schon 1351 gab es die Stadtrechte. Schön anzusehen sind das fachwerkgeschmückte **Rathaus**, die **Kirche St. Martini** und die **Stadtkirche St. Georgii**. Beide Gotteshäuser wurden teils aus Kyffhäusersandstein gefertigt. Im ältesten Haus der Stadt ist inzwischen das **Heimatmuseum** untergebracht.

Hinter Kelbra vergnügen wir uns auf der Trasse der ehemaligen **Kyffhäuser Kleinbahn AG**. Der Bau wurde ab 1913 größtenteils privat finanziert, so dass kurz vor Weihnachten 1916 der Güter- und Personenverkehr zwischen Kelbra und Artern rollte. Gute 50 Jahre wurde die Verbindung genutzt, bis eine Lok der Baureihe V 36 feierlich geschmückt am 5.6.1966 das Ende dieser Ära signalisierte.

Zu Füßen des Kyffhäusers

Der schiefe Turm von Frankenhausen

Wir rollen zu Füßen des rund 70 qkm umfassenden Mittelgebirges namens **Kyffhäuser**. Die höchste Erhebung ist der **Kulpenberg** mit 473 m.

Tipp: Wer einen guten Akku oder gute Waden hat, hat in Tilleda die Gelegenheit, hinauf zum 1896 errichteten **Kyffhäuser-Denkmal** zu kurbeln. Mit unglaublichen 81 m Höhe ist es das drittgrößte Gedenk-Bauwerk Deutschlands! Gewidmet ist es Kaiser Wilhelm in Erinnerung daran, dass dem deutschen Volk nie wieder schlimmes Leid durch Zwist und Krieg widerfahren sollte. Wie die Geschichte weiterging, ist leider hinlänglich bekannt.

Kartentipp:
ADFC E-Bike-Karte Harz
1:75.000, ISBN 978-3-96990-106-9, 9,95 €

Digital für Smartphones und Tablets: www.fahrrad-buecher-karten.de/kartenapp

Bad Frankenhausen bietet sich für eine längere Pause an, denn rund um das turmgeschmückte Rathaus gibt es reichlich zu sehen, wie z.B. die **Unterkirche St. Marien**, das Schloss, das Panorama-Museum oder einige **Fachwerkfassaden**. Berühmt ist die Stadt aber für seinen „**Schiefen Turm von Frankenhausen**“: Der Turm Oberkirche „Unserer Lieben Frauen am Berge“ geriet im Laufe der vielen 100 Jahre, in denen er steht, wegen unterirdischer Hohlräume immer wieder in Schieflage. Inzwischen ist er deutlich mehr geneigt, als sein berühmtes Pendent in Pisa.

Weiter geht´s von Bad Frankenhausen auf dem Kyffhäuser-Radweg, der uns auf hügeliger Strecke via Steinthaleben zur Talsperre Kelbra bringt. Am Ortseingang von Kelbra verlassen wir den Kyffhäuser-Radweg nach links und fahren am Seeufer vorbei nach Berga, wo wir die Tour am Bahnhof beenden.

Am Ende der Tour kommen wir an der **Talsperre Kelbra** vorbei, deren 4 km langer Damm 1966 fertiggestellt wurde. Sie dient zum Hochwasserschutz, aber auch zum Wassersport aller Art.

89 Die wichtigsten Lebensabschnitte des weltberühmten Reformators

Von Eisleben über Seeburg

111 Touren Info

28 km, Rundtour meist auf befestigten Radwegen bzw. Straßen/Wegen, hügeliger Verlauf, am Ende eine spürbare Steigung, Wegweisung als Saale-Harz-Radweg

Start / Ziel: Bahnhof Lutherstadt Eisleben

Info: www.eisleben.eu

Martin Luther: Der weltberühmte Reformator erblickte in Eisfeld das Licht der Welt und verstarb auch in dieser Stadt. Nach den bleibenden Eindrücken setzen wir uns auf die Bikes und drehen eine Runde um den „Süßen See" mit seiner schützenswerten Natur.

„Lutherstadt Eisleben" – schon der offizielle Städtename macht deutlich: Hier wurde Geschichte geschrieben! Am 10.11.1483 wurde Martin Luther hier in Eisleben geboren – in seinem **Geburtshaus** wurde inzwischen ein **Museum** eingerichtet. Nach einem einzigartigen Leben, in dem er die Kirche weltweit reformierte, verstarb Dr. Martin Luther am 18.02.1546 ebenfalls hier in Eisleben. Natürlich besuchen wir auch Luthers **Sterbehaus** und das **Lutherdenkmal**.

Tipp: Bei einem Besuch von Eisleben gehört es einfach dazu, sich einer **Stadtführung** anzuschließen, um mehr über die Geschichte zu erfahren. Empfehlenswert ist eine **Kostümführung**, bei der wir von Dr. Martin Luther und Gräfin Anna geleitet werden.

Luther prägte die Kirchengeschichte

Die Region um Eisleben war zu Luthers Zeiten natürlich schon lange besiedelt. Funde deuten darauf hin, dass es hier bereits zur **Bronze- und zur Eisenzeit** Siedler ab.

Tipp: Wenn wir am Eisleber Rathaus genau hinsehen, entdecken wir an der Nordwand einen aus Sandstein gefertigten Kopf. Es soll sich um den „**Knoblauchkönig**" handeln, der eigentlich Herrmann von Luxemburg hieß und sich vergeblich den Angriffen der Friesen entgegen stemmte. Er residierte seinerzeit in der Eisleber Wasserburg, die von

Natürlich direkt am See: Schloss Seeburg

Knoblauchpflanzen bewachsen gewesen sein soll, was ihm den Namen einbrachte.

Nicht versäumen dürfen wir, uns die vielen historischen Gebäude Eislebens anzusehen. Zu den sehenswertesten gehören das strahlend weiße **Rathaus**, die Andreaskirche und das **„Tor der Mahnung"** am Stadtpark, das an die Opfer des ersten Weltkriegs erinnert.

Los geht´s am Bahnhof von Eisleben, den wir links über die Rathenaustraße nach rechts verlassen. An der Ampel links in die Hallesche Straße und wenig später rechts in den Weg „Kleine Landwehr", bei km 1,2 treffen wir rechts auf den Saale-Harz-Radweg, der rund 600 m später rechts und gleich wieder links abzweigt. So kreuzen wir die B180, durchfahren Unterrißdorf und Wormsleben, um am Ortsausgang links abzuzweigen. Am Ufer des Sees entlang erreichen wir Seeburg.

Am Scheitelpunkt des Süßen Sees entdecken wir **Schloss Seeburg**, das sich eindrucksvoll direkt am Ufer erhebt. Die prachtvolle Anlage aus der Zeit der Renaissance ist das beste Aushängeschild des **staatlich anerkannten Erholungsortes Seeburg**.

Weiter geht´s von Seeburg, das wir weiter am Seeufer entlang verlassen, um die Runde um den Süßen See weiter zu radeln. Am Wegesrand liegen Aseleben und Lüttchendorf, ehe wir ab Wormsleben auf derselben Strecke zum Eisleber Bahnhof zurückfahren, auf der wir herkamen.

Der **Süße See** ist nur knapp einen Kilometer breit, aber dafür 4,2 km lang. Entstanden ist er, als unter der Erde Steinsalz ausgelaugt wurde und die Oberfläche einbrach. Gespeist wird der Süße See durch den Fluss namens **„Böse Sieben"**, die aber gar nicht so böse zu sein scheint – der Name jedenfalls konnte bisher nicht geklärt werden. Der Süße See ist in einigen Teilen zum Baden und für den Wassersport freigegeben, aber meist als **Landschaftsschutzgebiet** ausgewiesen, damit die teils seltene Vogel- und Pflanzenwelt erhalten bleibt.

Kartentipp:

ADFC Regionalkarte Welterberegion Anhalt-Dessau-Wittenberg

1:75.000, ISBN 978-3-87073-806-8, 8,95 €

Digital für Smartphones und Tablets: www.fahrrad-buecher-karten.de/kartenapp

90 Wie sich unsere Vorfahren vor rund 4.000 Jahren den Himmel erklärten

Von Karsdorf nach Artern

111 Touren Info

38 km, Streckentour meist auf befestigten Radwegen bzw. Straßen/ Wegen, keine größeren Steigungen, Wegweisung als Unstrut-Radweg

Start: Bahnhof Karsdorf

Ziel: Bahnhof Artern

Info: www.karsdorf.de

Tief in die Urgeschichte entführt uns diese Streckentour. Es geht meist auf besten Wegen direkt an der Unstrut entlang. Das Highlight unterwegs ist die Fundstelle der „Himmelsscheibe von Nebra", der ältesten Himmels-Darstellung der Welt.

Ein modernes Wunder der Technik

Die Region um unserem Startort Karsdorf war vermutlich schon 5.000 Jahre v. Chr. besiedelt. Darauf lassen zwei „Individuen" (ein Mann und eine Frau) schließen, die man ganz in der Nähe fand.

Los geht´s am Bahnhof von Karsdorf, den wir nach rechts über die Bahnhofstraße verlassen, um nach wenigen Metern links in den kleinen Weg einzubiegen. Am Siedlungsweg geradeaus. An dessen Ende rechts in die Schulgasse, wenig später links in die Reinsdorfer Straße und in der Linkskurve rechts. So gelangen wir auf den Unstrut-Radweg, der uns durch Reinsdorf und Nebra nach Wangen bringt.

Gleich zu Beginn unserer Tour rollen wir unter der beeindruckenden **Unstrut-Talbrücke** her, auf der die ICE entlang donnern. In Wangen gab es zu DDR-Zeiten einen **Fernmeldeturm**, der von der Deutschen Volkspolizei so streng bewacht wurde, dass selbst die Anwohner kaum etwas darüber wussten – der Kalte Krieg war hier zugegen.

Tipp: Es ist kein leichter Aufstieg, aber den **Fundort der Himmelsscheibe** sollten wir uns nicht entgehen lassen: In Wangen zwei-

Schloss Wendelstein scheint aus den Felsen zu wachsen

gen wir ab vom Radweg und kurbeln rund 4 km und 140 Höhenmeter nach oben. Hier auf dem Mittelberg wurden von illegalen „Schatzsuchern“ am 4.7.1999 mehrere Funde entdeckt, die sie zunächst auf dem Schwarzmarkt verkauften. Unter dubiosen Umständen kam es zu einem Treffen, bei dem die Funde von den Behörden sichergestellt wurden. Darunter auch die sogenannte „**Himmelsscheibe von Nebra**“, deren Echtheit und Alter inzwischen zweifelsfrei geklärt sind. Die rund 32 cm messende Bronzeplatte wurde vor etwa 4.000 Jahren von Hand geschmiedet und zeigt eine exakte Darstellung des Himmels – es ist weltweit die älteste ihrer Art! Die Fundstelle ist mit einer Platte markiert und vom benachbarten **Aussichtsturm** sind auch wir den Sternen etwas näher.

Deutlich einfacher erreichbar ist für uns das im Tal gelegene, multimediale Besucherzentrum **„Arche Nebra“**. Der Bau wurde ähnlich spektakulär wie der Fund selbst gestaltet.

Weiter geht´s von Wangen auf dem Unstrut-Radweg, der uns via Wendelstein, Roßleben, Bottendorf, Schönewerda und Ritteburg nach Artern geleitet. Hier queren wir die Unstrut, steuern mit einer Schleife über die Bahnschienen hinweg den Bahnhof an und beenden die Tour.

„Onestrudis“ – so wurde die **Unstrut** im Jahre 575 in den Geschichtsbüchern erwähnt. Der heutige Name des 192 km langen Flusses lautet Unstrut und der begleitende Radweg verspricht uns beste Radelbedingungen ohne allzu große Steigungen.

Tipp: Direkt neben unserem Radweg erhebt sich **Schloss Wendelstein** auf einem 30 m hohen Felsen. Ab dem 14. Jahrhundert gab es hier eine Burg, die später zu einer Festung und dann zu einem Schloss umgebaut wurde. Spannend zu wissen ist, dass hier einst unterirdische Festungstoranlagen errichtet wurden.

Wuchtig und mit einem schönen Turm geschmückt erhebt sich das neobarocke **Rathaus** von Artern. Bestens restauriert und strahlend weiß getüncht präsentiert sich unweit davon die **St.-Veits-Kirche**, die in dieser Form im 13. Jh. entstand. Noch etwas älter ist die **Stadtkirche St. Marien**, deren Turm mit Fachwerk versehen wurde.

Kartentipp:

ADFC E-Bike-Karte Harz 1:75.000,
ISBN 978-3-96990-106-9, 9,95 €;
ADFC Regionalkarte Saale-Unstrut 1:75.000,
ISBN 978-3-96990-093-2, 9,95 €

Digital für Smartphones und Tablets: www.fahrrad-buecher-karten.de/kartenapp

91 Chemie: einmal im Museum, einmal „in echt"

Von Halle (Saale) über Merseburg

111 Touren Info

36 km, Rundtour meist auf befestigten Radwegen bzw. Straßen/Wegen, keine größeren Steigungen, teils Wegweisung als Saale- bzw. Elster-Radweg

Start / Ziel: Bahnhof Halle-Ammendorf

Info: www.halle.de

Es sind nur 36 km, doch es erwartet uns eine unglaublich abwechslungsreiche Tour: Beste Radwege entlang der Saale und der Elster geleiten uns ins historische Merseburg. Nach diesem Ausflug in die Architektur-Geschichte tauchen wir in die Historie der Chemie ein.

Schon früh wurde die ideale Lage der heutigen Stadt Halle erkannt, denn hier an der Mündung in die **Saale** bildet die **Weiße Elster** eine weitläufige **Flussaue**. Die Saale selbst hat hier ein großes Gefälle, weshalb man mehrere Wehre und Schleusen baute, um sie schiffbar zu machen. In der jüngeren Vergangenheit sicherten sich die Bürger von Halle einen Eintrag in die Geschichtsbücher, als 90.000 Demonstrierende auf die Straße gingen und sich gegen die DDR-Regierung auflehnten.

Tipp: Die Innenstadt von Halle liegt etwas nördlich unseres Bahnhofs – doch die sollten wir uns keinesfalls entgehen lassen! Schon das Ensemble auf dem Marktplatz mit **Marktkirche**, **Roland** und **Rotem Turm** ist einfach herrlich! Am Roten Turm erklingt das zweitgrößte Glockenspiel der Welt.

Rund um Halle gibt es viel Chemie, dennoch können wir auch viel Natur erleben. Dazu gibt es z.B. den **Botanischen Garten**, den Geologischen Garten, den Park der Olympiasieger, Reichardts Garten und den **Bergzoo**, der auf einem 130 m hohen Berg liegt.

Los geht´s am Bahnhof von Halle-Ammendorf, den wir nach rechts und direkt links an der Haltestelle vorbei über die Regensburger Straße verlassen. An der großen Ampelkreuzung links auf den Radweg entlang der Merseburger Straße. Vor der Saalebrücke rechts auf den Flussradweg, der uns nach links zuverlässig nach Merseburg bringt.

Viel Platz und noch mehr zu sehen in Halle

Wunderschön und riesig groß präsentiert sich der **Merseburger Dom** mit unzähligen filigranen Details, die im Tragaltar ihren Höhepunkt finden. Nicht minder aufwändig wurde das **Renaissance-Schloss** gestaltet, das als Königspfalz und als Residenz der Herzöge und Bischöfe diente. Doch auch dem Alten Rathaus und den vielen historischen Gebäuden müssen wir Beachtung schenken.

Weiter geht´s von Merseburg noch ein Stück auf dem Saale-Radweg. An der Schwimmhalle (gegenüber Sportplatz) gabelt sich der Weg und wir verlassen den Saale-Radweg nach rechts. Nächster Abzweig rechts, danach schräg links unter den Bahnschienen hindurch, in einer Rechtsschleife parallel zur B91, die zweite Straße rechts (Geiseltalstraße) und mit rechts-links-rechts-Abbiegen gelangen wir mit dem Radweg Salzstraße nach Zscherben. Nach rechts erreichen wir das Chemiemuseum, fahren rechts auf die Geusaer Straße, um danach dem Radweg neben der B91 (Merseburger Straße) nach links zu folgen. Später an der Ampel links in die Querfurther und kurz darauf an der Ampel rechts in den Fischweg. Auch hinter den Schienen bleiben wir in grober Richtung geradeaus und radeln um das Gelände der Chemiefabrik herum. Hinter Dörstewitz rechts. Geradeaus durch Hohenweiden und am Ortsausgang rechts in die Saalestraße. Hinter der Flussbrücke am Kreisel rechts und über den Elster-Radweg zurück nach Ammendorf, wo die Tour am Bahnhof endet.

Bei unserer Abfahrt aus Merseburg tangieren wir die Außenbereiche der **Leunawerke**. Die Hauptverwaltung wirkt fast wie ein Palast und erzählt aus der Zeit, als es hier das größte Chemiewerk der DDR gab. Bis heute gibt es hier eine Raffinerie und andere Chemiebetriebe.

Tipp: Direkt an unserem Radweg haben wir die Möglichkeit, im **Deutschen Chemiemuseum** hautnah zu erleben, wie vielschichtig Chemie sein kann und wie existenziell sie für unser tägliches Leben ist.

Nur wenige Minuten später gibt es im **Luftfahrt- und Technikmuseum Merseburg** schon wieder Technik zu bestaunen. Unter anderem wurde ein altes Passagierflugzeug zum Café umfunktioniert.

Nachdem wir die nächste große Chemiefabrik umkurvt haben, gibt es in der Kiesgrube Hohenweiden die Gelegenheit, den Athleten auf der **Wasserskibahn** zuzusehen, wie diese ihre Kurven auf dem Wasser ziehen.

Kartentipp:
ADFC Regionalkarte Leipzig und Umgebung
1:75.000, ISBN 978-3-96990-193-9, 10,95 €

Digital für Smartphones und Tablets: www.fahrrad-buecher-karten.de/kartenapp

92 Auf geht´s zum roten Elefanten

Von Braunsbedra über Mücheln

111 Touren Info

40 km, Rundtour meist auf befestigten Radwegen bzw. Straßen/Wegen, hügeliger Verlauf mit einer spürbaren Steigung in der ersten Hälfte, teils Wegweisung als Dolmen- bzw. als Goetheradweg

Start / Ziel: Bahnhof Braunsbedra-Ost

Info: www.braunsbedra.de

Der Geiseltalsee ist der größte See in Sachsen-Anhalt und der größte künstliche See Deutschlands! Mehr als Grund genug also, hier unsere Pneus rollen zu lassen. Etwas anstrengend wird es ab und an, aber zur Belohnung gibt es bei Bedarf Abkühlung im Strandbad und zwei weiteren Seen.

Nur ein paar Meter von unserem Startort entfernt entdecken wir das Modell eines großen, **roten Elefanten**. Der steht nicht zufällig hier, denn 1986 wurde im Geiseltalsee das 200.000 Jahre alte Skelett eines Elefanten entdeckt. Direkt dahinter liegt die ehemalige **Zentralwerkstatt Pfännerhall.** Wo einst Reparaturen für die riesigen Abbaumaschinen der Tagebaue durchgeführt wurden, gibt es heute u.a. die beeindruckende Rekonstruktion eines **Urzeit-Elefanten**.

Los geht´s am Bahnhof „Ost" von Braunsbedra, den wir nach links über „Pfännerhöhe" verlassen, um gleich rechts auf die Wernsdorfer Straße abzubiegen. An deren Ende links und direkt wieder rechts in den Radweg, der uns ans Ufer des Geiseltalsees bringt, dem wir nach links auf dem Dolmen- bzw. Goetheradweg nach Mücheln folgen.

Dort, wo die Braunkohlebagger sich einst tief in die Landschaft gruben, entstand nach Ende des Tagebaus durch umfangreiche Rekultivierungsmaßnahmen eine echte Urlaubsoase. Mittendrin liegt der **Geiseltalsee**. Er bedeckt eine Fläche von rund 19 qkm und ist damit nicht nur der größte See Sachsen-Anhalts sondern auch **der größte von Menschenhand geschaffene See Deutschlands**!

Tipp: Auf unserer Runde um den See haben wir gleich an mehreren Stellen die Gelegenheit, von den Bikes zu steigen und die Blicke über einen der wasserreichsten Seen Deutschlands schweifen zu lassen. An folgenden Stellen ist das besonders spektakulär: An den **Aussichtspunkten** Leonhardt, Stöbnitz oder Pauline, sowie am Aussichtsturm Klobikauer Höhe.

Perfektes Radeln rund um den Geiseltalsee

Rund um den See wurde eine perfekte touristische Infrastruktur angelegt. Skipper freuen sich über mehrere **Marinas**, Abenteuerlustige über einen **Irrgarten** und Entdecker über den Findlingsgarten „Nordisches Plateau".

Weiter geht´s von Mücheln auf dem Dolmen- bzw. Goetheradweg, der weiter dem Ufer folgt, aber deutlich ansteigt zur Klobikauer Höhe. Am Strand von Frankleben zweigen wir links ab, biegen im Ort mehrfach ab und gelangen an der Naumburger Straße zum Runstädter See, den wir im Uhrzeigersinn befahren. Am Südufer links in den Weg, der sich hinüber zum Großkaynaer See schlängelt. Auch diesen umrunden wir fast komplett, um vorm Yachthafen mit zweimal links und zweimal rechts Abbiegen zurück zum Bahnhof Ost von Braunsbedra zu gelangen.

Am Nordufer des Sees wurde die Metamorphose der Landschaft vom Tagebau zum Weinbau versucht. Hier entdecken wir auch die **Europäische Begegnungsstätte der Kulturen**, wo wir mehr über Landschaft erfahren und zugleich direkt auf den Pilgerweg einbiegen können.

Tipp: Wer auf die Steigung und die Extra-Kilometer verzichten möchte, folgt ab Frankleben einfach weiter dem **Ufer-Radweg** und gelangt wieder an den Punkt am Südufer des Geiseltalsees, an dem wir links abbiegen und auf dem Hinweg zurück zum Bahnhof fahren können.

Auch der **Runstädter See** entstand, ebenso wie weitere kleinere Seen in der Region, durch die Flutung von Tagebau-Löchern. Auf das Baden müssen wir hier aber verzichten, da einst giftige Abwässer aus der Industrie eingeleitet wurden.

Kartentipp:
ADFC Regionalkarte Saale-Unstrut
1:75.000, ISBN 978-3-96990-093-2, 9,95 €

Digital für Smartphones und Tablets: www.fahrrad-buecher-karten.de/kartenapp

93 Bahntrassenradeln auf der alten Zuckerbahn

Von Zeitz nach Camburg

111 Touren Info

38 km, Streckentour meist auf befestigten Radwegen bzw. Straßen/Wegen, hügeliger Verlauf mit zwei spürbaren Steigungen, Wegweisung als Zuckerbahn-Radweg

Start: Bahnhof Zeitz

Ziel: Bahnhof Camburg

Info: www.zeitz.de

Es sind schon einige Höhenmeter, die wir verkraften müssen, dafür aber kurbeln wir auf einem perfekten Radweg, der auf der Trasse der ehemaligen Zuckerbahn verläuft. Wo einst Rüben und Kohlenbriketts über die Gleise rumpelten, können wir heute radeln.

Mit der Inbetriebnahme der ersten Dampfmaschine begann in Zeitz 1843 der industrielle Aufschwung. Bis heute gibt es eine Reihe von Industriebetrieben – am auffälligsten ist die **Zuckerfabrik** mit den großen Silos.

Auf Blüten getragen zu Schloss Moritzburg

Tipp: „Ab in den Untergrund" heißt es in Zeitz: Unter uns erstreckt sich ein System aus **Gängen**, die in 6 bis 12 m Tiefe als Bierkeller angelegt noch nicht alle erforscht wurden.

Zeitz blickt auf eine lange Historie als **Residenzstadt** zurück. Sichtbares Zeichen aus dieser Epoche ist die **Moritzburg**, ein prachtvolles Barockschloss aus dem 17. Jahrhundert. Das **Deutsche Kinderwagenmuseum** zeigt in der Burg so viele Exponate wie kein anderes deutsches Museum dieser Art. Im Kunst- und Museumspädagogischen Zentrum bekommen wir Drucktechniken vermittelt und die stadtgeschichtliche Dauerausstellung präsentiert Möbel aus der Renaissance bis zum Biedermeier.

Ansehen müssen wir uns auch das **Alte Rathaus** mit seinen extravaganten Erkern und den **Dom St. Peter und Paul**, in dem der Wissenschaftler Agricola seine letzte Ruhestätte fand.

Die Hausbrücke überspannt den Fluss Saale

Los geht´s am Bahnhof von Zeitz, den wir nach rechts über die Baenschstraße verlassen, um kurz darauf wieder rechts in die Schädestraße (B280) abzubiegen. Unter den Schienen her, an der querenden Naumburger Straße links und bei Kilometer 1,6 rechts (Tierheim) und sofort wieder links. So gelangen wir auf die Trasse der ehemaligen Zuckerbahn, die uns vorbei an Kretzschau, Droyßig, Romsdorf, Waldau und Seidewitz nach Schkölen bringt, das etwas neben der Trasse liegt.

Die Vorplanungen für die **„Zuckerbahn"** erwiesen sich als sehr schwierig und so wurde über lange Zeit um- und neu geplant, bis im April 1895 endlich die Bauarbeiten zu einer Bahntrasse zwischen Zeitz und Camberg aufgenommen wurden. Über viele Jahrzehnte wurde die Strecke von Personenzügen und zum Transport von Zuckerrüben und Kohlebriketts genutzt. Im Jahr 2007 entschied man, die Trasse zu einem Radweg auszubauen, der sich seitdem wachsender Beliebtheit erfreut.

Tipp: In Droyßig müssen wir unsere Zuckerbahn unbedingt verlassen, denn es lockt das prachtvolle **Schloss Droyßig**, das sich hinter einem doppelten Mauerring versteckt. Die ältesten Teile stammen noch aus dem 13., der größte Bereich aus dem 17. Jahrhundert. Die Schlosskapelle ist ein Paradebeispiel der Spätrenaissance.

Kartentipp:
ADFC Regionalkarte Saale-Unstrut
1:75.000, ISBN 978-3-96990-093-2, 9,95 €

Digital für Smartphones und Tablets: www.fahrrad-buecher-karten.de/kartenapp

Schkölen bietet sich für eine Rast an, denn es gibt Einkehrmöglichkeiten und einiges zu sehen, wie die Ruine der ehemaligen **Wasserburg**, die **Burgapotheke** oder die **Stadtkirche**.

Weiter geht´s von Schkölen auf der Bahntrasse vorbei an Molau nach Crauschwitz. Hier folgen wir weiter dem Zuckerbahnradweg nach links und radeln mit einer letzten Steigung und abschließendem Gefälle nach Camburg, wo die Tour auf der anderen Seite der Saale am Bahnhof endet.

Schon von weitem entdecken wir **Burg Camburg**, denn sie thront unübersehbar auf einem langgezogenen Bergsporn über der Saale. Schon 1166 soll es an dieser Stelle eine Burg gegeben haben, von der bis heute der eindrucksvolle Bergfried und einige Mauern erhalten blieben. Zu ihren Füßen entdecken wir weitere historische Gebäude wie die Ruine der Cyriakskirche oder eine **Hausbrücke**.

94 Rund um die Wiege der Reformation

Von der Lutherstadt Wittenberg nach Coswig

Tagelang könnten wir uns in Wittenberg aufhalten, um all´ die Sehenswürdigkeiten zu genießen. Zwischendurch machen wir aber eine ganz entspannte Radtour, die uns auf dem Elbe-Radweg zuerst nach Coswig und dann zum berühmten Schloss Wörlitz führt. Auf der zweiten Streckenhälfte stört nichts die herrliche Radel-Idylle durch ruhige Natur.

111Touren Info:

44 km, Rundtour meist auf befestigten Radwegen bzw. Straßen/Wegen, keine größeren Steigungen, perfekte Wegweisung als Elbe-Radweg

Start / Ziel: Bahnhof Wittenberg

Info: www.wittenberg.de

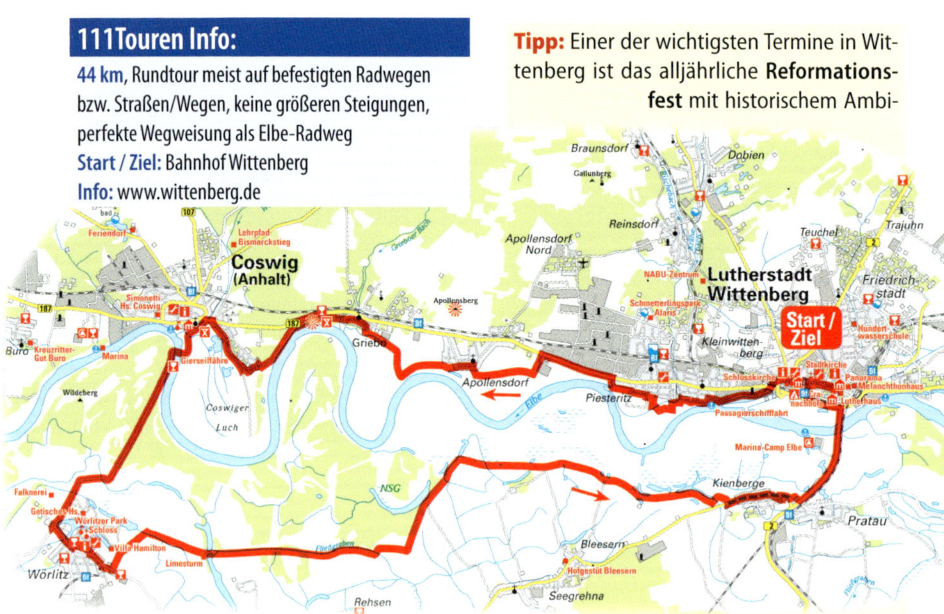

„Lutherstadt Wittenberg"! Welch´ ein klangvoller Name – der uns direkt an den 31. Oktober 1517 erinnert, an dem Martin Luther seine **95 Thesen** eigenhändig an die Tür der **Schlosskirche** in Wittenberg genagelt haben soll. Damit ist unser erstes Ziel bei der Stadttour schon gesetzt. Aber es gibt noch so viel anderes zu sehen, wie das imposante **Alte Rathaus**, die eindrucksvolle Schlossstraße mit dem Schloss, die Cranach-Höfe, das Haus des Reformators Philipp **Melanchthon** und natürlich das **Lutherhaus**. Beide Häuser gehören zum Weltkulturerbe. Wem dann der Sinn nach etwas Modernem steht, besucht das Luther-Melanchthon-Gymnasium welches nach Entwürfen des österreichischen Künstlers Friedensreich **Hundertwasser** gestaltet wurde.

Tipp: Einer der wichtigsten Termine in Wittenberg ist das alljährliche **Reformationsfest** mit historischem Ambiente, Festgottesdiensten, Konzerten und vielem mehr. Selbstverständlich wird es am 31. Oktober gefeiert.

Los geht´s am Bahnhof von Wittenberg, wo wir auch schon direkt einsteigen können in den Elbe-Radweg, dem wir Richtung Coswig folgen. Nachdem wir die Vororte und die

Lutherstadt Wittenberg – auf zu den Thesen

Industrie hinter uns haben, gleiten wir ganz entspannt bis zur Stadt Coswig (Anhalt).

Die kleine Stadt **Coswig** empfängt uns mit einem repräsentativen **Schloss**, das sehr fotogen an der Elbe steht. Ein nicht minder schönes Motiv gibt das strahlend helle Rathaus ab. Um ans andere Elbufer zu gelangen, setzen wir mit der Gierseilfähre über. Sie nutzt geschickt die Strömung der Elbe aus – eine alte, aber effiziente Technik.

Weiter geht´s von Coswigs Innenstadt mit der Fähre über die Elbe. Entlang der Coswiger Alle gelangen wir ins Herz von Wörlitz. Ab hier folgen wir den Schildern des Elbe-Radwegs, der uns durch ruhige Natur nach Pratau bringt. Von hier sind es nur noch wenige Pedaltritte zurück zum Wittenberger Bahnhof.

Tipp: Haben Sie schon die Zeichen mit dem geschwungenen grünen „L" wahrgenommen? Natürlich hat das etwas mit Luther zu tun: Sie weisen uns auf den 550 km langen Lutherweg hin, der uns zu Orten und Plätzen bringt, die Bedeutung für die reformatorische Bewegung hatten.

In **Wörlitz** treffen wir auf das nächste Weltkulturerbe – der **Park** wurde als solcher geschützt. Als englischer Landschaftspark angelegt, entführt er uns in eine zauberhafte, andere Welt. Mittendrin das wunderbare **Schloss Wörlitz**. Nehmen Sie sich Zeit für Schloss und Park, denn es gibt vieles zu entdecken, wie das gotische Haus, die Luisenklippe oder die Villa Hamilton auf der Felseninsel Stein.

Kartentipp:
ADFC Regionalkarte Welterberegion Anhalt-Dessau-Wittenberg
1:75.000, ISBN 978-3-87073-806-8, 8,95€
Digital für Smartphones und Tablets: www.fahrrad-buecher-karten.de/kartenapp

95 Entlang der Spree

Vom Museumshafen zum Olympiastadion

Berlin hat mehr Brücken als Venedig – wir wollen diese Statistik prüfen und radeln immer am Wasser entlang aus der historischen Mitte bis vor die Tore der Stadt

111Touren Info:

19 km, flache Streckentour über Nebenstraßen und unbefestigte Wege.
Start: Bahnhof Jannowitzbrücke
Ziel: Bahnhof Olympiastadion
Info: www.berlin-tourist-information.de

Los geht´s vom Bahnhof mit der Brückenstr. über die Spree, rechts auf das Märkische Ufer, an der Chinesischen Botschaft vorbei zum Märkischen Museum.

Im **Köllnischen Park** steht ein Teil der Stadtbefestigung. In dem roten Backsteinbau befindet sich das **Märkische Museum** zur Stadtgeschichte. Im **Zwinger** tummeln sich Berliner Wappentiere.

Weiter geht´s vom Bärenzwinger durch den Park zur Wallstr., dann rechts, vor dem Museumseingang links durch die Grünfläche zur Spree. Neben der **Brasilianischen Botschaft** her, links ab auf das Märkische Ufer zum **Museumshafen** mit historischen Schiffen und rechts auf die **Fischerinsel** (mit Plattenbauten). Hinter der Inselbrücke weiter parallel zum Wasser, hinter der Getrudenbrücke links über Getrudenstr. zum Uferweg der Friedrichsgracht. Auf diesem am **Auswärtigen Amt** vorbei zur Schleusenbrücke, dann via Kupfergraben, Unterwasserstr., Überquerung „Unter den Linden", Am Zeughaus, **(Deutsches historisches Museum),** Am Kupfergraben an der Museumsinsel vorbei.

Tipp: Die **Museumsinsel** ist ein Ensemble aus **fünf bedeutenden Museen**, wie das **Pergamon-Museum** oder die **Alte Nationalgalerie**.

Weiter geht´s über Am Kupfergraben, Am Weidendamm zur Friedrichstr., via Weidendammer Brücke, Schiffbauerdamm, am **Berliner Ensemble** (Theater) und der **Kneipenmeile** vorbei, in der es **Kölsch** gibt, gelangen wir ins neue **Regierungsviertel** mit dem **Reichstag** und dem **Kanzleramt**. Immer weiter entlang der Spree (ein Stück rechtsseitig) durch den Spreebogen, bis wir schließlich etwas fortgeleitet werden zur Straße des 17.Juni kommen, die wir aber nur kurz befahren, ehe es wieder am Ufer entlang geht.

Kultur satt erleben wir auf der Museumsinsel

An uns ziehen mit **Kanzleramt, Haus der Kulturen der Welt** („schwangere Auster"), **Schloss Bellevue** (Amtssitz des Bundespräsidenten), **Bundesministerium des Innern, Charlottenburger Tor** und **Kraftwerk Charlottenburg** Ziele ersten Ranges vorbei. **Schloss Charlottenburg** ist der bedeutendste Barockbau Berlins.

Weiter geht´s immer in Ufernähe am Landwehrkanal bzw. an der Spree entlang. Hinter Autobahnunterführung und Kleingärten heißt es aufpassen, denn hinter der Rohrdammbrücke geht es links hoch zum Wiesendamm, hier links zum Spandauer Damm, geradeaus in einen Waldweg, leicht aufwärts zur Einmündung der Reichsstr., rechts bis zur Westendallee, wieder rechts zur Olympischen Str. und abermals rechts zum Olympiastadion.

Das **Stadion** wurde 1913 erbaut, wegen des 1.Weltkriegs fanden die Spiele hier aber erst 1936 statt. Mehrere Umbauten folgten bis zur Fußball-WM-Stätte 2006. Der Glockenturm dient als **Aussichtsturm**.

Kartentipp:
ADFC-Regionalkarte Berlin und Umgebung 1:75.000,
ISBN 978-3-96990-016-1, 9,95 €
Digital für Smartphones und Tablets: www.fahrrad-buecher-karten.de/kartenapp

96 Berliner Mauer - was ist geblieben?

Mit dem Rad durch die City

Am 13.08.1961 wurde damit begonnen, Barrikaden zu errichten. Fast 30 Jahre trennte die Mauer West- und Ostteil der Stadt. Unsere Spurensuche folgt dem ehemaligen Verlauf der Mauer.

111Touren Info:

17 km, flache Streckentour, teils über Kopfsteinpflaster.
Start: Bahnhof Gesundbrunnen
Ziel: Bahnhof Warschauer Straße
Info: www.berlin-tourist-information.de

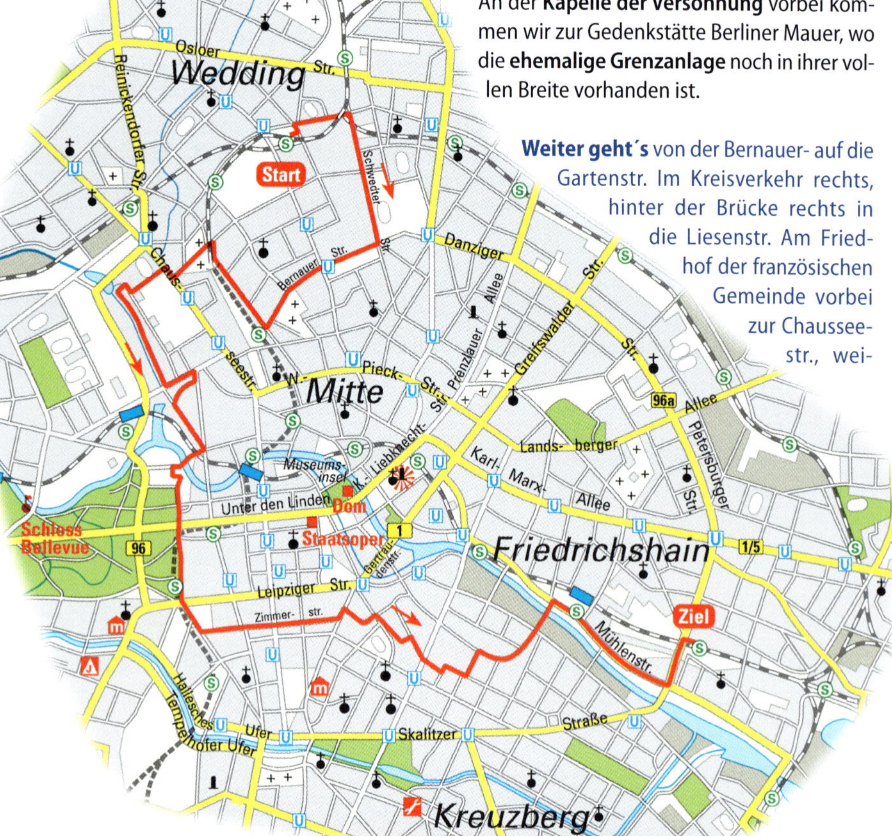

Los geht´s vom Bahnhof Gesundbrunnen über Swinemünder-, Bellermann-, und Brehmstr. zur Brehmbrücke. In der Nähe wurde an der **Bösebrücke** am 9.11.1989 der erste Grenzübergang für DDR-Bürger geöffnet. Weiter via Schwedter-, Gleimstr. und **Mauerpark** zur Bernauer Str.

Die Bilder vom Mauerbau an der **Bernauer Str**. gingen um die Welt. Viele Menschen sprangen aus Fenstern, um aus dem Osten zu fliehen. VoPo Schumann ging in die Geschichte ein, als er am 15.8.61 über eine Stacheldrahtrolle in den Westen sprang. Eine Schautafel erinnert an den Bau des **Fluchttunnels** 1964. An der **Kapelle der Versöhnung** vorbei kommen wir zur Gedenkstätte Berliner Mauer, wo die **ehemalige Grenzanlage** noch in ihrer vollen Breite vorhanden ist.

Weiter geht´s von der Bernauer- auf die Gartenstr. Im Kreisverkehr rechts, hinter der Brücke rechts in die Liesenstr. Am Friedhof der französischen Gemeinde vorbei zur Chausseestr., wei-

Brücken verbinden oft besonders schön

ter via Boyen-, Scharnhorststr. und Kleinem Weg zum Flussufer. Dort links zum Kanal, wieder links auf der Promenade zum **Invalidenfriedhof** mit Grabmalen preußischer Größen. Auf der Invalidenstr. am **Wirtschaftsministerium** vorbei, über die Louisen-, Hannover Str. (hier Tor zur Charité), Virchowweg, Schumann-, Charité-, Reinhardstr., Bahnbrücke, Kapellufer, über die Spree (nach **»West-Berlin«),** neben Paul-Löbbe-Haus her in die Paul-Löbbe-Allee am **Reichstagsgebäude** vorbei zum Friedrich-Ebert-Platz und weiter zum **Pariser Platz**.

Das **Brandenburger Tor** von 1791 ist das einzige erhaltene Stadttor und Symbol der Wiedervereinigung. Fast 30 Jahre war es durch die Mauer verschlossen.

Weiter geht´s durch das Brandenburger Tor zurück auf dem Radweg der Ebertstr. Am Tiergarten und dem **Denkmal für die ermordeten Juden Europas** vorbei zum Potsdamer Platz.

Der **Potsdamer Platz** lag wüst und leer im Grenzraum. Heute erinnert nur noch ein Segment der Mauer inmitten hochglänzender Architektur an diese Zeit.

Weiter geht´s über Stresemann-, Niederkirchener Str. am **Abgeordnetenhaus** vorbei (hier wurde 1919 die KPD gegründet), zu weiteren **Mauerresten** und der **»Topographie des Terrors«,** bei dem das Grauen der Nazis dokumentiert ist. Über die Zimmerstr. am **Checkpoint Charlie** vorbei in die Axel-Springer-Str. Via Kommandanten-, Alte Jakobs-, Stallschreiber-, Alexandrinen-, Sebastian-, Heinrich-Heine-, Luckauer-, Waldemar-, Leigendamm, Leuschnerdamm, Köpenicker Str., Stralauer Platz, Mühlenstr und Oberbaumbrücke zur S-Bahn-Station Warschauer Platz.

Kartentipp:

ADFC-Regionalkarte Berlin und Umgebung 1:75.000,
ISBN 978-3-96990-016-1, 9,95 €

Digital für Smartphones und Tablets: www.fahrrad-buecher-karten.de/kartenapp

97 Mit dem Fahrrad unter der Spree

Von Friedrichshagen nach Erkner

Mitten in Berlin und doch im Grünen ohne Autoverkehr – die Runde um den Müggelsee ist längst kein Geheimtipp mehr. Auf dem Rückweg besuchen wir noch den Hauptmann von Köpenick.

111Touren Info:

35 km, nahezu flache Rundtour meist über Waldwege und Nebenstraßen.
Start / Ziel: Bahnhof Friedrichshagen
Info: www.berlin-tourismus-online.de

wir ihr rechts durch den Wald bis Wolterdorsf und weiter auf der Berliner-, Köpenicker und Schleusenstr. zur Woltersdsorfer Schleuse.

In der Nähe der seit Jahrhunderten vorhandenen **Schleuse** finden Sie die **Liebesquelle**. Der Kaffee im gleichnamigen **Gasthaus** wird mit dem Wasser gebraut, der die Trinkenden ein Leben lang lieben lässt – eine schöne Geschichte!

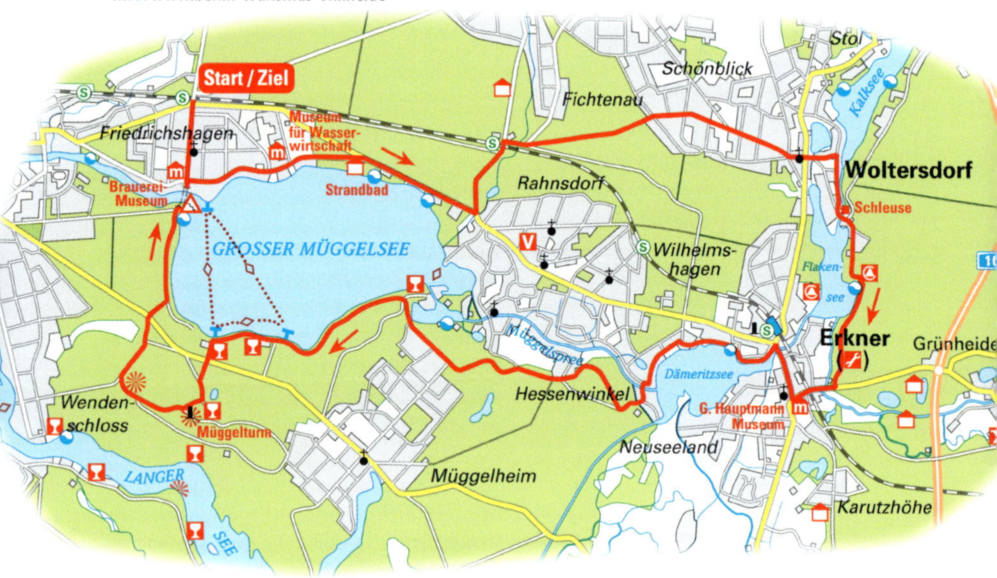

Los geht´s vom Bahnhof über die Bölschestr. zum Müggelseedamm, dem wir links folgen. Das **Wasserwerk**, 1893 das größte Europas, ist seit 1987 Museum. An sonnigen Tagen geht es in Ufernähe vorbei an nackt und bekleidet Badenden an Strand und **Strandbad**. Danach links zum Bahnhof Rahnsdorf, hinter diesem rechts, wo die Tram kreuzt folgen

Der **Kalksee** jenseits der Schleuse trägt seinen Namen wegen des Abbaus von Muschelkalk. Im etwa 5 km entfernten Rüdersdorf gibt es ein **Museum** zu diesem Thema.

Tipp: Ein kurzer Abstecher führt per pedes durch den Wald zum **Aussichtsturm** auf dem Kranichsberg. Neben der Aussicht gibt

Köstlich und informativ: Das Brauereimuseum

es hier eine **Ausstellung** zum Thema „Hollywood am Kalksee".

Weiter geht´s am Ufer des Flakensees entlang. Über die Fürstenwalder Str. erreichen wir Erkner mit dem **Gerhard-Hauptmann-Museum**. Von hier Richtung S Bahnhof, dann am Dämeritzsee entlang, durch das Naturschutzgebiet und am kleinen vorbei zum Großen Müggelsee. Dessen Ufer folgen wir einfach immer weiter und kommen später zum **Spreetunnel**. So gelangen wir in den Genuss, die Spree auch einmal zu UNTERqueren, bevor es geradeaus zurück zum Bahnhof Friedrichshagen geht.

Ein Abstecher führt zum **Müggelturm**, der auf einer 115 m hohen Erhebung steht und tolle Ausblicke parat hält. Vor dem Spreetunnel bietet sich ein Abstecher nach **Köpenick** an – obwohl mitten in Berlin gelegen, hat man in Köpenicks **alten Gassen** den Eindruck, eine Kleinstadt zu besuchen. Der berühmte **Hauptmann** steht (als Statue) vor dem **alten Rathaus.** In barocker Pracht präsentiert sich **Schloss Köpenick**, in dem das älteste deutsche **Kunstgewerbemuseum** untergebracht ist.

Kartentipp:

ADFC-Regionalkarte Berlin und Umgebung 1:75.000,
ISBN 978-3-96990-016-1, 9,95 €

Digital für Smartphones und Tablets: www.fahrrad-buecher-karten.de/kartenapp

98 Wein aus Perleberg? Einen Weinberg gibt's schon mal!

Von Perleberg über Berge

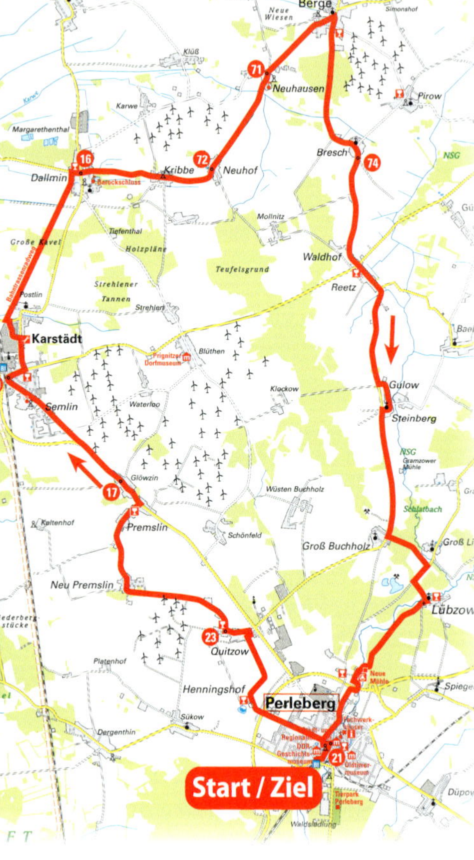

111 Touren Info

53 km, Rundtour meist auf befestigten Radwegen bzw. Straßen/Wegen, hügeliger Verlauf, aber keine größeren Steigungen, teils Wegweisung als Elbe-Müritz-Rundweg

Start / Ziel: Bahnhof Perleberg

Info: www.stadt-perleberg.de

In einem sanften Auf und Ab kurbeln wir durch eine weite Landschaft, die inzwischen intensiv für die Gewinnung von Windenergie genutzt wird. Die 53 km führen uns durch schöne kleine Orte und haben mit Perleberg eine echte „Perle aus dem Mittelalter" zu bieten.

Die Altstadt Perlebergs liegt auf einer Insel

Einfach herrlich: Vor der Altstadt von Perleberg verzweigt sich der Fluss namens Stepenitz, um eine **Insel** aus Sandablagerungen zu formen. Vermutlich wurde diese Lage schon von unseren Urahnen geschätzt, die sich vor 3.000 Jahren hier niederließen.

Tipp: Perleberg führt ganz offiziell den Namen „Rolandstadt", also besuchen wir auch den 4,26 m hohen **Roland**, der am Großen Markt vor einer ehemaligen Bibliothek steht. Er verkörpert an dieser Stelle für alle sichtbar bereits seit 1498 die Stadtrechte Perlebergs.

Der Große Markt ist nicht nur die „Gute Stube" Perlebergs: Hier finden wir auch viele **historische Wohn- und Geschäftshäuser**, deren Historie bis ins 16. Jahrhundert zurückreicht. Auch in der Bäckerstraße und am Kirchplatz gibt es schöne Motive.

Eintauchen ins Grün!

Los geht´s am Bahnhof von Perleberg, den wir nach rechts auf der Lenzener Straße verlassen, um wenige Meter später links in die Wittenberger Straße einzubiegen. Am Marienplatz links (**Knotenpunkt 21**), rechts auf der Grahl- und direkt links in die Quitzower Straße. Die Radwege führen uns durch Quitzow (**Knoten 23**), Neu Premslin, Glövzin (**Knoten 17**), Semlin, Karstädt (**Knoten 10**), Dallmin (**16**), Neuhof (**72**) und Neuhausen (**71**) nach Berge.

Der Turm der **Dorfkirche** von Quitzow sieht nicht nur alt aus – in der Kirche wurden Bauteile entdeckt, die aus dem 13. Jh. stammen.

Hinter Karstädt warten für die nächsten vier Kilometer pure Radel-Genüsse auf uns, denn wir rollen auf einem schnurgeraden **Bahntrassenradweg**. Komplett ohne Straßenverkehr und Steigungen verläuft der Radweg dort, wo zwischen 1911 und 1975 eine Bahntrasse verlief.

Als Entschädigung für die viel zu schnell endende Trasse werden wir in Dallmin mit dem Anblick eines **Barockschlosses** entschädigt. Etwas westlicher liegt die **Löwenkopfbrücke**. Sie wurde bereits 1848 in einem aufwändigen Stil errichtet und gilt als eine der ältesten Brücken Deutschlands.

Weiter geht´s von Berge, das wir nach rechts auf der Perleberger Straße verlassen. Die kleine Straße bringt uns durch Bresch (**Knotenpunkt 74**), Reetz und Gulow nach Groß Buchholz. Hier zweigen wir links-rechts-links mit einem kleinen Hügel ab und gelangen nach Lübzow. Von hier geht es rechts auf ruhigerer Strecke zurück nach Perleberg, wo wir die Tour am Bahnhof beenden.

In einem knalligen Rot wurde der **Haltepunkt** gestrichen, an dem in Groß Buchholz einst die Westprignitzer Kreisringbahn stoppte. Nicht minder interessant ist die 1870 errichtete **Kirche** des Ortes. Das eigentliche Gebäude wurde aus Feldsteinen gemauert, im Zeichen der Neugotik kam dann ein aus Backsteinen gefertigter „Schaugiebel" hinzu.

Tipp: Wer mag, kann ab Groß Buchholz auf der Straße bleiben und auf **direktem Weg** zurück nach Perleberg fahren.

Auf den letzten Kilometern kommen wir zunächst an einem **Kieswerk** mit Teichen vorbei. Rechterhand erstreckt sich die langgezogene, grüne Oase um den **Fluss Stepenitz** herum. Links neben der Straße liegt der **Weinberg**. Hier wächst zwar kein Wein, aber mit 83 m ist es der höchste Punkt von Perleberg. Ab dem 16. Jh. wurde hier wirklich Wein angebaut, doch auch der Südhang brachte auf Dauer wohl nicht die erhofften Erträge.

Kartentipp:
ADFC Regionalkarte Prignitz / Zw. Elbe & Müritz
1:75.000, ISBN 978-3-96990-097-0, 9,95 €

Digital für Smartphones und Tablets: www.fahrrad-buecher-karten.de/kartenapp

99 Radeln mit Adebar

Rund um Bad Wilsnack

Rund um die sehenswerte Stadt Bad Wilsnack liegt die Region namens Prignitz. Wunderbar flach, mit Bächen und der Elbe durchflossen bietet sie nicht nur beste Bedingungen für die Störche, sondern auch für uns Radler.

111Touren Info:

27 km, Rundtour ohne nennenswerte Steigungen auf separaten Radwegen und wenig befahrenen Nebenstraßen
Start / Ziel: Bahnhof Bad Wilsnack
Info: www.dieprignitz.de
Die Strecke ist ausgeschildert und kann nach den **Knotenpunkten** 48 - 40 - 41 - 42 - 43 - 44 - 48 abgefahren werden.

Dass Bad Wilsnack mehr als 600 Jahre alt ist, können wir rund um den schmucken **Marktplatz** an vielen Stellen entdecken: Tolle **Fachwerkfassaden**, die Alte Apotheke, das Alte Rathaus und vieles Sehenswertes mehr säumt die Straßen und Gassen. Die spätgotische **Kirche St. Nikolai** überragt alles. Aufgrund eines Hostienwunders wird sie auch „Wunderblutkirche" genannt – ein Besuch ist Pflicht!

„Wunderblutkirche" St. Nikolai

Auf dem Elbdeich können wir entspannt rollen

Ebenso ein Besuch des **Kurparks** und des **Gradierwerks**, an dem wir auch noch ´was Gutes für unsere Lungen tun können.

Tipp: Spanisches Feeling in der Therme, Alpenfreuden in den Berg- und Sennhäusern des Saunadorfes und orientalischer Charme aus 1001 Nacht im Saunaparadies: Wer sich nach der Tour in der Kristall Kur- und Gradier-Therme Bad Wilsnack nicht erholt, ist selber schuld.

Los geht´s vom Bahnhof Bad Wilsnack dem „zackigen Verlauf" der Bahnstraße bis zum Ende folgend. Links in die Große Straße, direkt rechts in den Zernerweg. Dieser bringt uns fast schnurgerade an den letzten Häusern und einer Kläranlage vorbei durch ruhige Natur. Am Ende links, am nächsten Querweg links und wieder rechts nach Abbendorf.

Bei Abbendorf treffen wir auf den **Gnevsdorfer Vorfluter**, einem 11 km langen Kanal zwischen Elbe und Havel. Seit es ihn gibt, hat sich hier die Hochwassersituation deutlich verbessert. Wer viel Zeit und Lust hat, kann dem sagenhaften **Elbe-Radweg** in beide Richtungen über viele perfekte Radelkilometer hinweg folgen.

Kartentipp:
ADFC-Regionalkarte Prignitz 1:75.000,
ISBN 978-3-96990-097-0, 9,95 €

Weiter geht´s durch Abbendorf über „am Deich" bis zum Deich, dem wir nach rechts folgen. An Gnevsdorf vorbei nach Rühstädt. Nachdem wir uns im Straßendorf Gnevsdorf die kleine **Kapelle** angesehen haben, kommen wir ins 240 Einwohner zählende Dorf Rühstädt. Es überrascht zunächst ein weitläufiger, toller Park, in dem ein **Schloss** mit langer Tradition steht. Die Anlage basiert auf den Anfängen einer Wasserburg und dient heute als schickes Hotel. Das **Storchennest** auf dem **Wasserturm** zeugt davon, dass Rühstädt als das storchenreichste Dorf Deutschlands gilt.

Weiter geht´s vom Schloss über Rühstädter Dorfstraße und rechts Roggbergstraße. Nach dem Linksknick rollen wir mehrere Kilometer schnurgeradeaus. Nach Querung der Karthane rechts abbiegen in den Eselsweg, um später links via Gnevsdorfer Weg, auf die Dorfstraße durch Groß Lüben und später rechts ab, via Rammweg, An der Wassermühle und Mühlenstraße zurück nach Bad Wilsnack zu gelangen.

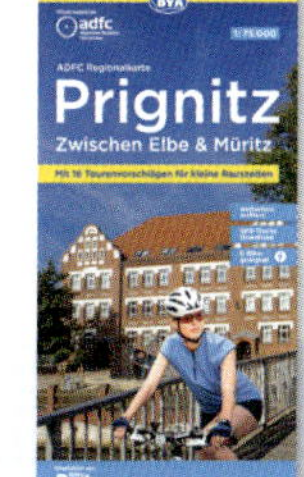

Digital für Smartphones und Tablets: www.fahrrad-buecher-karten.de/kartenapp

100 Wie Perlen an der Schnur

Von Ruppin nach Rheinsberg

Schloss Reinsberg liegt in bester Lage direkt am Wasser

Sechs Seen liegen wie Perlen an der Schnur. Sie werden einsamer und sauberer, je weiter wir fahren. Mit dem märkischen Museenschloss wartet ein krönender Abschluss.

111Touren Info:

30 km, flache Streckentour mit einer kleinen Steigung, meist über Waldwege und Nebenstraßen.
Start: Bahnhof Neuruppin
Ziel: Bahnhof Rheinsberg
Info: www.reiseland-brandenburg.de

Am Ufer des gleichnamigen Sees liegt Neuruppin. In dem preußischen **Musterstädtchen** stehen die Häuser so, als seien sie zur Parade angetreten. Viele der Häuser sind im **schlichten Stil** der 1790er Jahre erhalten, so auch Fontanes Geburtshaus, heute **Löwenapotheke**. Der Bahnhof ist in die **historische Befestigungsanlage** eingebaut.

Los geht´s vom Bahnhof in Richtung Alt Ruppin, das auf dem Radweg N2 am See vorbei schnell erreicht ist.

Tipp: In der Naturschutzstation **Zippelsförde** gibt es die Möglichkeit, im Jägerhof wirklich einsam zu übernachten – etwas für Romantiker, nicht für Angsthasen!

Weiter geht´s auf dem N2, der uns an Molchow und dem Tiezensee vorbei nach Zermützel bringt. Die Schilder würden uns direkt weiter nach Rheinsberg bringen, empfehlenswert ist jedoch, den Rhin mittels Holzbrücke zu überqueren und dem N2 am **Zermützelsee** vorbei zu folgen. Auf den besonders schönen Radwegen am **Tornowsee** vorbei erreichen wir die Boltenmühle.

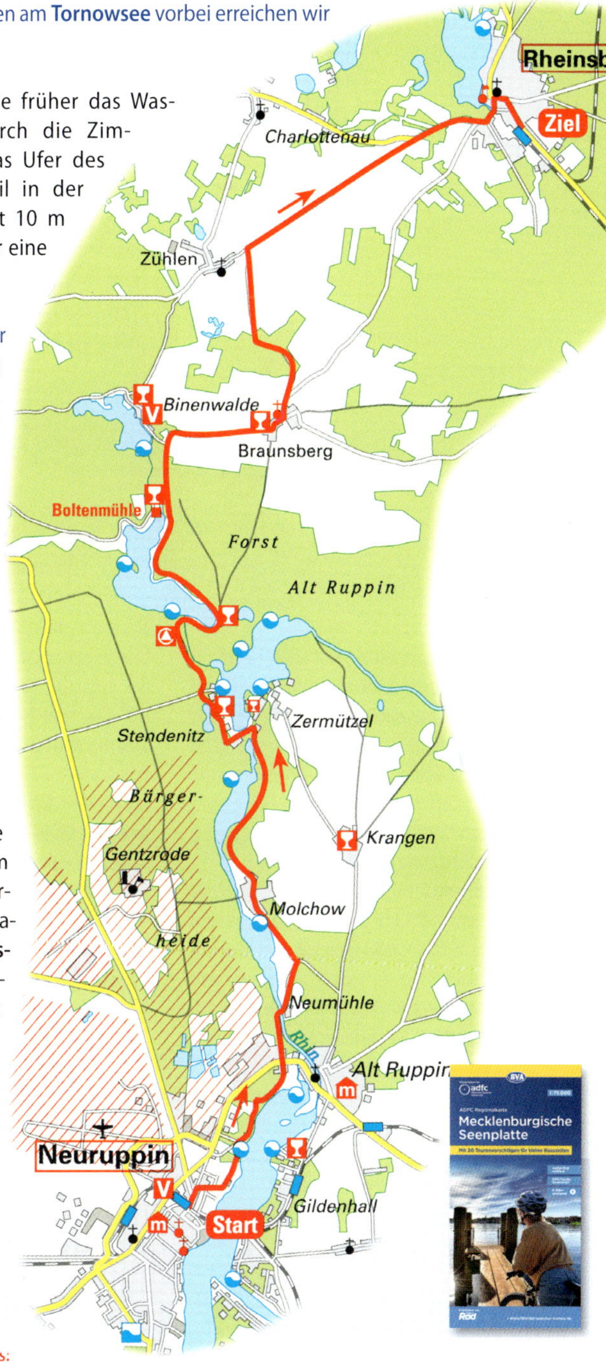

In der **Boltenmühle** wurde früher das Wasser des Binenbaches durch die Zimmer geleitet. Heute ist das Ufer des Baches plattgetreten, weil in der flachen Mark ein Bach mit 10 m Gefälle auf einem Kilometer eine Attraktion ist.

Weiter geht´s nicht mehr über N2, sondern Richtung **Kalksee** und Binenwalde, das schon bald erreicht ist. Über die kaum befahrene Straße kommen wir dann über Zühlen nach Rheinsberg.

Nur der Platz mit seiner **Postmeilensäule** vor dem Park ist dreieckig, sonst wurden die Straßen rechtwinklig angelegt. Ein Traum des Rokoko ist **Schloss Rheinsberg** am **Griesericksee**. Nicht versäumen sollten Sie den Park, der eine geglückte Mischung aus französischem und englischem Garten darstellt. Klar aus der Flucht geraten ist der Obelisk. Der **Rheinsberger See** mit seiner baumbestandenen **Remusinsel** ist etwas für Genießer.

Kartentipp:
ADFC-Regionalkarte Mecklenburgische Seenplatte 1:75.000, ISBN 978-3-96990-180-9, 10,95 €

Digital für Smartphones und Tablets: www.fahrrad-buecher-karten.de/kartenapp

101 Beeindruckende Technik am Finowkanal

Von Eberswalde über Groß Schönebeck

111 Touren Info

57 km, Rundtour meist auf befestigten Radwegen bzw. Straßen/Wegen, hügeliger Verlauf, aber keine größeren Steigungen, teils Wegweisung als Oder-Havel-Radweg

Start / Ziel: Bahnhof Eberswalde

Info: www.eberswalde.de

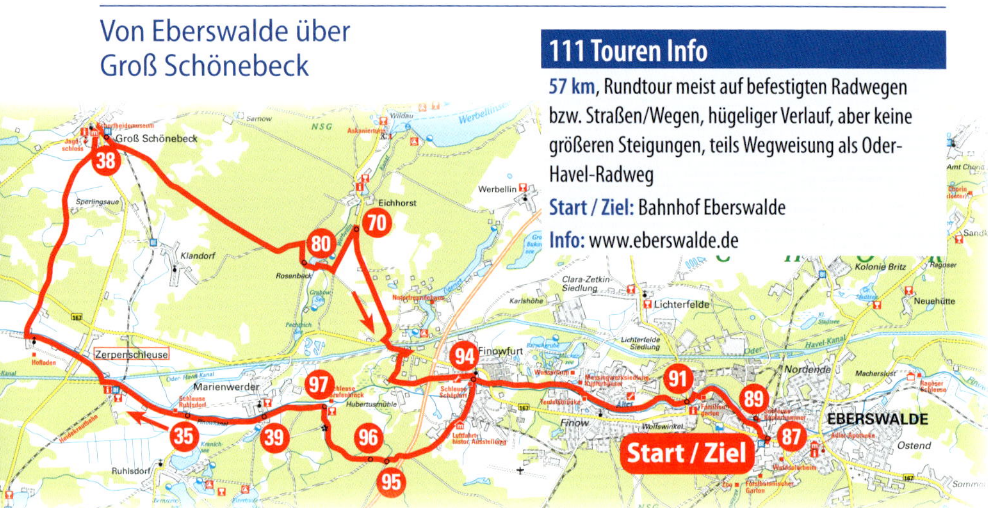

Wir sind nur wenige Kilometer nördlich der Millionenstadt Berlin unterwegs und haben doch das Gefühl, in einer ganz anderen Welt angekommen zu sein: Die Orte am Wegesrand haben einen eher dörflichen Charakter, Schleusen erzählen von Industriegeschichte und weite Wälder sorgen für Ruhe und Schatten.

Ja, es war tatsächlich das männliche Wildschwein, durch das Eberswalde zu seinem Namen kam. In der weiten Natur der **Schorfheide**, durch die wir auch noch rollen werden, kommen besonders viele Wildschweine vor – es wurde sogar als Wappentier verewigt.

Der **Marktplatz** von Eberswalde hat erstaunliche Ausmaße. Er wird umringt von schönen historischen Fassaden, die einen spannenden Stilmix vereinen. Überragt wird das Ensemble vom 1775 erbauten **Rathaus** und vom Turm der **Maria-Magdalenen-Kirche**. Übrigens: 2005 wurde ein noch zu Zeiten der DDR geschaffener Springbrunnen auf dem Marktplatz abgerissen und durch einen neuen ersetzt. Die „Verschönerung" des Marktplatzes gelang „so gut", dass die Eberswalder gerne von der „Pissrinne" sprechen. Wer´s lieber etwas älter mag, widmet sich der historischen **Adlerapotheke**.

Tipp: Etwas außerhalb von Eberswalde liegen der **Forstbotanische Garten** und der **Zoologische Garten**, wo wir auch Löwen tief in die Augen blicken können. Eine Erinnerung an die Gartenschau 2002 ist der Familiengarten auf dem alten Gelände des Walzwerks. Hier finden wir einen 58 m hohen Kran, der in Anlehnung an den Stadtnamen „**Montageeber**" genannt wurde.

Los geht´s am Bahnhof von Eberswalde (**Knotenpunkt** 87), den wir nach links und dann den Schildern zum **Knoten** 89 verlassen. Hier am Ufer des Alten Finowkanals verläuft der Oder-Havel-Radweg, dem wir nach links über den **Knotenpunkt** 91 bis 94 folgen, um dort links abzuzweigen. An den **Knoten** 95, 96 jeweils geradeaus, bei 97 links und an 39 sowie 35 geradeaus. Bei Zerpenschleuse

Kraft tanken für die Tour in Eberswalde

kreuzen wir beide Kanäle nacheinander und rollen Richtung Norden durch die Natur nach Groß Schönebeck.

Wir gesellen uns an den **Finowkanal**, dessen älteste Teile bereits 1620 eine schiffbare Verbindung zwischen Havel und Oder sicherstellten. Ab 1743 wurde ein neuer Kanal angelegt.

Die Teufelsbrücke spannt sich über den Kanal

Tipp: Im Eberswalder Vorort Finow überspannt die **Teufelsbrücke**, ein Meisterwerk des Metallbaus, den Kanal. Vom **Messingwerk** Finow sind noch die **Messingwerksiedlung**, der **Wasserturm** und das **Kupferhaus** übrig. Unsere Reise in die Vergangenheit geht weiter: Am Wegesrand liegen die **Schleusen** Schöpfurt, Grafenbrück und Ruhlsdorf sowie eine **Luftfahrthistorische Ausstellung**.

Kartentipp:
ADFC Regionalkarte Berlin u. Umgebung
1:75.000, ISBN 978-3-96990-016-1, 9,95 €
Digital für Smartphones und Tablets: www.fahrrad-buecher-karten.de/kartenapp

Wie der Name es vermuten lässt, entwickelte sich der Ort Zerpenschleuse mit dem Bau des Finowkanals. Die ehemaligen **Schifferhäuser** und der **ehemalige Damm** an der Forststraße erzählen aus längst vergangenen Zeiten.

Weiter geht´s von Groß Schönebeck, das wir von der Berliner Straße rechts auf der Rosenbecker Straße (**Knoten** 38) verlassen. In Rosenbeck an **Knotenpunkt** 80 links, ebenso bei **Knoten** 70. Nachdem wir den Kanal überquert haben, verlassen wir die B167 nach rechts, um kurz darauf links abzubiegen. Ab **Knoten** 94 folgen wir nach links derselben Strecke zurück zum Eberswalder Bahnhof, auf der wir herkamen.

In Groß Schönebeck schauen wir uns das **Jagdschloss** an und informieren uns im **Schorfheidemuseum** über die seltene Natur, die an uns vorbeizieht.

102 Ursprüngliche Natur im Nationalpark

Von Schwedt über Gatow

111 Touren Info

34 km, Rundtour meist auf befestigten Radwegen bzw. Straßen/Wegen sowie auf einem Platten-Spurrinnenweg, keinerlei Steigungen, teils Wegweisung als Oder-Neiße-Radweg bzw. als Kranichradtour

Start / Ziel: Bahnhof Schwedt (Oder) - Mitte

Info: www.schwedt.eu

Bei dieser Tour drehen wir eine schwungvolle „8er-Runde" durch die herrliche Landschaft des Nationalparks Unteres Odertal. Etwas Obacht ist beim Radeln angebracht, denn teils läuft die Strecke auf einem Platten-Spurrinnenweg. Dafür aber stört uns kein Fahrzeug bei diesem Ausflug!

Schwedt (Oder) ist die größte Stadt der Uckermark – direkt an der Grenze zu Polen gelegen kann sie auf eine wechselhafte Geschichte zurückblicken. Inzwischen darf sie sich ganz offiziell „Nationalparkstadt" nennen, was sie dem Oderbruch vor den Türen der Stadt zu verdanken hat.

Zu sehen gibt es hier in den Außenbezirken die typischen Plattenbauten und als großen Kontrast dazu das ehemalige Jagdschloss Monplaisir. Hoch hinaus ragen der Juliusturm und der Wasserturm, der mitsamt seinen Nebengebäuden als Hotel genutzt wird.

Los geht´s am Bahnhof Schwedt (Oder) Mitte, den wir nach links über „Am Heizwerk" und geradeaus Landgrabenpark um das Einkaufszentrum herum verlassen. In der Kurve geradeaus auf den Weg, an der Weggabelung links und erneut links auf den Radweg neben der Vierradener Chaussee. In Vierraden zweigen wir schräg rechts ab in den Schwedenweg und rollen nach Gatow.

Der kleine, inzwischen zu Schwedt gehörende Ort Vierraden hat eine ganze Menge zu bieten: Strahlend weiß getüncht markiert das **Rathaus** die Ortsmitte, während der **Hungerturm** daran erinnert, dass es hier einst eine Burg gab.

Der Nationalpark Unteres Odertal steht für unberührte Natur

Tipp: Gleich neben dem Hungerturm steht eine alte **Tabakscheune** – und wir sind verwirrt: Ja, hier rund um Vierraden gibt es eines der größten Tabakanbaugebiete des Landes! Mehr darüber erfahren wir im **Tabakmuseum**.

Den Ort Gartow gibt es schon seit 1347. Seinerzeit lebten die Bewohner vor allem vom **Fischfang** in der Oder.

Weiter geht´s von Gatow nach rechts über die Alte Oder und ab **Knoten** 42 nach links auf der Kranichradtour bzw. dem Oder-Neiße-Radweg. Wo der Oder-Neiße-Radweg nach links über den Fluss führt, fahren wir geradeaus auf den Platten-Spurrinnenweg, der uns in einem großen Bogen durch den Naturpark und am Ufer der Oder entlang führt. Zurück am **Knoten** 42 folgen wir nach links der Hohensaaten-Friedrichsthaler Wasserstraße zurück nach Schwedt, wo wir den Wassersportverein umrunden, den Oder-Neiße-Weg nach rechts in die Berliner Straße verlassen und am Ende links und rechts parallel zur B166 Richtung Ziel fahren. Unsere Tour endet hinter dem Einkaufszentrum am Bahnhof.

Wir rollen durch den 1995 gegründeten und grenzüberschreitenden **Nationalpark Unteres Odertal**, der auf deutscher Seite als Landschaftsschutzgebiet eine Fläche von 17.774 ha. bedeckt. Nach Niederländischem Vorbild wurde die Oder in dieser Region mit Deichen versehen, die teils im November geöffnet werden, um Ablaufflächen für das Wasser zu schaffen. Dadurch entstand hier eine einzigartige Auenlandschaft.

Tipp: Am Wegesrand steht eine kleine Holzhütte, die wir als **Beobachtungsstation** für **Trauerseeschwalben** nutzen können. In diesen Breitengraden kommen die Vögel mit dem auffälligen Kopf eher selten vor.

Auf den letzten Kilometern folgen wir dem Verlauf der **Hohensaaten-Friedrichsthaler Wasserstraße**. Der Name ist rasch erklärt, denn es handelt sich um einen 42 km langen Kanal, der parallel zur Oder zwischen den gleichnamigen Orten verläuft. Schon 1859 wurde der erste Kanal hier fertiggestellt, um den Oderbruch besser vor Hochwasser schützen zu können. Inzwischen sorgen Schleusen dafür, dass die Wasserstraße mit größeren Schiffen genutzt werden kann.

Kartentipp:
ADFC Regionalkarte Uckermark
1:75.000, ISBN 978-3-96990-168-7, 10,95 €
Digital für Smartphones und Tablets: www.fahrrad-buecher-karten.de/kartenapp

103 Seen und Sehenswertes

Von Seddin nach Brandenburg

Auf unserem Weg, der südlich von Potsdam startet, radeln wir durch verträumte Natur. Langweilig wird es nicht mit Seen, die Möglichkeiten zur Abkühlung bieten, und alten Gebäuden und historischen Orten, die uns in die Vergangenheit entführen.

111Touren Info:

51 km, weitgehend flache Streckentour über Waldwege und Nebenstraßen.
Start: Bahnhof Seddin
Ziel: Bahnhof Brandenburg
Info: www.reiseland-brandenburg.de

Los geht's vom Bahnhof Seddin über die Straße Richtung Autobahn, die wir schon bald queren, um dahinter links nach Ferch zu radeln.

Ferch liegt am Südende des **Schwielowsees** und ist dadurch natürlich touristisch interessant. Wer es lieber ruhiger mag, sieht sich die **Fachwerkkirche** mit der „göttlich naiven **Deckenbemalung**" an.

Weiter geht´s auf einer Pflaster-Strecke, die bald aufhört, wenn wir nach Kammerode radeln. Hinter dem Ort folgen wir kurz der Straße Richtung Werder, ehe wir links abbiegen und über Bliesendorf sowie unter der Autobahn her nach Lehnin radeln.

Der umgebende **Wald** spielt eine besondere Rolle bei der Sage um die Entstehung des hiesigen **Klosters**. Der **Holzstumpf** vor dem **Altar** der **Klosterkirche** ist angeblich immer noch der, an dem 1180 Stifter Otto saß. Ähnlich alt ist das **Triumphkreuz**, das aus den oberen Teilen des selben Baumes stammen könnte.

Tipp: Alternativ zur unten beschriebenen Strecke können wir ab Lehnin am **Klostersee** und am **Netzener See** vorbei nach Damsdorf radeln. Von dort aus geht die Tour dann zum **Rietzer See** und trifft hinter Prützke bzw. hinter der Autobahn wieder auf die Standard-Route.

Brandenburg sorgt für städtisches Leben...

Weiter geht´s von Lehnin Richtung Rädel. Am Ortseingang biegt die Asphaltroute links ab, hier halten wir uns rechts auf einem Waldweg nach Michelsdorf. Dahinter stoßen wir später auf besserem Weg auf die Autobahn, radeln vor derselben nach links weiter und gelangen nach Rotscherlinde, wo wir die B 102 im Links-Rechts-Versatz nach Krahne überqueren. Hier biegen wir rechts ab und erreichen Reckhahn.

„Der Kinderfreund" hieß das Buch von Eberhard von Rochow. Der Landschulreformator verzichtete hier als erster im Unterricht auf Rohrstock und ähnliche Strafen. Grund genug, ihm ein **Museum** zu widmen.

Weiter geht´s von Reckahn unter der Autobahn her via Göttin zu unserem Tourziel Brandenburg.

...und Ferch für die beschaulichen Momente

Die **Altstadt** von Brandenburg wurde im Krieg weitgehend verschont, so dass uns heute eine Reise in die Vergangenheit erwartet. Zu Füßen der beiden Gotteshäuser, dem **Dom** und der **Gotthardtskirche,** gibt es reichlich **Historisches** zu entdecken – nicht nur den stolzen **Roland** vor dem **Rathaus.**

Kartentipp:
ADFC-Regionalkarte Potsdam/Havelland
1:75.000,
ISBN 978-3-96990-173-1,
10,95 €

Digital für Smartphones und Tablets:
www.fahrrad-buecher-karten.de/kartenapp

104 Potsdamer Seentour

Von Potsdam nach Ferch

111Touren Info:

34 km, meist flache Rundtour über Asphalt, feste Waldwege und wenig Pflaster.
Start / Ziel: Bahnhof Potsdam Stadt
Info: www.potsdam.de

Unser Weg führt uns von Potsdam vorbei an einer Vielzahl historischer Bauwerke durch die von Hügeln, Wasser, Sand und Sumpf geprägte Mark rund um den Schwielowsee.

Los geht's aus dem Bahnhof kommend in der Leipziger Str. Hier fehlen für ein kurzes Stück Radwege.

Gleich auf dem Bahnhofsvorplatz sehen wir links über uns den **Einsteinturm**, einen architektonischen Paukenschlag von 1924. Hier versuchte sein Namensgeber die Relativitätstheorie zu beweisen. (Abstecher 1,4 km, 60 Höhenmeter).

Weiter geht's via Templiner Str. und dem Radweg (mit „F1" ausgeschildert) vorbei an der Halbinsel Hermannswerder. Direkt am Ufer des Templiner Sees entlang und über die Lindenstr. gelangen wir ins Stadtzentrum von Caputh.

Der **Bahndamm**, der seit 1956 den Templiner See teilt, ist Zeugnis der deutschen Teilung. Direkt am Ortseingang von Caputh steht links am Hang das **Wohnhaus von Albert Einstein**.

In Potsdam liegen Kultur..

Im Zentrum von Caputh erwarten uns **Schloss** und **Kirche**.

Weiter geht's von Caputh nach Ferch über den Radweg direkt am Seeufer. Wir bleiben auf dem Seeweg und gelangen über den Radweg auf die Fercher Str. Richtung Petzow. Hier biegen wir rechts in einen Park ab, der uns vorbei an einem neogotischen **Schlösschen** ans Ufer von **Haussee** und **Schwielowsee** führt. Die Beschilderung des F1 führt uns von Petzow nach Baumgartenbrück. Die Fahrt unter den **efeuberankten Bäumen** ist herrlich, wir halten uns an der Einmündung Geltower Chaussee links und biegen dann gleich rechts in den Weg am Petzinsee ab. Wir überqueren eine Bahnlinie, umrunden den Campingplatz, folgen weiter F1 und gelangen durch einen **Wildpark** zum **Park Sanssouci**. Da hier das Radfahren untersagt ist, radeln wir am Zaun entlang stadteinwärts nach Potsdam.

...und Wasserfreuden direkt beisammen

Durch den Zaun erhaschen wir einen Blick auf den **Charlottenhof** und die **Römischen Bäder**. Kurz vor dem neuen Potsdamer Hauptbahnhof stoßen wir am alten Markt auf die **Nikolaikirche**, die die Silhouette der Stadt prägt. Von hier ist unser Zielpunkt, der Hauptbahnhof, nur noch einen Steinwurf entfernt.

Tipp: Vom alten Markt bietet sich zur Einkehr ein Abstecher zur Mittelstraße ins **Holländische Viertel** an.

Kartentipp:
ADFC-Regionalkarte Potsdam/Havelland 1:75.000,
ISBN 978-3-96990-173-1, 10,95 €

Digital für Smartphones und Tablets: www.fahrrad-buecher-karten.de/kartenapp

105 Eine Friedensstadt? Da müssen wir hin!

Von Trebbin über Blankensee

111 Touren Info

32 km, Rundtour meist auf befestigten Radwegen bzw. Straßen/Wegen, keine größeren Steigungen, teils Wegweisung als Teltow-Nuthetal-Route

Start / Ziel: Bahnhof Trebbin

Info: www.trebbin.de

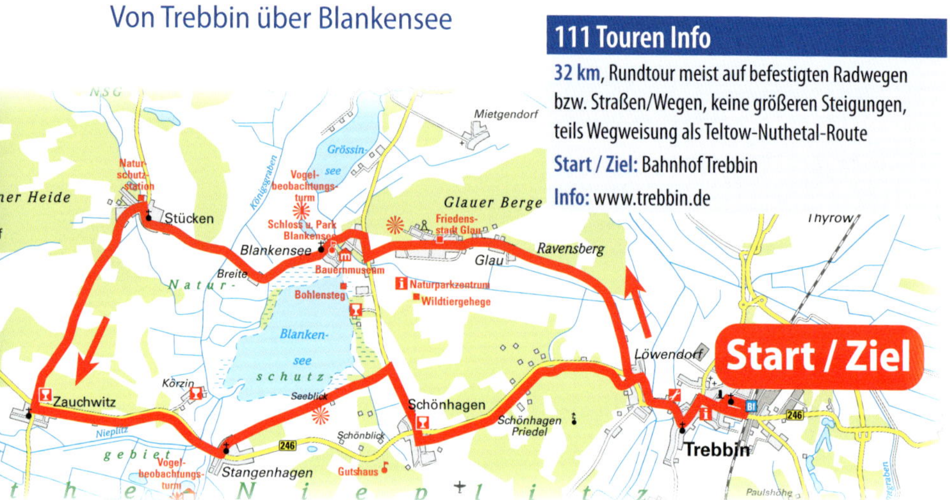

Wildnis vor der Hauptstadt – der Slogan des Naturparks Nuthe-Nieplitz beschreibt bestens, was uns bei dieser Radtour erwartet: Von der schönen Kleinstadt Trebbin führt uns die Runde in genau dieses 4.900 ha. umfassende Naturschutzgebiet.

Rund 10.000 Einwohner leben in Trebbin, dessen beurkundete Geschichte im Jahre 1216 begann. Nach einer langen Zeit der Blüte sorgte der 30-jährige Krieg dafür, dass nur noch 24 Häuser standen. In der Folgezeit kam wieder Leben in die Stadt, die sich heute im Umland der Bundeshauptstadt wachsender Beliebtheit erfreut. Schön anzusehen sind die **St. Annen-Kapelle** und mehrere historische **Wohnhäuser** im alten Ortskern.

Los geht´s am Bahnhof von Trebbin, den wir nach links und dann rechts auf der Bahnhofstraße verlassen. An deren Ende links in die Berliner und wenig später rechts in die Beelitzer Straße. In Löwendorf schräg rechts, dann rollen wir durch Glau nach Blankensee.

Auch an Löwendorf sind die Jahrhunderte nicht spurlos vorüber gegangen, was wir z.B. an der Schmiede sehen. Besser in Schuss ist der fast 22 m hohe **Aussichtsturm** auf dem Löwendorfer Berg, von dem wir eine unglaubliche Fernsicht genießen.

Weite Blicke vom Aussichtsturm

Tipp: Der Sozialreformer Joseph Weißenberg gründete im Jahre 1920 die **„Friedensstadt Glau“**. Seinerzeit entstanden viele kleinere und bezahlbare Gebäude,

Wir hören nur, wie sich der Schilf im Wind wiegt

die im Gegensatz zu den „Mietkasernen Berlins“ bezahlbar waren. Die Siedler, die hierher zuzogen, waren nach dem Ersten Weltkrieg müde des kriegerischen Elends und nannten die Siedlung „Friedensstadt“. Nach 15 Jahren wohnten 400 Bewohner in 40 Häusern, was die **größte private Siedlung Deutschlands** war. Nach Enteignung im Zweiten Weltkrieg und Nutzung als russische Garnison war es schwer, die Friedensstadt wieder bewohnbar zu machen. Inzwischen fühlen sich die Bewohner hier wieder zuhause.

Das **Naturschutzgebiet „Nuthe-Nielpitz-Niederung“** ist ein Eldorado für Wasservögel. Kraniche, Silberreiher und mehr als 60 andere, teils vom Aussterben bedrohte Vogelarten, haben hier ein Refugium, in dem sie sicher sind.

Tipp: Am Blankensee sichern wir unsere Fahrräder und begeben uns per pedes auf den etwa fünfminütigen Weg zum **Bohlensteg.** Hier schreiten wir langsam und leise über die Holzbalken, holen unsere Ferngläser ´raus und beobachten Vögel, die wir sonst nur aus Büchern kennen, in ihrer natürlichen Umgebung.

Nach dem Ausflug in die Tierwelt widmen wir uns vor der Weiterfahrt **Schloss Blankensee.** Inmitten eines gepflegten Schlossparks wurde aus dem altehrwürdigen Anwesen ein Hotel für exklusive Ansprüche.

Weiter geht´s von Blankensee nach Stücken, wo wir links abbiegen, ebenso etwas später in Zauchwitz. Stangenhagen und Schönhagen liegen auf unserem Weg zurück nach Trebbin, wo wir den Bahnhof ansteuern, um die Tour zu beenden.

Auf unserem Rückweg können wir bei Stangenhagen den **Vogel-Beobachtungsturm** erklimmen, der uns eine Weitsicht über die Seenlandschaft und seine flinken Flieger gestattet. Ebenso tangieren wir kurze Zeit darauf das Südufer des Blankensees und haben nochmals die Möglichkeit, einen wunderbaren Blick über das Naturschutzgebiet zu erhaschen.

Kartentipp:
ADFC Regionalkarte Potsdam/Havelland
1:75.000, ISBN 978-3-96990-173-1, 10,95 €

Digital für Smartphones und Tablets: www.fahrrad-buecher-karten.de/kartenapp

106 Flaeming Skate: Auch ideal zum Radfahren!

Von Jüterbog über Hohengörsdorf

111 Touren Info

43 km, Rundtour meist auf befestigten Radwegen bzw. Straßen/Wegen, hügeliger Verlauf, aber keine größeren Steigungen, teils Wegweisung als Flaeming Skate bzw. als Radweg Historische Stadtkerne Route5

Start / Ziel: Bahnhof Jüterbog

Info: www.jueterbog.de

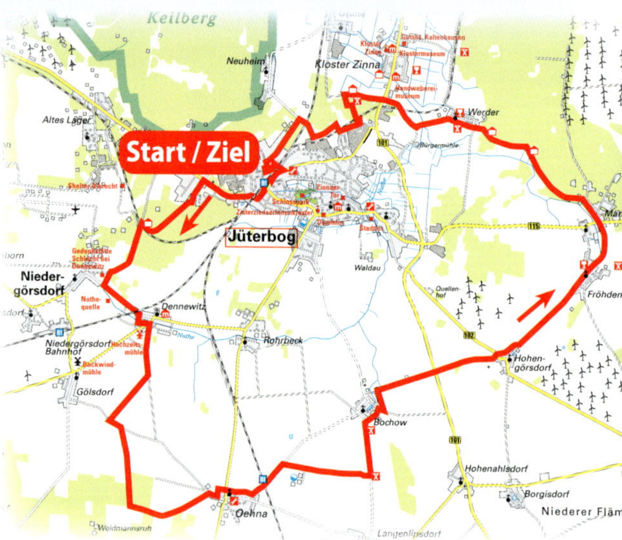

So etwas gibt es kein zweites Mal in Europa: Ab 2001 entstand ein Netz von Strecken, auf denen Skater komplett entspannt mehr als 230 km zurücklegen können. Zu unserem Glück heißt es auf diesen perfekt ausgebauten Trassen „Radler herzlich willkommen" – und so steht einer perfekten Radrunde nichts im Wege!

Die rund 12.000 Einwohner zählende Stadt Jüterbog war einst komplett von Sümpfen umgeben und konnte nur über wenige Dämme erreicht werden. Durch diese Lage entwickelte sich zunächst ein slawischer **Burgwall** der einen Außendurchmesser von rund 60 m zeichnete. Vermutlich gab es auch im Mittelalter eine Burg, von deren Vergangenheit heute noch der **Schlosspark** erzählt.

Tipp: Wenn wir genau hinsehen, entdecken wir noch sehr viele Bauwerke, die an die **Stadtbefestigung** Jüterbogs erinnern. Die Mauern am Zwinger wurden zwar größtenteils entfernt, doch gibt es noch drei Tore, von denen das **Dammtor** sicherlich das eindrucksvollste ist.

Am Marktplatz von Jüterbog können wir uns niederlassen und das stolze **Rathaus** bestaunen, das in weiten Teilen im Stile der Backstein-Gotik errichtet wurde. Die Region war einst stark von der Religion geprägt, was wir an der **Zisterzienserinnenabtei Jüterbog** und der benachbarten **Liebfrauenkirche** nachvollziehen können. Zwei ungleiche Türme, die oben miteinander verbunden sind, präsentiert die **Kirche St. Nikolai** seit dem 15. Jahrhundert.

Los geht´s am Bahnhof von Jüterbog, den wir nach rechts entlang der B102 verlassen, die nach der Rechtskurve die Schienen quert und Treuenbriezener Straße heißt. Nach wenigen Minuten bei dem Silolager links in den Spei-

Immer viel los auf der Flaeming-Skate

cherweg, der uns als „Flaeming Skate" nach Niedergörsdorf bringt. Dennewitz, Oehna und Bochow liegen auf unserem weiteren Weg nach Hohengörsdorf.

Wir sind im sogenannten **„Fläming"** unterwegs. Diese wunderbare, in sanften Wellen modellierte Landschaft ist bis zu 50 km breit, rund 100 km lang und bis zu 200 m hoch – diese Erhebung wird dann folgerichtig auch als „Hoher Fläming" bezeichnet.

Tipp: Ende der 1990er Jahre wurde der Plan gefasst, die strukturarme Region zu fördern und eine europaweit einmalige Piste anzulegen: Der **Flaeming Skate** besteht aus verschiedenen, miteinander verwobenen **Rundkursen**, die zu einer Gesamtstrecke von mehr als 230 km addiert werden können. Um den Skatern ideale Bedingungen zu gönnen, wurde eine **barrierefreie**, breite und asphaltierte **Trasse** angelegt. Das freut natürlich auch Handbiker, Familien mit Kinderwagen und uns Radler. Ein besseres Revier können wir uns gar nicht wünschen!

Am Wegesrand liegt der „**Shelter Albrecht**". Im Jahre 1968 wurde dieser erdgedeckte Unterstand errichtet um hier ein Jagdflugzeug der Roten Armee „verstecken" zu können. Nachdem das Gebäude erst abgerissen werden sollte, wurde es von Privatpersonen gekauft und zu einem **„Wohnhaus im Hangar"** umgebaut.

Weiter geht´s von Hohengörsdorf auf der Flaeming Skate durch Fröhden, Markendorf und Werder zurück nach Jüterbog. Wir umrunden die Stadt, biegen in Jüterbog II links ab und fahren im Zick-Zack wieder zurück zum Bahnhof.

Kurz vor Ende unserer Radrunde lockt ein kurzer Abstecher zum 1170 gegründeten **Kloster Zinna**. Von der Anlage konnten einige Bauwerke wie die Abteikirche sowie die Alte und die Neue Abtei erhalten werden. Ein Museum verrät mehr über die wechselvolle Geschichte des Klosters. Ebenfalls eine imposante Erscheinung ist das **Gutshaus Kaltenhausen** im Ort.

Kartentipp:
ADFC Regionalkarte Elbe-Elster-Flaeming Skate
1:75.000, ISBN 978-3-96990-166-3, 10,95 €

Digital für Smartphones und Tablets: www.fahrrad-buecher-karten.de/kartenapp

107 Den Gurken hinterher

Spreewald – von Lübben nach Raddusch

Dem Gurken-Radweg folgen wir durch den Oberspreewald. Perfekte Radel-Idylle wechselt sich ab mit schönen alten Ortskernen, deren Namen wir auch in Sorbisch lernen können.

111Touren Info:

28 km, flache Streckentour über Radwege, perfekte Wegweisung.
Start: Bahnhof Lübben
Ziel: Bahnhof Raddusch
Info: www.luebben.de
www.spreewald.de

Die gastfreundliche Stadt Lübben ist das Tor zum Ober- und Unterspreewald. Zahlreiche, die Stadt durchziehende **Wasserläufe**, ausgedehnte Grünanlagen – allen voran der Lübbener **Hain und die Kahnfährhäfen** – lassen den Besucher erkennen, dass er sich im Herzen des Spreewaldes befindet.

Los geht´s vom Bahnhof am besten dem Niederlausitz-Radweg über Park- und Schillerstr. bis zur Berliner Chaussee und dieser dann nach rechts folgend. An dem Parkplatz Ecke Frankfurter Str. beginnt der Gurken-Radweg, dem wir durch herrliche Natur im Zick-Zack durch den Wald folgen. An traditionellen **Gemüseanbaugebieten** vorbei erreichen wir schließlich Lübbenau.

Im Sommer gibt es die berühmten **„sauren Gurken"** frisch vom Fass. Neben den leiblichen gibt es mit der **Barockkirche St.Nikolai** und alten **Fachwerkhäusern** auch viele kulturelle Genüsse. Um die **Schlosswiese** reihen sich die **ehemalige, gräfliche Gerichtskanzlei**, das **Efeuhaus**, die **Orangerie** und natürlich das Schloss selbst. Im sogenannten Torhaus am Topfmarkt ist das **Spreewald-Museum** untergebracht, in dem wir etwas über die hiesige sorbisch-wendische Kultur, die Leineweberei und alles andere Wissenswerte der Region erfahren.

Tipp: Nur wenige (beschilderte) Meter neben dem weiteren Weg liegt das **Lagunendorf Lehde**, der wohl bekannteste und einzigartigste Ort im Spreewald. Hier leben und arbeiten etwa 160 Einwohner nach traditioneller Art. Der **Holzkahn** gehört auch für die Postfrau zum alltäglichen Verkehrsmittel. Das ganze Dorf steht unter Denkmalschutz.

Weiter geht´s auf dem Spreeradweg ins ebenfalls **denkmalgeschützte Leipe**, das bis 1936 nur mit dem Kahn erreichbar war. Bitte

Ausflug in die Vergangenheit in Lehde…

die Schilder beachten, denn wir folgen nun dem Gurken-Radweg nach Raddusch, das an zwei weiteren Bootsverleihern vorbei durch den Wald schnell erreicht ist. Vom Bahnhof aus geht es mit dem Zug wieder retour nach Lübben.

…und in Raddusch

Raddusch, eines der **ältesten Spreewalddörfer**, ist durch einen Nebenarm der Spree mit dem Labyrinth der Wasserstraßen verbunden. Westlich des Ortes liegt ein ehemaliger Tagebau, in dem ein **slawischer Burgwall** neu entstand und die Ur- und Frühgeschichte der Region dokumentiert.

Kartentipp:

ADFC-Regionalkarte Spreewald 1:75.000,
ISBN 978-3-96990-094-9, 9,95 €

Digital für Smartphones und Tablets: www.fahrrad-buecher-karten.de/kartenapp

108 Auf den Spuren der Sorben

Von Cottbus über Peitz

111 Touren Info

43 km, Rundtour meist auf befestigten Radwegen bzw. Straßen/Wegen keine größeren Steigungen, teils Wegweisung als „Sorbische Impressionen", Spree-Radweg bzw. Gurken-Radweg

Start / Ziel: Hauptbahnhof Cottbus

Info: www.cottbus.de

Dicht gedrängte Fachwerk-Schönheiten in Cottbus…

Von der „Hauptstadt der Niederlausitz" starten wir zu einer außergewöhnlichen Radrunde: Nachdem die Reste des ehemaligen Tagebaus an uns vorübergezogen sind, rollen wir mitten durch eine endlose Teichlandschaft. Am Ende hält die Altstadt von Cottbus beste Einkehrmöglichkeiten in historischem Ambiente für uns bereit.

Cottbus ist eine herrliche Symbiose aus Historischem, Modernem und Natürlichem mit weitläufigen Parks. Schon ab dem 3. Jahrhundert kamen die ersten Siedler dort hin, wo sich die heutige Altstadt erhebt. Inzwischen haben rund 100.000 Menschen ihren Wohnsitz hier in der **„Hauptstadt der Niederlausitz" gefunden.**

Tipp: In der Region ist vieles „zweisprachig" beschildert. Das liegt daran, dass wir in der Heimat der Sorben bzw. der Wenden unterwegs sind. Die **Sorben** sind sehr heimatverbunden und pflegen ihr Brauchtum, was sie mit einer eigenen Sprache und einer eigenen, anerkannte Flagge sichtbar machen. Wer mehr erfahren mag, besucht das **Wendische Museum**.

Der **Altmarkt** bildet den zentralen Platz der Altstadt von Cottbus. Hier lässt es sich in Cafés und Biergärten entspannen und schlemmen. Dabei schweift der Blick zur **Kirche St. Nikolai**. Interessant sind auch das **Apothekenmuseum**, das Staatstheater und das Kunstmuseum Dieselkraftwerk. Etwas südlich liegen **Tierpark**, Spreeauenpark sowie **Schloss- und Park Branitz**. In der **Seepyramide** wurden der landschaftskünstlerische Fürst Pückler und seine Frau Lucie bestattet.

...und weite Flächen bei Schloss Branitz

Los geht´s am Hauptbahnhof von Cottbus, den wir entlang der Vetschauer Straße nach links verlassen, um am **Knotenpunkt** 66 links abzubiegen. Bei 65 und 64 geradeaus, dann rechts in die Puschkinpromenade (78). Hinter der Brücke über die Spree an **Knoten** 1 links, dann folgen wir dem Spree- bzw. dem Gurken-Radweg durch Willmersdorf und Maust sowie durch die Teiche nach Peitz (**Knoten** 69 - 56 - 54).

Hinter Willmersdorf verlassen wir die städtische Region von Cottbus und tauchen in die einzigartige **Peitzer Teichlandschaft** ein.

Tipp: Es lockt ein Abstecher zum **Erlebnispark Teichland** mit Sommerrodelbahn, Irrgarten, Aussichtsturm „Teichland" und vielen anderen Attraktionen. Viele Jahre wurde in der Region Braunkohle gefördert, um das Kraftwerk Jänischwalde zu betreiben. Die **Aussichtspunkte** Cottbus-West und Bärenbrücker Höhe lassen unsere Blicke über die Landschaft schweifen.

Auf unserem Weg rollen wir mitten durch die endlosen Seen, die als **größtes Teichgebiet Deutschlands** gelten und seit Jahrhunderten zur Karpfenzucht genutzt werden. Auch das **Eisenhütten- und Fischereimuseum**, das schon von außen eine Augenweide ist, liegt am Wegesrand.

Weiter geht´s von Peitz, das wir an der Frankfurter Straße ab **Knoten** 54 auf dem Radweg „Sorbische Impressionen" nach links verlassen. Danach an den Schildern 53 geradeaus, 52 links, 12 links, 11 rechts, 60 geradeaus, 22 links, 54 rechts, 21 links 17 und 63 geradeaus, 65 rechts und 66 wieder rechts. So gelangen wir wieder zum Cottbuser Hauptbahnhof, wo die Tour endet.

Bei unserer Weiterfahrt radeln wir durch die **Historische Altstadt** von Peitz, dessen auffälligstes Bauwerk der wuchtige **Festungsturm** ist. Die mehr als 36 m hohen und über 6 m dicken Mauern sind Teile des ehemaligen Bergfrieds aus dem 13. Jh. Ansehen müssen wir uns in Peitz noch das Rathaus, die Kirche und die **Malzhausbastei**.

Kartentipp:

ADFC Regionalkarte Niederlausitz / Lausitzer Seen

1:75.000, ISBN 978-3-96990-024-6, 9,95 €

Digital für Smartphones und Tablets: www.fahrrad-buecher-karten.de/kartenapp

109 Unvergessen: Der Alltag in der DDR

Von Eisenhüttenstadt über Brieskow-Finkenheerd

111 Touren Info

42 km, Rundtour meist auf befestigten Radwegen bzw. Straßen/Wegen, keine größeren Steigungen, teils Wegweisung als Oder-Neiße-Radweg

Start / Ziel: Bahnhof Eisenhüttenstadt

Info: www.eisenhuettenstadt.de

„Planstadt" Eisenhüttenstadt

Die Zeiten der DDR werden nicht nur im Museum „Utopie und Alltag" von Eisenhüttenstadt lebendig. Auch die 1950 angelegte Planstadt kann schon von der Optik her dieser Zeit zugeordnet werden. Ohne Frage: Auch diese Zeit hatte ihre schönen Seiten – heute finden wir auch auf dem Oder-Neiße-Radweg sehr schöne Seiten, die uns durch ruhige Natur und an putzigen Tieren vorbei geleiten.

Im Juli 1950 begann der Bau einer **sozialistischen Wohnstadt**, die auch als „Stalinstadt" bezeichnet wurde. Das **Eisenhüttenkombinat Ost** (EKO) brauchte dringend Beschäftigte, die den Hochofen ans Glühen brachten. Und so entstand seinerzeit die Planstadt namens Eisenhüttenstadt mit den typischen Plattenbauten, die in exakten geometrischen Formen angeordnet wurden. Bis heute ist das Stahlwerk einer der größten Arbeitgeber der Region.

Tipp: So ein Museum gibt es schon vom Namen her kein zweites Mal: Das **Museum Utopie und Alltag – Alltagskultur der DDR** zeigt uns längst vergangene Tage. In 10 Räumen erfahren wir spannende Dinge über

Bildung, Kommunikation, Familie, Arbeit und Bildung in der DDR. Seltene Ausstellungsstücke untermalen den Ausflug in die ehemalige „sozialistische Arbeitsweise".

Fürstenberg empfängt uns mit historischem Stadtkern

Natürlich gibt es in der ehemaligen Planstadt keine mittelalterlichen Bauwerke. Wer aber genau hinsieht, entdeckt dennoch architektonische Highlights, wie die **Zwillingsschachtschleuse**, den Wohnblock an der Saarlouiser Straße oder die alte Wohnstadt. Die ist inzwischen das **größte Flächendenkmal Deutschlands**!

Los geht´s am Bahnhof von Eisenhüttenstadt, den wir nach rechts und dann direkt links auf der Fellertstraße verlassen. Am Ende der Straße über die querende Frankfurter Straße hinweg (Neue Brückenstraße) und wir haben an der nächsten Kreuzung den Oder-Neiße-Radweg erreicht. Dessen Schilder lotsen uns nach links durch Fürstenberg (Oder) und dann stets in Ufernähe durch Aurith nach Brieskow-Finkenheerd.

Direkt am Ufer der Oder gelegen blickt Fürstenberg auf eine lange Vergangenheit zurück, die bis ins 13. Jahrhundert zurückreicht. Im **historischen Stadtkern** finden wir die würdevolle Kirche St. Nikolai und das strahlend weiße **Rathaus** mit einem prächtigen Giebel. Die Ruine der gesprengten **Oderbücke** erinnert an die Zeit des Krieges.

Wir rollen nicht nur entlang der Oder sondern zugleich durch weitläufige Natur, die meist unter **Schutz** gestellt wurde, um sie auch für unsere Nachkommen zu erhalten.

Direkt am Wegesrand liegt ein **Landwirtschaftsbetrieb**, an dem wir unbedingt halten müssen: Auf den Weiden entdecken wir Alpakas, Heidschnucken, Ziegen, Schafe und viele andere putzige Tiere.

Weiter geht´s von Brieskow-Finkenheerd, das wir nach links auf dem Radweg verlassen, der die Hauptstraße (Lindenstraße) begleitet. Wiesenau und Ziltendorf liegen auf unserem Weg, der am Stahlwerk vorbei nach links auf der Beeskower Straße zum Bahnhof Eisenhüttenstadt führt, wo die Radtour endet.

Am Rande von Brieskow-Finkensee finden wir bei schönem Sommerwetter beste Abkühlung. Im ehemaligen Tagebau Helene können wir in die Fluten des gleichnamigen **Sees** springen.

Tipp: Der Rückweg dieser Radrunde verläuft teils auf oder neben Straßen. Wer deutlich entspannter fahren möchte, radelt an der Oder den gleichen Weg zurück.

Hinter Ziltendorf kommen wir am **Kleinen Pohlitzer See** vorbei, der neben seinem größeren Bruder liegt. Entlang der B 112 rollen wir Richtung **Eisenhüttenstadt** an jenem **Stahlwerk** vorbei, das der Stadt den Namen gab.

Kartentipp:
ADFC Regionalkarte Spreewald / Berliner Seengebiet
1:75.000, ISBN 978-3-96990-094-9, 9,95 €
Digital für Smartphones und Tablets: www.fahrrad-buecher-karten.de/kartenapp

110 Rosengarten statt Grenze

Von Forst (Lausitz) über Bahren

111 Touren Info

44 km, Rundtour meist auf befestigten Radwegen bzw. Straßen/Wegen keine größeren Steigungen, teils Wegweisung als Oder-Neiße-Radweg, Jerischker Endmoräne-Neißetal-Tour bzw. als Fürst-Pückler-Weg

Start / Ziel: Bahnhof Forst (Lausitz)

Info: www.forst-lausitz.de

Egal ob vor oder nach der Tour: Einen Besuch im Ostdeutschen Rosengarten sollten wir uns nicht entgehen lassen, um uns einem Rausch aus Düften und Farben hinzugeben. Die Radwege führen uns zunächst am Ufer der Neiße entlang, um uns dann etwas hügelig durch wunderbare kleine Orte zu geleiten.

Neben Neukirch ist Forst der einzige Ort, der den Begriff **„Lausitz"** in seinem Namen trägt. Forst entstand vermutlich ab 1150 an der bedeutenden Handelsstraße zwischen Glogau und Halle, die auch „Salzstraße" genannt wurde. Verschiedene Industrien sorgten in der Geschichte immer wieder für Blütezeiten, wie ab 1418 die **Tuchherstellung** oder die Glasproduktion ab 1863. Direkt an der Neiße gelegen, wurde sie im Zweiten Weltkrieg von der russischen Armee als Stützpunkt genutzt, was zu großen Zerstörungen führte.

Tipp: Direkt an der Neiße, also an der Grenze zu Polen liegt der **Ostdeutsche Rosengarten.** Wir sichern unsere Räder in abschließbaren Fahrradboxen und begeben uns in einen Rausch der Sinne – hier geraten auch Naturen ins Schwärmen, die sonst eher wenig mit Botanik zu tun haben. Zehntausende von Rosenstöcken, aufgeteilt in **900 verschiedene Rosenarten**, verteilen sich auf ein wundervoll gestaltetes, 17 ha. großes Gelände.

In der Innenstadt von Forst können wir uns ebenfalls lange aufhalten, denn es gibt reichlich zu sehen, wie z.B. die farbenfrohe **Nikolaikirche**, den Wasserturm oder das **Brandenburgische Textilmuseum.** Letzteres ist natürlich in dem Gebäude untergebracht, in dem sich einst die Tuchfabrik befand.

Los geht´s am Bahnhof von Forst (Lausitz), den wir nach rechts über der Sorauer Straße verlassen, um am **Knotenpunkt** 18 die B112 geradeaus zu überqueren. Nach wenigen

Nicht nur für Rosenfreunde ein „Muss"

Pedalumdrehungen erreichen wir über die **Knoten** 24 und 23 das Ufer der Neiße, deren Radweg wir nach rechts folgen. Über die **Knoten** 22, 28 und 41 vorbei an Groß und Klein Bademeusel erreichen wir Bahren (**Knoten** 39).

Die Orte Groß und Klein Bademeusel haben etwas gemeinsam: Ein kleines charmantes **Feuerwehrhaus** mit einem schmucken Türmchen, wo die gebrauchten Schläuche bei Bedarf trocknen können.

Tipp: Der **Oder-Neiße-Radweg** orientiert sich stets am Verlauf des Flusses, der zugleich die Grenze zu Polen markiert. Wer nicht genug bekommen kann von dieser einzigartigen Flusslandschaft, kann dem 630 m langen Fernradweg in der einen RIchtung bis Nová Ves nad Nisou in Tschechien und in der anderen Richtung bis ins Stettiner Haff an der Ostsee folgen.

Auch der Ort Bahren liegt direkt an der **Oder** und damit an der Grenze zu Polen. Schon im Jahre 1492 wurde der Ort erstmals in den Geschichtsbüchern erwähnt.

Weiter geht´s von Bahren, wo wir am **Knotenpunkt** 39 das Ufer des Flusses nach rechts verlassen um der „Jerischker Endmoräne-Neißetal-Tour" zu folgen. Am **Knoten** 38 geradeaus, bei 31 rechts und wir gelangen nach Groß Kölzig (**Knoten** 33). Den Ort verlassen wir nach rechts entlang der Jocksdorfer Straße und rollen auf den Spuren von Fürst Pückler via Jocksdorf (**Knoten** 42) und Groß Schacksdorf (91) über die **Knoten** 92, 99, 2, 21 und 18 zurück nach Forst, wo wir die Tour am Bahnhof beenden.

Der zweite Fernradweg der Region ist der 500 km lange **Fürst-Pückler-Radweg**. Wer dem blauen, auf der Spitze stehenden Quadrat folgt, lernt mehr über das berühmte Gartenbau-Genie.

In Jocksdorf haben wir unsere Radrunde fast beendet und daher ausreichend Gelegenheit den **Affen-Zoo** zu besuchen. Mehr als 10 verschiedenen Affenarten können wir bei ihren lustigen Spielchen zusehen.

Kartentipp:
ADFC Regionalkarte Niederlausitz / Lausitzer Seen
1:75.000, ISBN 978-3-96990-024-6, 9,95 €
Digital für Smartphones und Tablets: www.fahrrad-buecher-karten.de/kartenapp

111 Urlaubsfeeling aus Menschenhand

Von Großräschen über Senftenberg

111 Touren Info

57 km, Rundtour meist auf befestigten Radwegen bzw. Straßen/Wegen, keine größeren Steigungen, teils Wegweisung als Fürst-Pückler-Weg

Start / Ziel: Bahnhof Großräschen

Info: www.grossraeschen.de

Wir sind im Lausitzer Seenland unterwegs. Dort, wo einst die Braunkohlebagger arbeiteten, entsteht ein echtes Paradies: Große Seen mit Badestränden, Radwegen und bester Infrastruktur sorgen dafür, dass sich die Region bei Tages- und Urlaubsgästen größter Beliebtheit erfreut.

Der Ort Großräschen tauchte 1370 erstmals in den Geschichtsbüchern auf. Im Jahre 1871 wurde die Ilse Bergbau AG gegründet. Es war die Geburtsstunde des **Braunkohletagebaus**, durch den viele Menschen in der Lausitz zuwanderten. Der Aufschwung sorgte dafür, dass Großräschen zum größten Dorf der DDR und ab 1965 eine Stadt wurde. 1999 kam das Aus für den Tagebau, doch rasch realisierte man die ersten Projekte für eine touristische Nutzung, die mit der Flutung des **Großräschener Sees** weitergeführt wurden.

Tipp: Ein **Fälschermuseum** können wir auch nicht überall besuchen! Hier in Großräschen präsentiert es uns Nachbildungen berühmter Gemälde wie die Mona Lisa oder die Nachtwache und sogar die Sixtinische Madonna von Raffael können wir bestaunen.

Wir kommen uns vor wie am Meer: Es gibt eine **Seebrücke**, einen Stadt- bzw. **Sporthafen**, ein Seehotel und die großartigen **IBA-Terrassen**. Wer sich hier nicht erholen kann, ist selber Schuld! Übrigens die Abkürzung „IBA" wurde für die Internationale Bauausstellung Fürst-Pückler-Land erfunden.

Der „Rostige Nagel" am See

Los geht´s am Bahnhof von Großräschen, den wir nach links auf der Bahnhofstraße verlassen, um am Ende (**Knotenpunkt** 56) nach rechts in die Rudolf-Breitscheid-Straße abzubiegen. An der nächsten Kreuzung links in die Seestraße, dann immer geradeaus bis zum Kreisel (22), den wir nach links auf der Strandstraße verlassen. So gelangen wir ans Ufer des Großräschener Sees. Bei **Knotenpunkt** 49 rechts, bei 21 geradeaus, bei 48 links, über die Schienen und B169, am **Knoten** 47 links und dann im Uhrzeigersinn um den Sedlitzer See (**Knoten** 20, 51, 50, 45, 34). Später queren wir die B96 und folgen dem nächsten Seeufer nach Senftenberg (35, 36).

Der 8,2 qkm weite **Großräschener See** und der Sedlitzer See gehören zum Lausitzer Seenland, das aus dem ehemaligen Braunkohletagebau entsteht. Bis zum Ende der 2020er Jahre wird es zu **Europas größter künstlicher Wasserlandschaft**.

Tipp: Den 1.330 ha. großen Sedlitzer See umrunden wir fast einmal komplett und kommen dabei auch an dem 30 m hohen Aussichtsturm vorbei, der hier meist als **„Rostiger Nagel"** bezeichnet wird. Einige der Seen sind mit Kanälen verbunden, so dass sich die Freizeitkapitäne in einem echten Eldorado wiederfinden. Für uns Radler gilt dasselbe, denn breite **Trassen** sorgen für ungetrübtes Pedalieren.

Weiter geht´s von Senftenberg (**Knoten** 36), das wir über die Ernst-Thälmann-Straße verlassen. Vorbei an Hörlitz, Schipkau (**Knoten** 58), rechts Klettwitz Annahütte (39, 38, 59), Drochow (60) und Freienhufen (57) gelangen wir zurück nach Großräschen (55, 54, 22), wo wir die Runde am Bahnhof beenden.

Die Stadtmitte von Senftenberg empfängt uns mit einer Postmeilensäule auf dem weitläufigen Marktplatz. Der **historische Stadtkern** verzaubert uns mit **Adler-Apotheke** und Peter-Paul-Kirche. Weit zurück reicht die Historie der **Renaissance-Festung**, von der es noch einige Reste gibt. Auch den Tierpark und die etwas außerhalb gelegene **Gartenstadt Marga** sollten wir uns ansehen.

Wenn wir den **Aussichtspunkt** bei Hörlitz „erklimmen", blicken wir über einen endlosen **Solarpark**, in dem heute grüne Energie gewonnen wird. An die fossile Vergangenheit erinnern ein Bagger im ehemaligen Tagebau Meuro und das **Bergbaudenkmal Schacht Klettwitz**.

Kartentipp:
ADFC Regionalkarte Niederlausitz / Lausitzer Seen
1:75.000, ISBN 978-3-96990-024-6, 9,95 €

Digital für Smartphones und Tablets: www.fahrrad-buecher-karten.de/kartenapp

»Erfahren« Sie die schönsten Radtouren…

GPS-Tracks Download

Alle Routen mit Streckenbeschreibung, Tipps zu Sehens- und Erlebenswertem, Kartenausschnitt und Fotos. Mit GPS-Tracks zum kostenlosen Download.

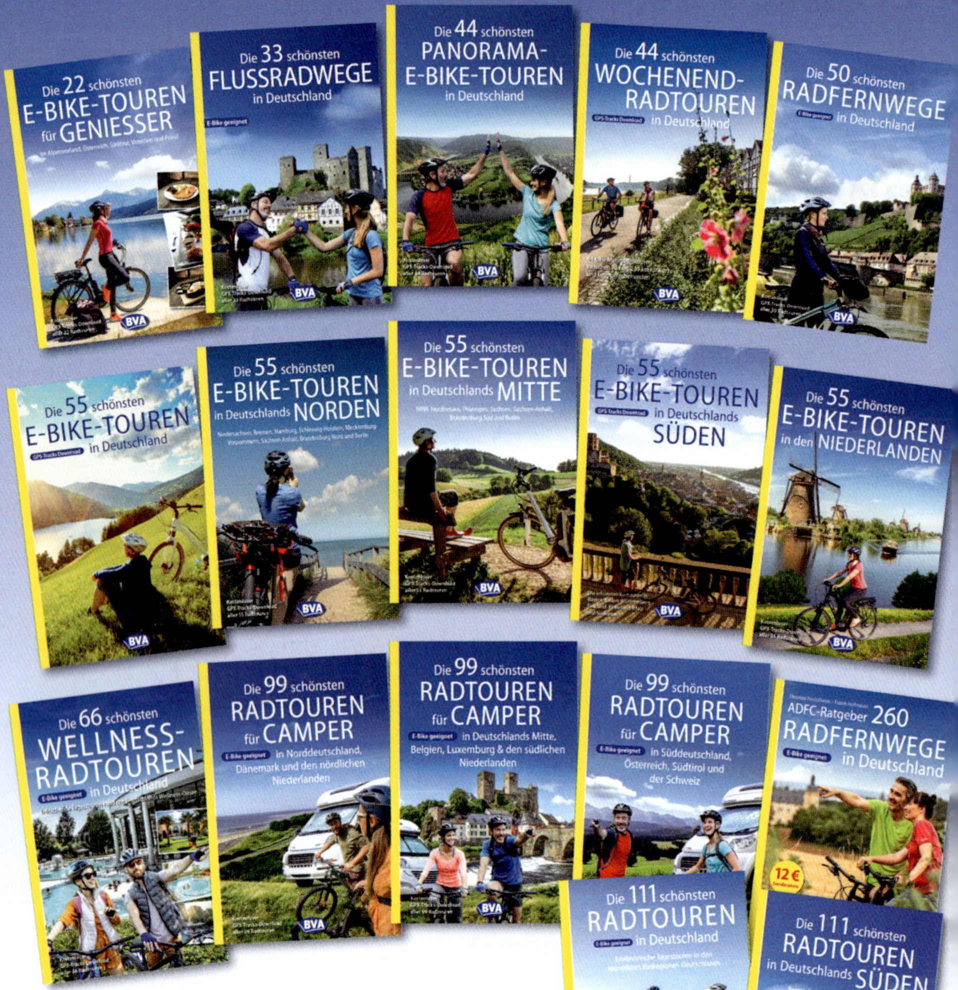

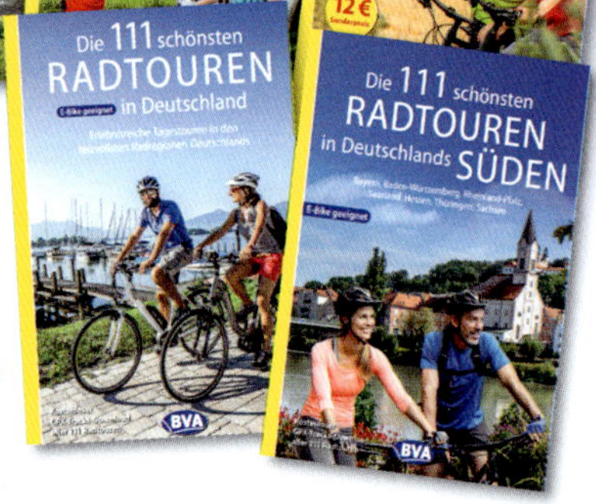

Erhältlich im Buchhandel oder bei:

BVA BikeMedia GmbH
Tel.: 0521 / 59 55 40
bestellung@bva-bikemedia.de

BVA BikeMedia

www.fahrrad-buecher-karten.de